Handbuch
Aquarium

Handbuch
Aquarium

Gina Sandford

Ein Dorling Kindersley Buch
Originaltitel: **Complete Aquarium Handbook**
© 1999 by Dorling Kindersley Limited, London

Die Deutsche Bibliothek - CIP-Einheitsaufnahme

Handbuch Aquarium : Einrichtung und Pflege ;
Fische und Pflanzen / Gina Sandford. [Übers.
aus dem Engl. von Hans W. Kothe]. - Augsburg :
Augustus-Verl., 2000
　　Einheitssacht.: Aquarium owner's manual <dt.>
　　ISBN 3-8043-7153-1

Augustus Verlag München 2000
© Deutsche Ausgabe Weltbild Ratgeber Verlage
GmbH & Co. KG
Alle Rechte vorbehalten
Übersetzung: Hans W. Kothe
Lektorat: Sibylle Kolb, Augustus Verlag
Umschlaggestaltung: Vera Faßbender,
Augustus Verlag
Umschlagfotos: Kahl
Satz: Fotosatz Völkl, Puchheim, gesetzt aus der
Frutiger Roman 9/11,6 Punkt
Druck: L.E.G.O., Vicenza

ISBN 3-8043-7153-1

Inhalt

Einführung

Geschichte der Zierfischhaltung

Ursprünglich wurden Fische nicht zum Vergnügen der Menschen gehalten, sondern dienten als Nahrungsquelle. Die Zierfischhaltung entwickelte sich erst, als man begann, ungewöhnlich aussehende Exemplare von den übrigen zu trennen und weiter zu züchten. Besonders in China fingen erste Aquarianer an, besonders hübsch gefärbte Karpfen oder solche mit auffälligen Veränderungen an Körper und Flossen in größerer Zahl zu vermehren. Spätestens im 16. Jahrhundert gelangten solche Tiere dann nach Japan und rund einhundert Jahre später auch nach Europa.

Die Anfänge der Aquaristik

Die eigentliche Geburtsstunde der Aquaristik lag wahrscheinlich im frühen 19. Jahrhundert. Davor gibt es nur vereinzelte Aufzeichnungen über Fische, die über mehrere Jahre in Glasgefäßen gehalten wurden. Das änderte sich, als ein Mr. R. Harrington der Chemical Society (Gesellschaft für Chemie) in London im Jahre 1850 eine Abhandlung präsentierte, in der er beschrieb, wie sich Fische erfolgreich in einem Aquarium halten ließen. Diese Arbeit fand großes Interesse und war mit dafür verantwortlich, dass die Zierfischhaltung später zu einer beliebten Freizeitbeschäftigung wurde.

1852 begann die Londoner Zoological Society (Zoologische Gesellschaft) mit dem Bau des ersten öffentlichen Aquariums, das im darauf folgenden Jahr eröffnet wurde. Bald darauf erhielt auch der Zoologische Garten der Grafschaft Surrey in England ein Schauaquarium und im Laufe der nächsten Jahre lockten öffentliche Aquarien in allen größeren Städten Europas faszinierte Besucher in ihre Ausstellungen mit Süß- und Meerwasserfischen.

Die ersten Freizeitaquarianer hielten zunächst einheimische Fische, wobei sich die Bewohner der Küsten hauptsächlich an Arten aus dem Meer versuchten, während man im Binnenland vorwiegend auf Süßwasserfische zurückgriff. Erstaunlicherweise beschäftigten sich die zeitgenössischen Aquarienbücher aber hauptsächlich mit der Haltung von Kaltwasser-Arten aus dem Meer, obwohl auch damals schon weit mehr Süßwasserfische in Aquarien gehalten wurden. Wenn man diese Bücher heute liest, stellt man schnell fest, dass zahlreiche der darin erwähnten Wasserpflanzen inzwischen sehr selten geworden sind – ein deprimierender Hinweis auf die langfristiger Wirkungen der Verschmutzung unserer Gewässer.

Im viktorianischen England waren Aquarien eine beliebte Modeerscheinung. Von verschiedenen Goldfisch-

Hübsch gefärbte Karpfen waren wahrscheinlich die ersten Fische, die aus ästhetischen Gründen gehalten wurden. Und auch heute sind die zahlreichen Zuchtformen des Goldfisches – gerade bei Anfängern – immer noch sehr beliebt.

Links: Ein Schwarm Vierbinden-Preußenfische in einem Korallenriff.

gläsern abgesehen, gab es damals allerdings kaum vorgefertigte Becken, dafür aber verschiedene Bücher mit detaillierten Anweisungen zum Bau eines Aquariums. Solche Becken waren aber zumeist nicht auf Funktionalität ausgelegt, sondern fast immer mit dekorativem Schnickschnack überladen. Ein beliebtes Modell jener Zeit bestand aus einer gläsernen Frontscheibe, während die übrigen Wände aus Holz (das man mit einem Anstrich wasserdicht gemacht hatte) oder oft auch aus Schiefer gefertigt waren. Außerdem wurden Becken häufig für einen bestimmten Platz hergestellt, etwa um sie als auffälligen Blickfang in einer Wandnische zu präsentieren.

Die zunehmende Haltung von Zierfischen stachelte aber schon bald erfindungsreiche Zeitgenossen dazu an, anspruchsvollere Aquarien zu entwerfen. So schrieb H. Noel Humphreys in

Früher hatten Aquarien oft kunstvoll verzierte Metallrahmen, die bei Meerwasserbecken jedoch schnell das Wasser vergifteten. Sauberes Wasser und gesunde Tiere konnte man sich seinerzeit noch regelmäßig aus den weitgehend unbelasteten Gewässern beschaffen.

seinem 1857 erschienenen *Ocean and River Gardens – A History of Marine and Freshwater Aquaria* (Meeres- und Flussgärten – eine Geschichte der Salz- und Süßwasseraquarien): „Wir werden in Zukunft auch tropische Aquarien unterhalten, in denen das Wasser genau die Temperatur und die Qualität der Meere zwischen den Wendekreisen haben wird."

Tiefere Einsicht

Der weitsichtige Noel Humphrey sagte aber nicht nur die Erfindung von Heizung und Thermostat voraus, durch die es möglich wurde, weit mehr Lebewesen in Aquarien zu halten, sondern er gehörte auch zu den ersten, die die Bedeutung der Wasserchemie für die Zierfischhaltung erkannten. Außerdem stellte er einen Punkt heraus, der auch heute von Aquarianern noch oft missachtet wird – die richtige Besatzdichte. Zu dem Aquarium eines Freundes bemerkte er: „Obwohl sein interessantes Becken nicht überfüllt aussah, musste er doch bald erkennen, dass Probleme nicht ausbleiben konnten, da seinen Tieren der Platz von etwa einem Quadratzoll

Zu Beginn der Aquaristik schuf man fantasievolle Objekte, wie dieses dekorative Tischbecken, in dem sich heimische Fische und Pflanzen halten ließen und das vermutlich gleichzeitig als eine Art Vase diente.

pro Individuum nicht ausreichte." Wie Humphrey es vorausgesehen hatte, wurden nach und nach Heizung, Beleuchtung und Filtersysteme für Aquarien entwickelt, die anfangs allerdings noch ziemlich primitiv waren. So hatten viele der frühen Becken einen Schieferboden, unter dem ein kleiner Brenner lief. Später gab es dann nicht nur bessere Heizungen und Thermostate, sondern auch die Becken veränderten sich und bestanden nun zumeist nur noch aus Glasscheiben, die in einen Metallrahmen eingepasst waren.

Als es noch keine Fernsehgeräte gab, waren Aquarien oft der Mittelpunkt eines Zimmers. Und ohne störende Ablenkungen beobachteten die früheren Aquarianer ihre Fische oft so genau, dass wir von ihren Aufzeichnungen immer noch viel lernen können.

Aufbruchstimmung

Mit zunehmender Weiterentwicklung der Aquarientechnik begannen die Aquarianer sich bald auch für exotischere Fische zu interessieren – nicht zuletzt, weil die Begeisterung an den eher unauffälligen einheimischen Arten zwischenzeitlich deutlich nachgelassen hatte. Zu den wenigen, fremdländischen Zierfischen, die in der frühen Aquarienliteratur erwähnt werden, gehört natürlich auch der Goldfisch: So konnte man in einer amerikanischen Veröffentlichung aus dem Jahre 1858 und einer englischen Arbeit von 1890 erfahren, dass der Goldfisch, der üblicherweise als Kalt-wasser-Art gelte, tatsächlich aus wärmeren Regionen stamme und bei Temperaturen von bis zu 27 °C leben könne. Einen weiteren Auftrieb erhielt die Aquaristik aber erst wieder mit der Einführung auffällig gefärbter, tropischer Arten wie dem Paradiesfisch, der um 1876 nach Deutschland kam, während er in England 1890 erstmals erwähnt wurde. Jetzt bildeten sich auch zahlreiche Aquariengesellschaften, die immer wieder Fischausstellungen organisierten, so-

Ähnlich wie den Goldfisch versuchte man auch andere tropische Arten schon kurz nach der Ersteinführung durch Zuchtwahl „zu verbessern" und neue Linien mit abweichenden Merkmalen herauszubilden. Inzwischen sind durch intensive Zucht viele neue Varianten entstanden, und auch diese orange und schwarz gefärbten Breitflossenkärpflinge sind das gut verkäufliche Ergebnis einer strengen Zuchtwahl.

dass das öffentliche Interesse an der Zierfischhaltung weiter zunahm und nicht einmal während des Zweiten Weltkriegs spürbar nachließ. Die größten Fortschritte standen aber noch bevor: Zu jener Zeit war es nur mit größerem Aufwand möglich, ein Meerwasseraquarium zu betreiben. Der Grund dafür war, dass der Metallrahmen eines normalen Beckens schnell korrodierte und dann das Wasser vergiftete. Um das zu verhindern, galvanisierte man die Rahmen oder stellte sie aus rostfreiem Stahl her, aber der entscheidende Durchbruch kam erst mit der Entwicklung von Silikonklebern in den späten 60er-Jahren, denn sie erlaubten erstmals die Herstellung von Ganzglas-

Kein Aquarium kann die Schönheit und Vielgestaltigkeit eines Korallenriffs vollständig wiedergeben. Aber die moderne Technologie hat es immerhin möglich gemacht, in großen Schaubecken Fischschwärme auszustellen, die sich fast natürlich verhalten.

aquarien in den unterschiedlichsten Formen und Größen. Solche Becken konnte man außerdem problemlos bewegen, ohne dass sie dabei undicht wurden.

Vielgestaltige Aquarien

Inzwischen sieht man die ursprünglichen Rahmenbecken kaum noch. Stattdessen gibt es heute eine riesige Auswahl an Aquarien, die sowohl dekorativ als auch funktionell sind. Dabei wird anstelle von Glas häufig Acryl verwendet, weil dadurch auch ausgefallenere Formen möglich sind, etwa sechseckige Becken. Und da diese „neuen" Aquarien immer preisgünstiger und zudem auch noch aus härterem und kratzfesterem Material hergestellt werden, gelten Acrylglasaquarien heute als eine in ästhetischer Hinsicht durchaus akzeptable, leichte Alternative zu herkömmlichen Glasbecken. Zudem sind Zubehörteile

Tropische Süßwasser-Arten sind immer noch die beliebtesten Zierfische. Sie sind leichter zu halten und zu züchten als Meerwasser-Arten, und der Handel bietet inzwischen außerdem eine unglaubliche Vielfalt farbenprächtiger Fische an. Die meisten Süßwasserfische sind unempfindlicher als Meerwasser-Arten und überstehen daher die stressbelasteten Transporte besser. Außerdem lassen sich viele vom Halter züchten.

wie die Heizung, Beleuchtung, Filter und Belüftungssysteme sicherer und effektiver geworden.

Aber nicht nur Becken und Zubehör haben sich verändert, sondern auch viele Fische, etwa indem man ihnen ausgezogene Flossen, eine auffälligere Färbung und veränderte Körperformen angezüchtet hat (wobei viele solcher Zuchtformen aus ethischer Sicht nicht unumstritten sind). Außerdem gilt das Hauptaugenmerk heute oft nicht mehr einzelnen Exemplaren, sondern der gesamten Art. So führen zahlreiche Zoos und Schauaquarien Zuchtprogramme für gefährdete Arten durch – oft auch mit Hilfe erfahrener Hobbyaquarianer –, wobei das Ziel nicht nur darin besteht, aquatische Lebensformen zu erhalten, sondern auch dazu dienen soll, unsere Kenntnis über den ungewöhnlichen Lebensraum Wasser zu verbessern.

Fische kennen lernen

Von allen Wirbeltieren hatten Fische die längste Zeit für ihre Entwicklung zur Verfügung: etwa 350 Millionen Jahre. Dies hat zu einer Vielzahl von Arten und Unterarten geführt – jede mit spezifischen Merkmalen und einer individuellen Anpassung an das Leben im Wasser. Aber warum gibt es so viele unterschiedliche Erscheinungsformen? Warum sind einige Fische stärker gefärbt als andere, und warum haben sie so verschiedenartig gestaltete Flos-sen? All diese Unterschiede sind wichtig, und wenn man sich Grundkenntnisse in der Anatomie und Physiologie der Fische aneignet, versteht man, warum ein Fisch gewisse Körpermerkmale aufweist und warum er sich in bestimmter Weise verhält. Und wenn man begriffen hat, wie sich Fische in ihrer natürlichen Umgebung behaupten, wird einem auch die erfolgreiche Haltung von Zierfischen nicht schwer fallen.

Fischanatomie

Auch wenn Fische sich in Form und Größe deutlich unterscheiden, so ist ihr Bau doch prinzipiell gleich. Die wichtigsten anatomischen Merkmale zeigt die folgende Abbildung.

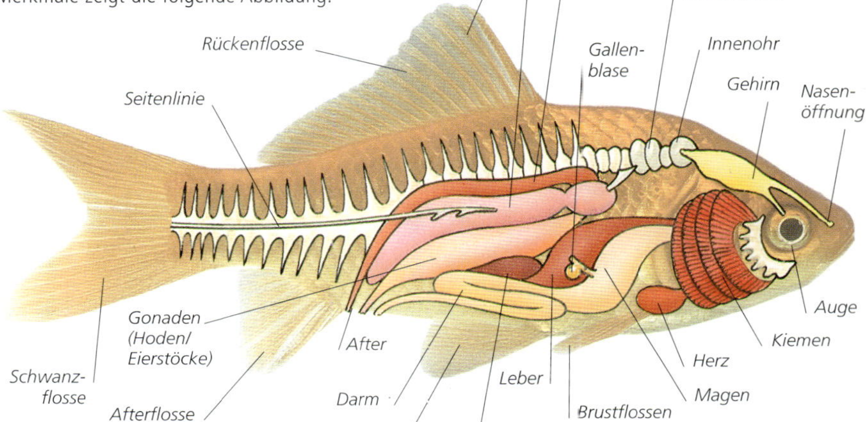

Flossen-strahlen · Schwimmblase · Niere · Webersche Knöchelchen · Gallen-blase · Innenohr · Gehirn · Nasen-öffnung · Rückenflosse · Seitenlinie · Auge · Kiemen · Herz · Magen · Brustflossen (paarig) · Leber · Milz · Darm · Afterflosse · After · Bauchflossen (paarig) · Gonaden (Hoden/ Eierstöcke) · Schwanz-flosse

Schwerelos im Wasser

Dank eines einzigartigen Organs, der Schwimmblase, können die meisten Fische ihre Position im Wasser mühelos halten, treiben also nicht an die Oberfläche und sinken auch nicht zu Boden. Das Gas in der Schwimmblase stellt das spezifische Gewicht der Tiere auf die jeweilige Wassertiefe ein. Bei einigen Arten wird die Schwimmblase über einen Luftgang gefüllt oder geleert, bei anderen über den Blutkreislauf.

Bodenfische benötigen kaum Auftrieb, sodass sie zumeist eine kleine Schwimmblase haben. Bestimmte Arten können mit Hilfe der Schwimmblase trommelartige Geräusche erzeugen, und manchmal dient die Blasenwand aber auch als eine Art Trommelfell, von dem aus Vibrationen über eine Reihe von Knöchelchen oder über Auswüchse der Schwimmblase zum Innenohr übertragen werden.

Links: Ein Schwarm Rotkopfsalmler in einem Süßwasserbecken.

Körperform

Da Wasser eine größere Dichte hat als Luft, müssen im Wasser lebende Organismen für ihre Bewegung mehr Energie aufwenden als Landlebewesen. Um nicht unnötig Energie zu verschwenden, ist der Körper von Fischen, die viel in Bewegung sind, zumeist stärker stromlinienförmig gebaut als bei Arten, die vergleichsweise wenig umherschwimmen. Daher lässt die Körperform und Lebensweise häufig auch Rückschlüsse auf den natürlichen Lebensraum wie auch auf die Art des Beuteerwerbs zu.

Stromlinienförmiger Körper

Damit er unablässig in Bewegung sein kann, hat dieser Neonsalmler – wie auch viele andere aktive Fische aus offenen Gewässern – eine Körperform, die dem Wasser wenig Widerstand entgegensetzt.

Scheibenförmiger Körper

Arten mit hohem, seitlich zusammengedrücktem Körper, etwa Diskusfische, findet man zumeist in ruhigen Wasserzonen, wo sie langsam zwischen Pflanzen umherschwimmen. Für schnellfließende Gewässer wäre diese Form denkbar ungeeignet.

Beilförmiger Körper

Dank ihres außerordentlich muskulösen Körpers können Beilbauchfische sogar auf der Wasseroberfläche gleiten, etwa um ihren Feinden zu entkommen oder um Insekten zu erbeuten. Gesteuert wird dabei mit den hoch angesetzten Brustflossen.

Abgeplattete Oberseite

Diese Körperform erleichtert das Erbeuten von auf die Wasseroberfläche gefallenen Kleintieren, sodass man sie häufig bei Oberflächenfischen findet, etwa bei dem hier abgebildeten Streifenhechtling.

Abgeplattete Unterseite

Die meisten Bodenfische, so auch dieser Panzerwels, haben eine flache Unterseite, damit sie in schnellfließenden Gewässern nicht abgetrieben werden, denn die Strömung drückt die Fische dank ihrer Körperform auf den Grund.

Schlangenförmiger Körper

Lang gestreckte, aalartige Fische wie dieser Butterfisch leben normalerweise am Boden, wo sie sich dank ihrer besonderen Form in enge Spalten zurückziehen können. Viele kleine schlangenförmige Arten graben sich auch gern im Boden ein.

Stellung des Mauls

Oft kann man schon vom Maul eines Fisches auf die Art seiner Ernährung schließen. Fische können Piscivoren (Fischfresser), Insektivoren (als Beute dienen wirbellose Tiere, zumeist Insekten), Herbivoren (Pflanzenfresser) oder Phyto- und Zooplanktonfresser sein. Einige Arten ernähren sich dagegen von Schuppen oder gar Augen oder gehören zu einer der vielen anderen spezialisierten Gruppen. In jedem Fall hat sich die Größe und Stellung des Mauls im Laufe der Zeit so entwickelt, dass ein optimaler Nahrungserwerb möglich ist.

Endständiges Maul

Fische aus mittleren Wasserregionen, etwa Ziersalmler, haben häufig ein endständiges Maul an der Spitze der Schnauze; Ober- und Unterkiefer besitzen die gleiche Länge.

Unterständiges Maul

Bei vielen Bodenfischen, etwa diesem Ostasiatischen Schlammpeitzger, ist der Unterkiefer kürzer als der Oberkiefer, so dass die Mundöffnung nach unten zeigt.

Oberständiges Maul

Einige an der Wasseroberfläche jagende Arten, etwa Schützenfische, aber auch bestimmte Pflanzenfresser haben einen längeren Unter- als Oberkiefer.

Vorstreckbares Maul

Ein vorstreckbares Maul, das sich beim Beutefang ausstülpen lässt, damit es größer wird, findet man oft bei Raubfischen wie diesem Schmetterlingsbuntbarsch.

Saugmaul

Antennenwelse saugen sich am Untergrund fest, damit sie nicht abgetrieben werden. Außerdem besitzt ihr Saugmaul zahlreiche Raspelzähne, mit denen sie Algen abgrasen.

Verlängerte Schnauze

Mit seiner langen Schnauze kann der Vogel-Lippfisch in den Ritzen eines Korallenriffs nach Nahrung suchen. Süßwasserfische durchsuchen mit ihrer verlängerten Schnauze gern den Bodengrund.

Fischzähne

Fische haben insgesamt recht vielgestaltige Zähne, die an die jeweilige Art des Nahrungserwerbs angepasst sind. So besitzen beispielsweise Planktonfresser winzige Zähne, Molluskenfresser starke, flache Mahlzähne und Raubfische lange, spitze oder auch scharfe, oft nach innen gerichtete Zähne für das Festhalten und Zerreißen der Beute. Bei allen Knochenfischen bestehen die Zähne aus Dentin und einer aufgelagerten Schmelzschicht; im Inneren befindet sich die so genannte Pulpahöhle mit Nerven, Adern und Bindegewebe. Häufig sind die Zähne doppelt vorhanden, wobei einer in Benutzung ist, während der andere als Ersatz dient; bei anderen Arten wachsen verloren gegangene Zähne nach. Fische können Kiefer-, Pharynx- oder Schlundzähne haben; außerdem ist eine Kombination daraus möglich. Die Kieferzähne lassen sich weiter in unicuspide (einspitzige), bicuspide (zweispitzige) oder tricuspide (dreispitzige) Zähne unterteilen; Pharynxzähne findet man bei einigen Buntbarschen, bei denen der untere Pharynxknochen bezahnt ist; die Schlundzähne der Cyprinidae sind Bildungen des fünften Kiemenbogens, haben aber ebenfalls die Funktion echter Zähne, die fehlen.

Die Körperdecke

Die Haut der Fische besteht aus zwei Schichten: einer dickeren Innenschicht, die Unterhaut oder Corium genannt wird, und der dünneren, äußeren Epidermis, die einer gewissen Abnutzung unterliegt, sodass sie ständig nachgebildet werden muss. Die meisten Fische haben ein Schuppenkleid, das normalerweise aus Einzelschuppen besteht, die – je nach Art – in unterschiedlicher Zahl vorhanden sind und zudem eine recht unterschiedliche Größe und Struktur haben können. Sind keine Schuppen vorhanden, ist die Epidermis zumeist verdickt. In der Epidermis sitzen Schleimdrüsen, die Fische so glitschig machen.

Schuppen

Die meisten Knochenfische besitzen mehr oder weniger zahlreiche Schuppen, die aus dentin- und zahnschmelzähnlichen Substanzen bestehen und dachziegelartig übereinander angeordnet sind, sodass sie dem Wasser beim Schwimmen wenig Widerstand entgegensetzen. Die Anzahl der in einer Längs- oder Querreihe stehenden Schuppen kann bei einigen Arten zur Bestimmung herangezogen werden. Bodenfische haben auf der Bauchseite oft keine Schuppen, weil sie hinderlich wären, wenn die Tiere von der Strömung gegen den Untergrund gedrückt werden. Bei einigen Fischen sind die Schuppen so klein, dass die Tiere schuppenlos wirken, aber es gibt auch zahlreiche Fische, die tatsächlich keine Schuppen besitzen. So sind beispielsweise zahlreiche Panzerwelse stattdessen durch panzerartige Knochenplatten geschützt, während andere Arten – häufig Bodenfische – weder Schuppen noch Knochenplatten haben, sondern eine dicke, schützende Hautschicht.

Kammschuppen

Kammschuppen, auch Ctenoidschuppen genannt, weisen am hinteren Rand eine feine, kammartige Struktur mit kleinen Zähnen oder Stacheln auf. Fische mit solchen Schuppen verfangen sich leicht in Netzen.

Rundschuppen

Rund- oder Cycloidschuppen haben einen glatten Rand und überlappen sich bis zu 20 Prozent. Zudem weisen sie Zuwachsstreifen auf, an denen sich Perioden schnellen und langsamen Wachstums erkennen lassen.

Schmelzschuppen

Bei Schmelz- oder Ganoidschuppen, die hauptsächlich bei primitiven Knochenfischen vorkommen, ist fast die ganze Schuppe sichtbar, abgesehen von einer schmalen Ansatzstelle, die im Fleisch verborgen ist.

Knochenplatten

Bei jungen Panzerwelsen legt sich die äußere Hautschicht schon bald nach dem Schlüpfen in Falten, die sich dann verhärten und schließlich zu harten Knochenplatten oder -schilden werden.

Schuppenlose Fische

Welse haben niemals echte Schuppen. Sind bei ihnen auch keine Knochenplatten vorhanden, dann bezeichnet man sie als nackt. Damit sie nicht ungeschützt sind, haben viele aber eine verdickte Haut.

Bizarre Körperdecken

Schuppenlose Fische können manchmal recht bizarr aussehen. So ist der Körper des Kofferfisches von Knochenplatten geschützt, die ihm eine Kastenform verleihen, während einige Igel- und Kugelfische kräftige Stacheln haben, die sich aufrichten, wenn sich ein Tier aufbläst um Feinde abzuschrecken.

Das Seitenliniensystem

Mit Hilfe des Seitenliniensystems nehmen Fische feinste Strömungen oder Erschütterungen wahr, sodass sie Gefahren schneller erkennen können; außerdem dient es der Orientierung, beispielsweise dem Erkennen von Hindernissen, und wird bei der Nahrungssuche eingesetzt. Das System besteht aus zahlreichen, winzigen Gruben, die an beiden Seiten des Fischkörpers in einer einfachen oder geteilten Linie angeordnet sind. Die Gruben sind durch einen Längskanal verbunden, in dem Sinnesknospen sitzen, die Druckveränderungen im Wasser registrieren und dann ans Gehirn weiterleiten. Bei einigen Arten gibt es auch Sinnesknospenreihen im Kopfbereich.

Das Seitenliniensystem besteht aus kleinen Gruben.

Färbung

Fischschuppen sind durchsichtig, sodass für die jeweilige Farbe spezielle Hautzellen, so genannte Pigmentzellen, verantwortlich sind. Die darin enthaltenen roten, orangefarbenen, gelben oder schwarzen Pigmente können in der gesamten Zelle ausgebreitet sein oder sich an einer Stelle ansammeln und auf diese Weise die unterschiedliche Färbung der Fische hervorrufen. Oft wird das Licht aber auch von einer Schicht Guanin (einem Nebenprodukt des Stoffwechsels) reflektiert, sodass eine Art beispielsweise silbern oder weißlich wirkt. Allerdings gibt es auch Fische, die keine Pigmente besitzen, etwa der in totaler Finsternis lebende Blinde Höhlensalmler, dessen rötliche Farbe durch Körperblut hervorgerufen wird.

Die Färbung eines Fisches kann der Tarnung, Erkennung oder Abschreckung dienen. Arten, die sich bevorzugt in den oberen Wasserregionen aufhalten, haben normalerweise eine silberne oder weiße Unterseite. Dadurch verschmelzen sie mit der hellen Wasseroberfläche, sodass sie gut genüber Feinden getarnt sind, die sich unter ihnen aufhalten. Der übrige Körper ist dagegen zumeist dunkel gefärbt, sodass er von oben betrachtet eine Einheit mit dem dunkleren Boden bildet. Einige Fische besitzen eine spezielle, der Tarnung dienende Körperzeichnung, während Bodenfische zumeist recht unauffällig gefärbt sind, damit sie sich wenig vom Bodengrund abheben. Dagegen haben Arten, die in dunklen oder schlammigen Gewässern leben, oft leuchtende Farben, damit sie vom potenziellen Partner besser gesehen werden.

Die meisten Fische können ihre Färbung verändern, etwa im Tag-Nacht-Rhythmus. So haben zum Beispiel Ziersalmler tagsüber deutliche waagerechte Streifen, die nachts, wenn die Tiere aktiv sind, zu undeutlichen Flecken verblassen. Bei Stress oder gesundheitlichen Problemen verlieren Fische häufig ihre typische Färbung, während Hormone oft dafür sorgen, dass sie sich die Farben – besonders bei den Männchen – zur Laichzeit noch verstärken.

Die jeweilige Färbung kann aber auch zur Warnung dienen, etwa beim Feuermaulbuntbarsch, der einen Augenfleck auf jedem Kiemendeckel hat. Fühlt er sich bedroht, klappt er die Kiemendeckel auf, sodass die dann sichtbaren Flecken wie zwei weit auseinander stehende, bedrohliche Augen wirken. Junge Schwarmfische sind dagegen manchmal so gefärbt, dass ein Schwarm wie ein einziges großes Lebewesen aussieht, während besonders auffällige Farben einem möglichen Angreifer signalisieren, dass ein Fisch giftig ist. Außerdem gibt es Raubfische, die so gezeichnet sind, dass Beutetiere sie für harmlose Arten halten und daher leicht in ihr Verderben schwimmen.

Der Augenfleck dieses Pinzettfisches soll Angreifer verwirren.

Flossen – Form und Funktion

Jede Flosse hat eine bestimmte Funktion für das Schwimmverhalten eines Fisches, was sich besonders gut bei den langsam schwimmenden, aber sehr wendigen Buntbarschen beobachten lässt. Die einzelnen Flossen sind entweder unpaarig (einzeln) oder paarig (doppelt) vorhanden. Zu den erstgenannten gehören Rücken-, Schwanz- und Afterflosse, zu den letztgenannten die Brustflossen, die den Armen beim Menschen entsprechen, und die Bauchflossen. Nicht bei allen Arten sind immer alle Flossen vorhanden; außerdem gibt es in manchen Gruppen noch zusätzliche Flossen, beispielsweise die zwischen Rücken- und Schwanzflosse sitzende, fleischige Fettflosse der Salmler, deren genaue Funktion unbekannt ist. Die echten Flossen bestehen aus knöchernen Flossenstrahlen, die durch eine dünne Haut verbunden sind und von Muskeln bewegt werden können.

Rücken- und Afterflossen

Rücken- und Afterflossen haben die Aufgabe, den Fisch senkrecht im Wasser zu halten, wirken also wie der Kiel eines Bootes. Rückenflossen haben entweder nur Weichstrahlen oder können zusätzlich noch mit Hartstrahlen ausgestattet sein. Bei Arten mit sehr langen After- oder Rückenflossen wird die Fortbewegung oft durch eine Welle von Muskelkontraktionen entlang der Flosse erreicht.

Weichstrahlige Rückenflosse

Die Rückenflosse dieses Kaisertetra wird hauptsächlich von flexiblen, verzweigten Weichstrahlen gestützt. Dazu kommen noch einige unverzweigte, einfache Hartstrahlen am Vorderende.

Hartstrahlige Rückenflosse

Bei bestimmten Arten, etwa Scheibenbarschen, besteht die Rückenflosse überwiegend aus unverzweigten Hartstrahlen, an die sich noch einige verzweigte Weichstrahlen anschließen.

Afterflosse

Die (bei diesem Preußenfisch besonders auffällige) Afterflosse kann unterschiedlich groß und mit Weich- oder Hartstrahlen bzw. einer Kombination daraus ausgestattet sein. Wie die Rückenflosse dient sie als Kiel für eine senkrechte Schwimmlage.

Die Fettflosse

Die Fettflosse, die nur bei bestimmten Gruppen vorkommt und deren Form und Größe stark variieren kann, besteht hauptsächlich aus Fettgewebe (bei manchen Arten sind auch noch rudimentäre Flossenstrahlen vorhanden). Bei Fischen, die hauptsächlich auf dem Rücken schwimmen, etwa dem Rückenschwimmenden Kongowels, hat die relativ große Fettflosse die gleiche Aufgabe wie die Afterflosse bei aufrecht schwimmenden Fischen.

Die Schwanzflosse

Die mit kräftigen Muskeln ausgestattete Schwanzflosse sorgt für den Hauptantrieb des Fisches, indem sie den Körper mit kräftigen, seitlichen Schlägen nach vorn durchs Wasser drückt, so dass der Körper entlang einer Achse starke, wellenartige Bewegungen ausführt. Bei manchen Arten sind Schwanz-, Rücken- und/oder Bauchflossen zu einer einzigen großen Flosse verschmolzen.

Eingeschnittene Schwanzflosse

Gerade abgeschnittene Schwanzflosse

Bei Fischen, die ständig in Bewegung sind, beispielsweise Keilfleckbärblingen, ist die relativ große Schwanzflosse tief eingeschnitten, weil so eine effektive Vorwärtsbewegung bei geringem Widerstand möglich ist.

Bei einer gerade abgeschnittenen Schwanzflosse mit einer kräftigen Basis, wie man sie z. B. bei bedächtig schwimmenden Buntbarschen findet, wird der relativ große Widerstand durch eine stärkere Bewegung ausgeglichen.

Brust- und Bauchflossen

Von einigen Ausnahmen abgesehen, etwa Aalen, denen die Bauchflossen fehlen, haben Fische zweierlei paarige Flossen. Dabei dienen die Bauchflossen der normalen Steuerung, während die Brustflossen für spezielle Manöver verwendet werden. Um nach rechts oder nach links zu schwimmen, werden die Flossen, die auch zum Bremsen dienen können, ausgestellt.

Senkrechte Brustflossen

Waagerechte Brustflossen

Viele Fische aus mittleren Bereichen, beispielsweise Kongosalmler, haben senkrecht ausgerichtete Brustflossen, die eine optimale Wendigkeit gewährleisten.

Für viele Bodenfische wie diesen Harnischwels ist es wichtig, bei starker Strömung nicht abgetrieben zu werden. Dabei helfen ihm die waagerechten Brustflossen, die dafür sorgen, dass er auf den Boden gedrückt wird.

Bauchflossen

Durch ein Ausstellen der Bauchflossen können Fische wie dieser Riffbarsch die Richtung ändern. Wenn sie sich schnell fortbewegen wollen, werden die Bauchflossen angelegt, um den Widerstand zu verringern.

Spezielle Flossen

Bei vielen Welsen ist der erste Flossenstrahl in der Rückenflosse besonders kräftig ausgebildet. Außerdem ist er oft sehr spitz und lässt sich in einer aufrechten Position feststellen, um Feinde abzuschrecken. Bei einigen Arten dient er aber auch dazu, das Weibchen zur Eiablage anzuregen oder es bei der Paarung fest zu halten. Bei bestimmten Fischen kann dieses Merkmal auch zur Bestimmung herangezogen werden.

Körperfunktionen

Um im Wasser überleben zu können, müssen Fische ihre Körperfunktionen sehr gut an die Umgebung anpassen, denn einige Eigenschaften des Wassers, etwa Temperatur, chemische Zusammensetzung und Salzgehalt, haben einen starken Einfluss auf die Steuerung bestimmter physiologischer Prozesse. Und während die meisten Fische größere Veränderungen ihrer Umgebung, zum Beispiel im Salzgehalt, nicht überstehen, wandern andere, etwa Lachse, zunächst vom Süß- ins Salzwasser und später zum Ablaichen wieder zurück – eine beachtliche Leistung der osmoregulatorischen Systeme dieser Tiere.

Körperflüssigkeiten- und Temperaturregulation

Süß- und Meerwasserfische weisen in etwa gleiche Konzentrationen an Salz und Wasser im Körper auf, besitzen aber sehr unterschiedliche Mechanismen, um die osmotische Konzentration ihrer Körperflüssigkeiten gegenüber dem Salzgehalt der Umgebung aufrechtzuerhalten. Die Haut eines Fisches ist eine halbdurchlässige (semipermeable) Membran, die Wasser vollständig, gelöste Substanzen dagegen nicht oder nur unvollständig passieren lässt. Werden nun zwei unterschiedlich konzentrierte Lösungen durch eine solche Membran getrennt, fließt aufgrund des osmotischen Drucks so lange Wasser aus der geringer verdünnten Lösung in die stärker konzentrierte auf der anderen Membranseite, bis sich der Unterschied ausgeglichen hat.

Da die Salzkonzentration in einem Süßwasserfisch stärker ist als die des umgebenden Wassers, dringt Flüssigkeit durch die Haut und die Kiemen in den Körper, sodass er nicht trinken muss. Und weil alle wichtigen Salze durch die Nieren zurückgehalten werden, ist der in großen Mengen ausgeschiedene Urin nur schwach konzentriert. Dagegen leben Meeresfische in einer Umgebung, die salziger ist als die Flüssigkeit in ihrem Körper, sodass sie aufgrund des osmotischen Drucks Wasser an die Umgebung abgeben. Um einer Austrocknung entgegenzuwirken, müssen sie daher Meerwasser trinken, wobei die nicht benötigten Salze in Form von wenig, aber sehr konzentriertem Urin über die Nieren entfernt werden. Und wegen der geschilderten großen Unterschiede in der Osmoregulation können Süß- und Meerwasserfische normalerweise auch nicht im jeweils anderen Lebensraum existieren.

Bei der Haltung in Aquarien muss aber auch bedacht werden, dass Fische – anders als Säugetiere – ihre Körpertemperatur nicht selbst regulieren können, sondern als wechselwarme Lebewesen vielmehr die Temperatur ihrer Umgebung annehmen. Daher sind alle biologischen Körperprozesse einer bestimmten Art auch an einen speziellen Temperaturbereich angepasst, sodass die Tiere unter Bedingungen gehalten werden müssen, die den jeweiligen Ansprüchen der Art genügen.

Süßwasserfisch

Wasser dringt durch die Haut ein und verdünnt die höher konzentrierte Körperflüssigkeit.

Überflüssiges Wasser wird als schwach konzentrierter Urin ausgeschieden.

Meerwasserfisch

Der Fisch verliert Wasser an die höher konzentrierte Umgebung.

Zum Flüssigkeitsausgleich wird Wasser aktiv aufgenommen.

Überflüssiges Salz wird in Form stark konzentrierten Urins ausgeschieden.

Die Atmung

Genau wie der Mensch brauchen auch Fische unbedingt Sauerstoff zum Leben. Diesen holen sie sich aber zumeist nicht aus der Luft, sondern aus dem Wasser, wo er in gelöster Form vorhanden ist. Im Gegensatz zu Landlebewesen nehmen Fische den Sauerstoff aber nicht über Lungen auf, sondern leiten über das Maul eingesaugtes Wasser an den Kiemen vorbei, die sich beiderseits des Kopfes befinden. Dort sind das Wasser und die Blutgefäße des Fisches nur durch eine dünne Membran voneinander getrennt, sodass ein Austausch von Gasen (Aufnahme von lebenswichtigem Sauerstoff und Abgabe des Kohlendioxids) sehr gut möglich ist. Außerdem kann über die Kiemen eine gewisse Menge an Ammoniak ausgeschieden werden, und bei Süßwasserfischen auch etwas Wasser. Anschließend wird das eingesaugte Wasser durch die Kiemendeckel wieder ausgestoßen. Die Blutgefäße übernehmen dann die Aufgabe, den aufgenommenen Sauerstoff überall im Körper zu verteilen und Kohlendioxid zu den Kiemen zu transportieren.

Wenn nicht ausreichend Sauerstoff im Wasser gelöst ist, halten sich die Fische in Nähe der Wasseroberfläche auf, wo die Sauerstoffkonzentration noch am größten ist. Hängen die Tiere also entgegen ihres sonstigen Verhaltens ständig an der Oberfläche, besteht starker Sauerstoffmangel. Einige Arten, die in Biotopen mit ständig niedrigem Wasserstand leben, haben eine zusätzliche Form der Atmung entwickelt. So sind bestimmte Welse und auch einige Schmerlen in der Lage, atmosphärische Luft zu schlucken und den Sauerstoff dann über den Darm in den Blutkreislauf aufzunehmen.

Eine andere, höher entwickelte Form der Aufnahme von atmosphärischem Sauerstoff findet man bei einer Reihe von Kletterfischen, aber auch bei Welsen aus der Familie Clariidae. Sie besitzen zu diesem Zweck ein in der Kiemenhöhle liegendes, vielfach verzweigtes und aus stark durchbluteten Lamellen aufgebautes Organ, das so genannte „Labyrinth", in dem der durch das Maul aufgenommenen Luft Sauerstoff entzogen wird. Und dank dieser Labyrinthatmung können solche Fische auch in Biotopen leben, in denen häufig Sauerstoffmangel herrscht, zum Beispiel in schlammigen, stehenden oder sehr warmen Gewässern.

Kiemenatmung

Fischkiemen bestehen aus knorpeligen Kiemenbögen, an deren Außenseite stark verästelte Kiemenblätter sitzen, sodass die gesamte Struktur Ähnlichkeit mit einem Kamm hat. Und da die Blutgefäße in den Kiemen sehr dicht unter der Oberfläche liegen, haben sie, sofern sie gesund sind, eine rosa bis rötliche Farbe. Die Kiemenblätter sind sehr empfindlich, sodass sie leicht durch im Wasser befindliche Fremdkörper geschädigt werden können. Daher haben einige Fische feine Filter, die solches Material – aber auch Futterbrocken – zurückhalten.

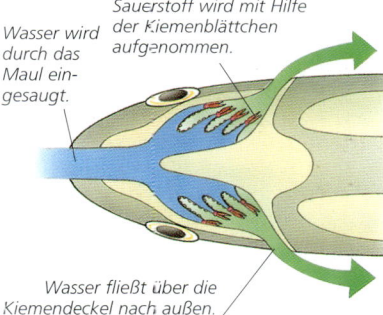

Sauerstoff wird mit Hilfe der Kiemenblättchen aufgenommen.

Wasser wird durch das Maul eingesaugt.

Wasser fließt über die Kiemendeckel nach außen.

Schlafen

Da Fische keine Augenlider haben, scheint es oft so, als würden sie niemals schlafen. Dennoch befinden sich die Tiere zumindest während eines Teils des Tages oder der Nacht in einer Ruhephase, in der es sogar möglich ist, sie mit der Hand zu fangen. Allerdings gibt es bei Fischen keine allgemein übliche Schlafstellung. So liegen einige auf dem Boden oder hängen senkrecht – Kopf unten, Schwanz oben – im Wasser. Andere ziehen sich in eine Höhle oder Felsspalte zurück, während viele einfach in normaler Schwimmstellung im Wasser stehen. Und bestimmte Lippfische, die natürlicherweise in tropischen Korallenriffen leben, ziehen sich zur Ruhe in eine Spalte zurück, um dort einen Schleimkokon zu bilden, aus dem sie beim Erwachen wie aus einem Schlafsack herausschlüpfen.

Bei der Auswahl bestimmter Arten für ein Aquarium sollte man auch die Schlafgewohnheiten der Tiere berücksichtigen, also beispielsweise keine kleinen, tagaktiven Fische mit nachtaktiven Räubern halten, da erstere sonst zu einer leichten Beute für die nächtlichen Jäger werden.

Sinnesleistungen und Instinkte

Weil Fische im Wasser und nicht auf dem Land leben, benutzen sie ihre Sinne auch in etwas anderer Form als etwa Menschen. Dabei haben es die Tiere aber nicht nur geschafft, sich im Verlaufe ihrer Entwicklung gut an die Besonderheiten des feuchten Elements anzupassen, sondern oft auch noch an die Bedingungen ganz spezieller Biotope.

So verlassen sich beispielsweise Fische, die in dunklen, schlammigen Gewässern leben, mehr auf ihren Geschmack und Geruch als auf ihre Sicht, und einige Arten haben sogar so ungewöhnliche Orientierungshilfen wie elektrische Organe entwickelt. Alle diese Anpassungen sind für das Überleben von größter Wichtigkeit.

Das Sehen

Für die meisten Fische sind die Augen die mit Abstand wichtigsten Organe, denn mit ihnen können sie nicht nur eine Beute oder mögliche Geschlechtspartner ausmachen, sondern auch Feinde oder andere Gefahren rechtzeitig erkennen, wobei die Sicht im Wasser allerdings viel schlechter ist als auf dem Land. Die meisten Fische haben ein monokulares Sehen (jedes Auge wird getrennt fokussiert), und nur einige Raubfische sind in der Lage, beide Augen auf ein Objekt zu richten. Das Vierauge *(Anableps* ssp.) ist ein Oberflächenfisch, der seine Nahrung zumeist an der Wasseroberfläche sucht. Um dabei eine optimale Sicht zu haben, sind seine hervorstehenden Augen unterteilt, sodass er mit den oberen Hälften über Wasser und den unteren unter Wasser sehen kann.

Die Augen von Fischen der mittleren Wasserregionen sind häufig sehr groß und so angeordnet, dass die Tiere eine gute Rundumsicht haben. Bei vielen Raubfischen sind die Augen dagegen sehr hoch am Kopf angebracht, sodass durch

eine Überschneidung der Sichtfelder ein räumliches (binokulares) Sehen ermöglicht wird, verbunden mit einer genaueren Schätzung von Entfernungen, was den Beutefang erleichtert.

Da Licht das Wasser nur schlecht durchdringt, verlassen sich Bodenfische zumeist weniger auf ihren Licht-, sondern mehr auf den Geruchs- und Geschmackssinn. Ihre Augen sind relativ klein und so angeordnet, dass sie Gefahren von oben gut erkennen können. Bei einigen in Höhlen lebenden Arten sind die Augen reduziert oder fehlen ganz. Dafür besitzen sie ein gutes Seitenliniensystem, das ihnen die Orientierung erleichtert.

Fische haben normalerweise keine Augenlider oder Tränenkanäle und brauchen sie auch nicht, da ihre Augen ja ständig von Wasser feucht gehalten werden. Bei bestimmten, in flachen, klaren Gewässern lebenden Arten kann aber eine Klappe vorhanden sein, die über das Auge gestülpt wird, um die Netzhaut vor zu hellem Sonnenlicht zu schützen.

Monokulares Sehen (Friedfische)

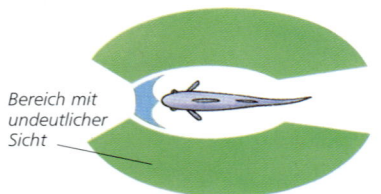

Bereich mit undeutlicher Sicht

Binokulares Sehen (Raubfische)

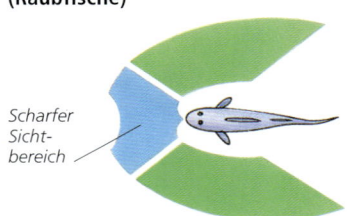

Scharfer Sichtbereich

Bei nicht räuberisch lebenden Fischen sitzen die Augen normalerweise an den Seiten des Kopfes. Dadurch haben die Tiere eine gute Rundumsicht und können Gefahren aus nahezu allen Richtungen frühzeitig erkennen.

Bei Raubfischen sitzen die Augen oft dicht zusammen, sodass sie Objekte mit beiden Augen fokussieren können. Dadurch lassen sich Entfernungen besser abschätzen und dank des größeren Schärfebereiches Beutetiere einfacher fangen.

Das Gehör

Weil Wasser eine höhere Dichte hat als Luft, pflanzen sich Geräusche unter Wasser nicht nur besser fort, sondern können auch besser wahrgenommen werden als auf dem Land. Obwohl den Fischen sichtbare Ohren fehlen, sind die meisten doch in der Lage zu hören, und zwar dank eines Gehör-organs an der Hinterseite des Schädels. Das Gehör der Fische ist eng mit dem Gleichgewichtssinn verknüpft. Außerdem besteht bei einigen Arten über die so genannten Weberschen Knöchelchen eine Verbindung zwischen Innenohr und Schwimmblase, sodass diese als Verstärker dienen kann.

Geruch und Geschmack

Ihren Geruchssinn verwenden Fische, um Nahrung aufzuspüren. Im Gegensatz zum Menschen und anderen Landsäugetieren haben sie allerdings keine besonders ausgeformte Nase, sondern nur Nasenlöcher mit zahlreichen winzigen Riechrosetten, auf denen die unzähligen, mit dem Gehirn in Verbindung stehenden Geruchsrezeptoren angeordnet sind.

Bei den meisten Fischen sind die Nasenlöcher paarig, bestehen also aus einer vorderen und einer hinteren Öffnung. Das Wasser wird mit Muskelkraft durch die vordere Nasenöffnung gepumpt und fließt dann an den Riechrosetten vorbei durch die hintere Öffnung wieder hinaus. Viele Welse haben zur Verbesserung ihres Geruchsvermögens einen längeren Nasengang, sodass Platz für eine größere Anzahl von Riechrosetten und Geruchsrezeptoren ist. Buntbarsche und andere barschartige Fische besitzen dagegen einfache Nasenlöcher, bei denen das Wasser über dieselbe Öffnung ein und aus tritt.

Menschen verlassen sich beim Geschmack auf ein einziges Organ, die Zunge. Dagegen haben Fische zahlreiche Geschmacksrezeptoren: auf den Lippen, im Maul, an der Außenseite des Kopfes und gelegentlich auch an anderen Körperteilen. Die bei vielen Fischen vorhandenen Barteln könnte man als eine Art äußere Zunge bezeichnen, die dazu verwendet wird, das Substrat nach Futter zu durchsuchen. Einfache Barteln findet man häufig bei Bodenfischen mit einem unterständigen Maul, beispielsweise Welsen, während andere, darunter *Synodontis*-Arten, zusammengesetzte, also zumeist relativ kurze, aber verzweigte Barteln haben, um mehr Platz für die Geschmacksrezeptoren zu schaffen.

Es gibt aber auch Arten, bei denen die Barteln membranartige Auswüchse haben, auf denen die Geschmacksknospen sitzen, und der große, in Südamerika heimische Schwarze Dornwels *(Pseudodoras niger)* besitzt zur Verbesserung des Geschmackssinns zahlreiche Anhänge mit Rezeptoren am Gaumen und am Boden des Mauls. Viele Fadenfische haben dagegen Anhänge an den Brustflossen, auf denen Geschmacksknospen angeordnet sind.

Einfache Barteln   **Zusammengesetzte Barteln**   **Abgewandelte Flossen**

Tastsinn

Fische empfinden Berührungen anders als beispielsweise Menschen. Zwar scheuern sie sich manchmal an Gegenständen, etwa Steinen, um einen von Parasiten verursachten Juckreiz zu lindern, aber in der Regel sind Berührungsempfindungen mit der Futtersuche verbunden. So verwenden Fische ihre mit Geschmacksrezeptoren ausgestatteten Barteln oder fadenförmig ausgezogenen Bauchflossen hauptsächlich zum Abtasten von potenzieller Beute. Viele nachtaktive Bodenfische nutzen ihre Barteln oft aber auch zur Orientierung im Dunkeln.

Elektrische Organe

Im Körper aller Wirbeltiere herrschen zwischen Muskelfasern und Nervenenden geringe elektrische Spannungen, über die bei Bedarf eine Muskelreaktion ausgelöst wird. Bei bestimmten Fischen können einige solcher Muskelzellen zu elektrischen Organen umgewandelt sein, die in der Lage sind, hohe Stromstöße auszusenden. Ein Beispiel dafür sind Zitterwelse, die solche Organe zum Beutefang und zur Abwehr von Feinden nutzen. Die dabei erzeugten Spannungen sind beachtlich, sodass man bei der Behandlung solcher Tiere im Aquarium sehr vorsichtig sein muss. Bei manchen Arten sind diese Organe aber auch schwächer ausgebildet, etwa bei Vertretern der Gattungen *Gnathonemus,* bei denen sie hauptsächlich zur Ortung eingesetzt werden. Möglich ist das, weil die Fische Änderungen, die durch Hindernisse oder andere Lebewesen in einem von ihnen erzeugten elektrischen Feld hervorgerufen werden, registrieren und entsprechend interpretieren können. Solche Organe sind vor allen Dingen für Fische wichtig, die in schlammigen Gewässern leben und sich bei der Orientierung nicht auf ihre Augen verlassen können.

Lautäußerungen

Einige Fische sind in der Lage, Töne zu erzeugen, deren Sinn allerdings nicht genau bekannt ist. Möglicherweise dienen laute Geräusche einfach dazu, Feinde abzuschrecken, oder bei solitär lebenden Arten auch dazu, einen Partner zu finden. Es ist aber auch denkbar, dass Töne (die im Wasser besser übertragen werden als in der Luft) der Verständigung innerhalb einer Gruppe dienen, besonders wenn die Fische in trüben Gewässern leben, in denen die Sicht eingeschränkt ist.

Da Fische keine Stimmbänder haben, müssen sie die oft recht lauten Geräusche auf andere Weise erzeugen. Bei einigen Welsen geschieht das dadurch, dass die Tiere ihre festgestellten Brustflossenstrahlen aneinander reiben, andere Fische versetzen ihre Schwimmblase in Schwingungen (entweder durch die Muskeln, mit denen die Blase in der Körperhöhle aufgehängt ist, oder durch eine komplexe Anordnung von Knochen an der Vorderseite des Organs). In beiden Fällen wird ein deutlich hörbarer Laut erzeugt, der an ein Knurren erinnert. Es gibt aber auch Fische, darunter einige Schmerlen, die ein sehr lautes Klickgeräusch erzeugen, indem sie einen Knochen unterhalb des Auges schnell hin- und herbewegen.

Körpersprache

Wie die meisten Lebewesen verständigen sich Fische auch durch Körpersprache, etwa wenn sie, wie es viele Männchen zur Paarungszeit tun, ein oft auch aggressives Imponier- oder Drohverhalten zeigen. Zahlreiche Wissenschaftler, aber auch einige Aquarianer glauben, bei bestimmten Fischen, die zwar zur selben Familie gehören, aber auf verschiedenen Kontinenten vorkommen, ließe sich eine unterschiedliche Körpersprache beobachten, sodass beispielsweise ein unterwürfiges Verhalten einer Art von einer verwandten Spezies als eine Drohgebärde interpretiert würde. Speziell bei Buntbarschen amerikanischer und afrikanischer Herkunft soll dieses Phänomen zu beobachten sein.

Revierbildung

Einige Fischarten bilden – besonders zu Beginn der Paarungszeit – ein Revier und verteidigen es gegen Eindringlinge. Dabei wird gegenüber Artgenossen häufig ein viel aggressiveres Verhalten an den Tag gelegt als gegenüber fremden Fischen. So verteidigen Welse aus der Gattung *Ancistrus* eine in Besitz genommene Höhle oder Baumwurzel gegenüber Artgenossen so vehement, dass es nicht selten zu heftigen Kämpfen kommt, während alle anderen Fische praktisch unbehelligt bleiben. Glücklicherweise legen sich solche Kämpfe aber zumeist, wenn sich erst einmal eine stabile Rangordnung eingestellt hat.

Einige Fische unternehmen in der Wildnis jahreszeitlich festgelegte Wanderungen zu ihren Laichplätzen, die oft sehr weit entfernt sein können. Eine Unterdrückung dieses instinktiven Verhaltens könnte möglicherweise der Grund dafür sein, dass sich einige Fische im Aquarium nicht fortpflanzen.

Das Ökosystem Wasser

Natürliche Gewässer sind selbstregulierend: Frisches Wasser wird durch Regenfälle ergänzt, pH-Wert und Härtegrad werden durch den Untergrund beeinflusst, und Strömungen sorgen dafür, dass die Wasseroberfläche zur Aufnahme von Sauerstoff ständig bewegt wird. Ein Aquarium ist dagegen ein geschlossenes, relativ kleines Ökosystem, sodass sich von selbst keine stabilen Verhältnisse einstellen können. Daher ist es notwendig, an bestimmten Stellen unterstützend einzugreifen. So muss man beispielsweise regelmäßige teilweise Wasserwechsel durchführen, um die Anhäufung von Giften zu verhindern, und man benötigt einen Filter, damit der Stickstoffzyklus ablaufen kann, denn dieser natürliche Prozess ist für alle Organismen im Aquarium lebenswichtig.

Der Stickstoffzyklus

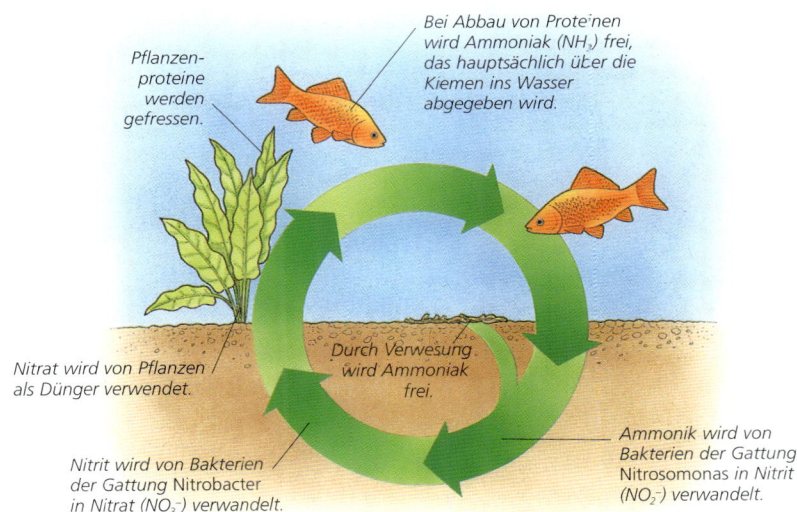

Bei Abbau von Proteinen wird Ammoniak (NH₃) frei, das hauptsächlich über die Kiemen ins Wasser abgegeben wird.

Pflanzenproteine werden gefressen.

Nitrat wird von Pflanzen als Dünger verwendet.

Durch Verwesung wird Ammoniak frei.

Nitrit wird von Bakterien der Gattung Nitrobacter in Nitrat (NO₃⁻) verwandelt.

Ammonik wird von Bakterien der Gattung Nitrosomonas in Nitrit (NO₂⁻) verwandelt.

Der Stickstoffzyklus ist ein natürlicher chemischer Prozess, durch den Gifte in weniger schädliche oder sogar nützliche Substanzen umgewandelt werden. In einem Aquarium dauert es 36 Tage, bis dieser Zyklus vollständig abläuft, wobei drei hauptsächliche Phasen unterschieden werden können. Zunächst wird durch den Abbau von Proteinen Ammoniak (NH$_3$) freigesetzt, das giftig ist. Im Aquarium stammt das Ammoniak hauptsächlich von verwesenden organischen Substanzen (Bakterien, Pflanzen und toten Fischen sowie Futterresten), aber auch aus dem Kot der Fische, der ins Becken abgegeben wird, sowie den gasförmigen Abfallprodukten, die bei der Atmung über die Kiemen ins Wasser gelangen.

Wenn der Zyklus richtig funktioniert, wird das Ammoniak anschließend in Nitrit (NO$_2$-) umgewandelt, das für Tiere ebenfalls giftig ist. Erst das weniger schädliche Nitrat (NO$_3$-) kann dann als Dünger für die Pflanzen dieren, die wiederum Sauerstoff ins Becken abgeben oder auch von bestimmten Fischen gefressen werden, sodass der Zyklus sich schließt. Sind keine Pflanzen vorhanden, wird das Nitrat von nützlicher Bakterien abgebaut, die sich im Filter angesiedelt haben. Weiteres Nitrat wird durch regelmäßige Wasserwechsel entfernt.

Benutzung des Artenteils

Alle Bücher, in denen es um die Pflege von Lebewesen geht, können nur eine gewisse Allgemeingültigkeit für sich beanspruchen, denn in jeder Organismengruppe gibt es Ausnahmen. Das gilt auch für dieses Buch, das Sie mit möglichst vielen allgemeinen Informationen über die Haltung von Aquarienfischen, Wirbellosen und Pflanzen versorgen soll. Bedenken Sie also bei allem, was Sie tun, dass die Aquaristik sich nicht in starre Regeln pressen lässt und dass die erfolgreiche Zierfischhaltung sich einem nicht in wenigen Stunden erschließt. Um ein erfolgreicher Aquarianer zu werden, müssen Sie vor allem bereit sein zu lernen. Schon bevor Sie den ersten Schritt tun, gilt es, sich so viele Informationen wie möglich zu beschaffen, aber auch später sollten Sie nie aufhören, etwas über Ihre Fische in Erfahrung zu bringen, wobei viele Dinge durch zunehmende Kenntnis erleichtert werden.

Süß- und Brackwasserfische

Süßwasserfische sind nicht zuletzt deshalb so beliebt, weil sie relativ robust und leicht zu halten sind. Viele Arten vertragen geringfügige Schwankungen in der Wasserqualität, ohne dass es zu Problemen kommt (größere und vor allem plötzliche Veränderungen sollten aber unbedingt vermieden werden). Zwar ist das große Angebot an Süß- und Brackwasser-Arten oft etwas verwirrend, aber wenn man sich an einige Regeln hält, lassen sich Probleme leicht vermeiden: Wichtig ist, Tiere aus den beiden erwähnten Biotopen nicht miteinander zu vergesellschaften (Brackwasserfische benötigen eine Mischung aus Süß- und Salzwasser), außerdem sollte man beachten, dass einige Fische sehr spezielle Ansprüche an Wasserqualität, Futter und Platzbedarf haben. Anhand der Informationen zu den einzelnen Arten sollten Sie in der Lage sein, sich Fische auszusuchen, die Ihnen nicht nur gefallen, sondern auch zueinander passen und deren Bedürfnisse Sie auch erfüllen können. Ein weiteres Kriterium für die Auswahl kann aber auch sein, dass sich eine Art auch im Aquarium vermehren und aufziehen lässt.

Zwergfaden-fisch

Silber-flossenblatt

Meerwasserfische und Wirbellose

Meerwasseraquarien sind zwar sehr imposant, aber auch nicht ganz leicht zu unterhalten. So muss beispielsweise die Wasserqualität genau stimmen, besonders wenn man Wirbellose halten möchte, die oft etwas empfindlich sind. Aus diesem Grund sollten Anfänger es auch zunächst mit Süßwasserfischen versuchen, die bezüglich der Wasserqualität nicht ganz so anspruchsvoll sind.

Und da die Haltung von Meerwasserfischen nicht einfach ist, sollten die Arten besonders sorgfältig ausgewählt werden. Sicher ist die Vorstellung, einen Ausschnitt aus einem Korallenriff in einem Aquarium nachzubilden und darin sowohl Fische als auch Wirbellose zu halten, sehr verlockend, wobei man aber darauf achten muss, dass die Arten sich auch vertragen, damit ein „Unterwasserblutbad" ausbleibt! Und machen Sie bei Ihrem Vorhaben, ein möglichst perfektes Abbild der Wirklichkeit zu schaffen, nicht den häufigen Fehler, das Becken zu dicht zu besetzen (ein Meerwasseraquarium mit der richtigen Besatzdichte wirkt eher ein wenig „unterbevölkert").

Segelflossen-Doktorfisch

Gestreifter Schleimfisch

Benutzung der Informationen zu den Arten

Damit die Flut an Informationen übersichtlich bleibt, sind die berücksichtigten Arten einzeln aufgeführt. Jeder Eintrag enthält alle wichtigen Angaben über die Pflege einer bestimmten Art. In dem farbig unterlegten Kästchen sind die wichtigsten Informationen, etwa zu Wasserqualität und Futter, zusammengefasst, während im Haupttext eine kurze Beschreibung der Art zu finden ist, aber auch Hinweise auf Besonderheiten oder mögliche Probleme. Um Ihnen zu helfen, jeden Eintrag richtig zu interpretieren, werden die verschiedenen Punkte unten näher ausgeführt.

① Südamerik. Schmetterlingsbuntbarsch *Papiliochromis ramirezi* ② ③

Blauviolett schimmernde Punkte

④ **Familie** Cichlidae
⑤ **Verbreitung** Südamerika: westliches Venezuela, Kolumbien
⑥ **Größe** 7,5 cm
⑦ **Futter** Allesfresser. Kann leicht an Flocken- und Gefrierfutter gewöhnt werden, sollte aber auch Lebendfutter bekommen, beispielsweise Daphnien und Mückenlarven
⑧ **Wasserwerte** Temperatur 22–26 °C; pH 6,0–7,0; dH 3–8°
⑨ **Wasserregion** Mittlerer bis oberer Bereich
⑩ **Zucht** Haftlaicher

Leuchtend rote Augenzeichnung

⑪ Eine beliebte Art, die ihre schönsten Farben aber nur dann zeigt, wenn sie mit friedlichen und nicht zu lebhaften Fischen vergesellschaftet wird. Besonders wohl und sicher fühlen sich die Tiere, wenn sie zusammen mit kleinen Salmlern gehalten werden, die ihnen eine mögliche Gefahr anzeigen; außerdem benötigen sie zahlreiche Pflanzen, zwischen denen sie sich verstecken können. Allerdings sollten aber auch noch unbepflanzte Bodenbereiche vorhanden sein, in denen die Tiere Laichgruben anlegen können (manchmal werden die Eier auch auf flachen Steinen abgelegt). Gelege und Jungfische werden von beiden Eltern bewacht (die Weibchen sind kleiner, haben einen rötlichen Bauch und einen kürzeren zweiten Rückenflossenstrahl).

Becken mit weichem Wasser siehe S. 186/187 ⑫
Zuchtbecken für Haftlaicher siehe S. 241 ⑬

① **Umgangssprachlicher Name** Die landesübliche Bezeichnung einer Art. Ausgewählt wurde der im Zierfischhandel am häufigsten verwendete Name.

② **Wissenschaftlicher Name** Die international übliche Bezeichnung einer Art (in lateinischer Sprache), wobei jeder der zweiteiligen Namen nur einmal vergeben werden darf.

③ **Schwierigkeitsgrad** 1 Symbol: relativ leicht zu halten; 2 Symbole: nicht ganz so leicht zu halten; 3 Symbole: eine Art für Fortgeschrittene, also zum Beispiel Fische, die sehr groß werden, die sich schwer eingewöhnen oder die spezielles Futter brauchen.

④ **Familie** Gruppe nahe verwandter Arten.

⑤ **Verbreitung** Region, Fluss, See oder Ozean, in dem die Art natürlich vorkommt.

⑥ **Größe** Länge des Fisches ohne Schwanzflosse (sofern nicht anders vermerkt, ist die Größe angegeben, die üblicherweise im Aquarium erreicht wird).

⑦ **Futter** Natürliche Nahrung der Tiere (Fleischfresser, Pflanzenfresser, Allesfresser) sowie geeignete Alternativen fürs Aquarium.

⑧ **Wasserwerte** Besonders wichtig bei Meeresfischen. Gemeinsam gehaltene Fische müssen in etwa gleiche Ansprüche an Temperatur, pH-Wert (pH), Härtegrad (dH) und Salzgehalt (SG) haben. Siehe S. 214/215.

⑨ **Wasserregion** Der Bereich, in dem sich die Art bevorzugt aufhält (kann im Aquarium etwas abweichen).

⑩ **Zucht** Angaben zur Vermehrung (sofern bekannt).

⑪ **Allgemeine Angaben** Allgemeine Informationen über die Art (Aussehen, Verhalten, Ansprüche, Haltung und Zucht sowie weitere Hinweise).

⑫ **Empfohlenes Becken** Verweis auf den geeigneten Aquarientyp (sofern aufgeführt) für die entsprechende Art.

⑬ **Geeignetes Zuchtbecken** Verweis auf das geeignete Zuchtbecken (sofern aufgeführt). Fehlt bei Meerwasserfischen, die sich im Heimaquarium normalerweise nicht vermehren lassen.

Das
Süß- und
Brackwasser-
aquarium

Süß- und Brackwasser- fische

Da der Handel heute Tausende tropischer Süßwasserfische bereithält und
ständig neue Zuchtvarianten hinzu-
kommen, lassen sich im Rahmen dieses Buches natürlich nicht alle abhan-
deln. Im folgenden Abschnitt werden
aber viele der häufigsten und beliebtesten Zierfische mit ihren jeweiligen
Ansprüchen vorgestellt, sodass Sie
eine Orientierungshilfe bei der Planung Ihres Aquariums haben. Wenn
Sie verschiedene Arten zusammen in
einem Becken halten wollen, müssen
Sie unbedingt darauf achten, dass die
Fische auch zueinander passen – nicht
nur in Bezug auf die Wasserbedingungen, sondern auch auf die Größe der
Tiere, das Verhalten, die vorhandene
Ausstattung des Beckens und die Nahrungsgewohnheiten. Eine größere
Herausforderung sind Brackwasser-
Arten, sehr interessante Fische, die
einen Lebensraum bewohnen, in
dem sich Süßwasser- und Meerwasser
mischen.

Ein Schwarm Neonsalmler, die zu den
beliebtesten Zierfischen gehören.

Kletterfische

Die in Afrika und Asien heimischen Kletter- oder Labyrinthfische werden in den Familien Anabantidae, Belontiidae, Helostomatidae und Osphronemidae zusammengefasst. Da viele sehr farbenprächtig sind und sich leicht vermehren lassen, wurden sie zu beliebten Zierfischen. Einige Arten sind in verschiedenen Ländern aber auch geschätzte Speisefische und werden daher in größerem Maßstab gezüchtet. Von diesen lassen sich manche als Jungtiere auch im Aquarium halten, so der Speisegurami (*Osphronemus* ssp.), der allerdings schnell aus einem normalen Becken herauswächst.

Alle Kletterfische haben ein zusätzliches Atmungsorgan, ein so genanntes „Labyrinth", das es ihnen erlaubt, auch unter ungünstigen Bedingungen zu überleben, etwa im sauerstoffarmen Wasser austrocknender Tümpel. Einige Arten können sich in feuchten Nächten sogar mit ihren Brustflossen über Land fortbewegen, um in ein anderes Gewässer zu gelangen.

Damit ihre Nachkommen gute Überlebensmöglichkeiten vorfinden, bauen zahlreiche Arten ein Schaumnest an der Wasseroberfläche, wo Eier und Junge gut mit Sauerstoff versorgt sind. Interessanterweise wird das Nest vom Männchen gebaut und bewacht. Wenn sich die Tiere im Hauptaquarium fortpflanzen sollen, muss man für eine gute Abdeckung des Beckens sorgen, damit oberhalb der Wasseroberfläche eine hohe Luftfeuchtigkeit herrscht, denn sonst geht häufig ein großer Teil der Jungen zugrunde.

Siamesischer Kampffisch *Betta splendens*

Familie Belontiidae	Futter Allesfresser. Kleine Wirbel-	24–29 °C ; pH 6,0–8,0; dH bis 25°
Verbreitung Thailand,	lose (lebend oder gefroren); nimmt	Wasserregion Mittlerer bis oberer
Kambodscha	zumeist auch Flockenfutter	Bereich
Größe 7 cm	Wasserwerte Temperatur	Zucht Baut ein Schaumnest

Rot-blaue Zuchtform

Männchen mit lang ausgezogenen Flossen

Die Männchen der Kampffische sind durch intensive Zucht heute sehr viel farbenprächtiger und langflossiger als die Wildform. Es handelt sich um sehr aggressive Tiere, bei denen sich die Männchen unbarmherzig bekämpfen (manchmal bis zum Tod eines Tieres). Andere Fische werden dagegen nicht angegriffen, sondern diese nagen vielmehr oft an den langen Flossen des Kampffisches. Männchen müssen einzeln gehalten werden; die Weibchen sind unauffälliger, aber auch friedlicher, sodass mehrere zusammen in einem Becken leben können. Um ein übermäßiges Jagen zu verhindern, sollte man zur Zucht stets zwei Weibchen mit einem Männchen zusammensetzen.

Zuchtbecken für Nestbauer siehe S. 244

Zwergfadenfisch *Colisa lalia*

Familie Belontiidae
Verbreitung Indien
Größe 5 cm
Futter Allesfresser. Kleine
Wirbellose wie Daphnien oder
Mückenlarven (lebend oder
gefroren); außerdem Flocken-
und reichlich Grünfutter
Wasserwerte Temperatur
22–28 °C; pH 6,5–7,5;
dH bis 15°
Wasserregion Mittlerer bis
oberer Bereich
Zucht Baut ein Schaumnest

Berührungs-
empfindliche
Zellen

Zwergfadenfische hält man am besten paarweise in einem gut eingefahrenen Gesellschaftsbecken mit anderen friedlichen Arten. Die Männchen haben auffällige rote und blaue Streifen, während das Weibchen einfarbig silbern gefärbt ist. Die fa-denförmigen, orangefarbenen Bauchflossen sind an der Spitze mit Sinneszellen ausgestattet, die bei der Futtersuche helfen. Es gibt zahlreiche Zuchtformen des Zwergfadenfisches, beispielsweise blaue und rote Varianten, die man, wenn die Färbung vererbt werden soll, nicht mit der Wildform kreuzen darf. Die Tiere kränkeln leicht, wenn die Wasserqualität nicht in Ordnung ist oder wenn sie mit den fal-schen Fischen vergesellschaftet werden. Zur Zucht sollten zahlreiche Pflanzen vorhanden sein, an denen das Schaumnest befestigt werden kann.

Zuchtbecken für Nestbauer siehe S. 244

Schokoladengurami *Sphaerichthys osphromenoides*

Familie Belontiidae	**Futter** Allesfresser. Lebendes und	**Wasserwerte** Temperatur
Verbreitung Sumatra, Borneo,	tiefgefrorenes Futter wird	25–27 °C; pH 6,0–7,0; dH 2–4°
Malaische Halbinsel	bevorzugt; die Tiere nehmen aber	**Wasserregion** Mittlerer Bereich
Grösse 5 cm	zumeist auch Flockenfutter	**Zucht** Maulbrüter

Bevor Sie Schokoladenguramis halten, sollten Sie bereits Erfahrung mit anderen Arten dieser Gruppe gesammelt haben, denn die Tiere brauchen eine optimale Wasserqualität, weil es sonst leicht zu Infektionen oder Parasitenbefall kommt. Es empfiehlt sich, einen Schwarm von 6–10 Fischen in ein gut bepflanztes Becken zu setzen, sodass sich die Paare selbst fir den können. Zur Zucht sollte man die normale Temperatur um ein oder zwei Grad erhöhen und das Ablaichen schließlich durch ein Abkühlen des Beckens in Form eines teilweisen Wasser-wechsels auslösen. Die Eier werden vom Weibchen etwa 14 Tage lang im Maul ausgebrütet. Da es während dieser Zeit nicht frisst, muss es zuvor in körperlich guter Verfassung sein.

Zuchtbecken für Maulbrüter siehe S. 243

Punktierter Fadenfisch *Trichogaster trichopterus*

Familie Belontiidae	**Futter** Allesfresser. Lebend-,	22–28 °C; pH 6,0–8,5; dH bis 35°
Verbreitung Südostasien bis Indo-Australischer Archipel	Gefrier- und Flockenfutter sowie ausreichend Pflanzennahrung.	**Wasserregion** Mittlerer bis oberer Bereich
Größe 10 cm	**Wasserwerte** Temperatur	**Zucht** Baut ein Schaumnest

Punktierte Fadenfische sind auch für unerfahrene Aquarianer eine gute Wahl, da sie nicht nur recht unempfindlich, sondern auch leicht zu züchten sind. Der umgangssprachliche Name bezieht sich auf die beiden auffälligen Punkte auf den Flanken, ansonsten sind die Tiere silbrig blau bis graugrün. Die Art sollte man nur mit friedlichen Fischen ähnlicher Größe vergesellschaften, da die Tiere sonst leicht scheu werden. Geeignet ist ein warmes, dicht bepflanztes Becken mit Steinen und Wurzeln sowie einem guten Filter. Punktierte Fadenfische werden möglichst paarweise gehalten, wobei sich die Männchen an der länger ausgezogenen Rückenflosse gut erkennen lassen. Die Männchen bewachen das Nest und sind dann oft etwas aggressiv, sodass man das Weibchen nach dem Ablaichen herausnehmen sollte. Die Jungen sind relativ einfach aufzuziehen. Als Futter eignen sich frisch geschlüpfte Salinenkrebschen und fein zerriebenes Flockenfutter; man kann als erste Nahrung aber auch Infusorien anbieten.

Tropisches Süßwasserbecken siehe S. 184/185
Zuchtbecken für Nestbauer siehe S. 244

Goldgurami

Von *Trichogaster trichopterus* gibt es verschiedene Zuchtformen, darunter auch eine goldrosa Variante, die immer häufiger im Handel angeboten wird. Besonders auffällig sind die gelben und orangefarbenen Flecken auf der lang gestreckten Afterflosse; die Männchen sind stärker gefärbt als die Weibchen.

Marmorierter Fadenfisch

Diese Zuchtvariante ähnelt der Wildform. Allerdings besitzen die Tiere eine marmorierte oder gesprenkelte Zeichnung, zeigen also nicht die beiden typischen Punkte der Ursprungsform. Weibchen haben einen rundlicheren Körper und eine stärker abgerundete Afterflosse.

Mosaikfadenfisch *Trichogaster leeri* 🐟

Familie Belontiidae
Verbreitung Sumatra, Borneo,
Malaische Halbinsel
Größe 12 cm
Futter Allesfresser. Kleine
lebende Wirbellose wie Mücken-
larven oder *Cyclops;* außerdem
Gefrier-, Flocken- und Grünfutter
Wasserwerte Temperatur
22–28 °C; pH 6,5–8,0;
dH bis 30°
Wasserregion Mittlerer bis
oberer Bereich
Zucht Baut ein Schaumnest

Der hübsche Mosaikfadenfisch kann mit friedlichen Arten in einem großen Becken vergesellschaftet werden. Wie andere Angehörige der Gattung *Trichogaster* ist er ein problemloser Pflegling, der keine besonderen Ansprüche an die Wasserqualität stellt. Am besten ist es, die Tiere paarweise zu halten, wobei sich die Geschlechter leicht unterscheiden lassen, denn die Männchen haben ausgezogene, spitze Rücken- und Afterflossen und, besonders zur Paarungszeit, eine rötlich gefärbte Kehl- und Bauchregion. Nicht selten laichen die Tiere auch im gut bepflanzten Gesellschaftsbecken ab. Die Jungen muss man dann aber sofort in ein separates Becken umsetzen, weil sie sonst zu einer willkommenen Beute für andere Fische werden.

Tropisches Süßwasserbecken siehe S. 184/185
Zuchtbecken für Nestbauer siehe S. 244

Küssender Gurami *Helostoma temminckii* 🐟

Familie Helostomatidae
Verbreitung Java, Thailand
Größe 10–15 cm
Futter Allesfresser. Sehr viel
Grünfutter sowie kleine wirbellose Wassertiere (lebend oder gefroren); nimmt zumeist auch Flockenfutter
Wasserwerte Temperatur
22–28 °C; pH 6,5–8,5; dH bis 30°
Wasserregion Mittlerer Bereich
Zucht Freilaicher (Eier schwimmen an der Oberfläche)

Endständiges,
dicklippiges Maul

Rosa Zuchtform

Typisches „Küssen"

Diese Fische sind besonders deswegen beliebt, weil sie sich häufig zu küssen scheinen. Allerdings handelt es sich dabei nicht um ein Zeichen von Zuneigung, sondern vielmehr um Rivalenkämpfe. Die Tiere sind aber nicht aggressiv, sodass man sie mit ähnlich großen Fischen vergesellschaften kann. Neben den grünen Wildform aus Thailand gibt es noch eine rosa Zuchtform, die in Java sehr verbreitet ist. Beide sind sehr anpassungsfähig, fühlen sich aber in warmem Wasser am wohlsten. Küssende Guramis werden gern in neu eingerichtete Aquarien gesetzt, weil sie unerwünschte Algen von den Pflanzen nagen, ohne dabei – zumindest bei robusteren Pflanzen – die Blätter zu beschädigen. Da es sich, im Vergleich zu anderen Arten dieser Gruppe, um relativ große Tiere handelt, wird ein geräumiges Becken benötigt. Die Bestimmung der Geschlechter ist praktisch unmöglich.

Welse

Die Welse sind eine sehr inhomogene Gruppe, mit mehr als 30 Familien und über 2.000 Arten. Mit Ausnahme der Polargebiete sind sie weltweit verbreitet, wobei sie sowohl in Süß- als auch in Brack- und Meerwasser vorkommen. Welse haben keine Schuppen; einige Arten sind aber durch Knochenplatten oder -schilder geschützt, bei denen es sich zumeist um Auswüchse der Haut handelt. Die auffälligsten Merkmale der Welse sind ihre Barteln, dünne, am Maul sitzende Tastorgane, sowie ihre kräftigen Flossenstrahlen, vor denen man sich sehr in Acht nehmen muss.

Viele Welse sind nachtaktiv, es gibt aber auch einige tagaktive Gattungen. Die meisten Arten leben am Boden oder zumindest in Bodennähe und brauchen ruhige Bereiche und Verstecke, in die sie sich zum Ausruhen zurückziehen können. Die Mitglieder der afrikanischen Gattung *Malapterurus* können Stromschläge von bis zu 350 Volt austeilen!

Beim Nahrungserwerb reicht die Spanne von räuberischer Lebensweise bis zu reinen Pflanzenfressern. Normalerweise lassen sich die Raubfische unter den Welsen an den langen Barteln erkennen, die sie zum Aufspüren der Beute benutzen. Allerdings gilt das nicht in jedem Fall. So sehen die Angehörigen der asiatischen Gattung *Chaca* mit ihren sehr kurzen Barteln eher harmlos aus, haben aber ein so großes Maul, dass sie Fische bis zum Eineinhalbfachen ihrer eigenen Größe verschlucken können!

Grüner Panzerwels *Brochis splendens*

Familie Callichthyidae	**Futter** Allesfresser. Kleine	**Wasserwerte** Temperatur
Verbreitung Südamerika:	Wassertiere (lebend oder gefroren);	21–27 °C; pH 6,0–7,5; dH 6–25°
Ecuador, Peru, Brasilien	Flockenfutter und Futtertabletten	**Wasserregion** Bodenfisch
Größe 7 cm		**Zucht** Haftlaicher

Zwei Reihen Knochenplatten

Breite Rückenflosse

Der Grüne (oder Smaragd)-Panzerwels eignet sich auch für Gesellschaftsbecken, wo er zusammen mit Artgenossen oder verwandten Arten gehalten werden sollte. Die Tiere durchsuchen den Boden gern nach Nahrung, entwurzeln dabei aber keine Pflanzen. Der Bodengrund sollte aus weichem Sand bestehen, damit die Welse sich nicht an den Barteln verletzen. Grüne Panzerwelse pflanzen sich manchmal sogar im Gesellschaftsbecken fort, wobei die Eier an die Unterseite großer Blätter oder auch an die Aquarienscheiben geheftet werden. Die Art wird oft mit dem ähnlich gefärbten Metall-Panzerwels (*Corydoras aeneus*) verwechselt. Allerdings haben die Mitglieder der Gattung *Brochis* 10–18 Rückenflossenstrahlen, während es bei *Corydoras*-Arten nur 6–8 sind.

Zuchtbecken für Haftlaicher siehe S. 241

Schabracken-Panzerwels   *Corydoras barbatus*

Familie Callichthyidae
Verbreitung Südamerika:
Brasilien (Rio de Janeiro, São
Paulo)
Größe 12 cm
Futter Allesfresser. Kleine
Wassertiere wie *Cyclops, Tubifex,*
und *Daphnia* (lebend oder gefro-
ren); zusätzlich Flockenfutter und
Futtertabletten
Wasserwerte Temperatur
22–26 °C ; pH 6,5–7,5;
dH bis 12°
Wasserregion Bodenfisch
Zucht Haftlaicher

Von den größeren Corydoras-Arten eignet sich der
Schabracken-Panzerwels am besten für ein Gesellschaftsaquarium. Es gibt zwei Farbvarianten (abhängig vom Herkunftsort), wobei die Tiere aus dem Rio-
de-Janeiro-Gebiet kräftiger gefärbt sind. Dies gilt
besonders für die Männchen, die zahlreiche goldgelbe Streifen im Bereich des Kopfes aufweisen.
Die Männchen erkennt man an den Borsten, die sie
zur Paarungszeit auf den Wangen tragen; außerdem
sind die Flossenstrahlen länger als bei den Weibchen. Die Paare laichen nicht selten auch in einem
Gesellschaftsbecken ab, wobei die Eier an Blätter
oder die Glasscheiben geheftet werden. Die Jungen sollte man aber in einem separaten Becken
schlüpfen lassen.

Tropisches Süßwasserbecken siehe S. 184/185
Zuchtbecken für Haftlaicher siehe S. 241

Marmorierter Panzerwels   *Corydoras paleatus*

Familie Callichthyidae
Verbreitung Südamerika:
südöstliches Brasilien, La-Plata-
Region
Größe 7 cm
Futter Allesfresser. Kleine
Wassertiere (lebend oder gefro-
ren); außerdem Flockenfutter
und Futtertabletten sowie etwas
Grünfutter
Wasserwerte Temperatur
20–24 °C; pH 6,5–7,5; dH bis 12°
Wasserregion Mittlerer
Bereich und Boden
Zucht Haftlaicher

Dieser Art, von der es auch eine Albinoform gibt,
sieht man es häufig schon an, wenn sie nicht richtig
gehalten wird, denn bei schlechter Pflege haben die
Tiere eine eher gelblich graue Färbung, während sie
bei ausreichender Versorgung mit Lebend- oder Gefrierfutter einen schönen, grünlichen Bronzeglanz
zeigen. Die Männchen sind normalerweise etwas
schlanker als die Weibchen und haben zudem eine
spitzere Afterflosse. Zur Zucht verwendet man am
besten ein separates Becken mit einem Paar oder
zwei Männchen und einem Weibchen. Bei 23 °C
schlüpfen die Eier nach etwa fünf Tagen. Sobald
der Dottersack verbraucht ist, wird mit frisch geschlüpften Salinenkrebschen gefüttert.

Tropisches Süßwasserbecken siehe S. 184/185
Zuchtbecken für Haftlaicher siehe S. 241

Antennenwels　*Ancistrus* spp.

Familie Loricariidae
Verbreitung Südamerika:
erweitertes Amazonasgebiet
Größe 12 cm
Futter Pflanzenfresser. Algen,
rohes oder blanchiertes Gemüse,
außerdem Gefrier- und Flockenfutter; es sollte aber auch Moorkienholz vorhanden sein, das
gern abgeraspelt wird und
vermutlich als Ballaststoff dient
Wasserwerte Temperatur
22–25 °C ; pH 6,5–7,5;
dH bis 12°
Wasserregion Bodenfisch
Zucht Haftlaicher

Wenn Sie Antennenwelse halten möchten, sollten Sie sich bei Ihrem Händler über die verschiedenen Arten informieren. Die meisten Antennenwelse lassen sich leicht züchten, sodass sie relativ preiswert sind. In der Regel bevorzugen die Tiere dicht bepflanzte Gesellschaftsaquarien, wo man ihnen viel Grünfutter zur Verfügung stellen muss; außerdem sollte das Becken gut gefiltert sein. Die Männchen, die sich an den größeren und zahlreicheren fleischi-gen Tentakel im Kopfbereich erkennen lassen, bilden ein Revier, das sie mit Hilfe ihrer, im Kiemenbereich sitzenden Interopercularstachen verteidigen. Das Ablaichen erfolgt in Höhlen oder Spalten; die Eier werden vom Männchen bewacht. Die Jungen füttert man mit Salat und Erbsen.

Tropisches Süßwasserbecken siehe S. 184/185
Zuchtbecken für Haftlaicher siehe S. 241

Zebra-Harnischwels　*Hypancistrus zebra*

Familie Loricariidae
Verbreitung Südamerika:
Rio Xingu, Brasilien
Größe 7 cm
Futter Allesfresser. Die Tiere
bevorzugen allerdings Fleisch,
etwa kleine lebende Wassertiere
wie *Tubifex* und *Daphnia*,
nehmen aber auch zerschnittene
Regenwürmer sowie Gefrier- und
Flockenfutter
Wasserwerte Temperatur
22–27 °C; pH 6,5–7,0;
dH 5–12°
Wasserregion Bodenfisch
Zucht Haftlaicher

Diese, erst 1991 beschriebene Art wurde wegen ihrer ungewöhnlichen Färbung schnell populär, aber aufgrund der großen Nachfrage auch schon bald recht teuer. Man hält die Tiere am besten mit friedlichen Fischen in einem Becken mit zahlreichen Verstecken, gedämpftem Licht und einer nur leichten Strömung. Zu beachten ist, dass die Art keine Pflanzen, sondern hauptsächlich Fleisch frisst! Die Männchen (die auch das Gelege bewachen), lassen sich an ihrem größeren Kopf und den längeren Interopercularstachen erkennen. Die Jungen schlüpfen nach 7 Tagen und ernähren sich zunächst 2 Wochen von ihrem Dottersack; anschließend wird mit Salinenkrebschen gefüttert, später mit Grün- und winzigem Gefrierfutter. Die Bedingungen für die Zucht sind: Temperatur 30 °C; pH 6,5; dH 4°.

Zuchtbecken für Haftlaicher siehe S. 241

Saugmaulwels *Hypostomus plecostomus* 🐟

Familie Loricariidae
Verbreitung Nördliches
Südamerika
Größe 28 cm
Futter Allesfresser.
Hauptsächlich Grünfutter wie
Salat, Erbsen und pflanzliches
Flockenfutter; die Tiere nehmen
aber auch kleines Lebend- oder
Gefrierfutter
Wasserwerte Temperatur
20–28 °C; pH 6,0–8,0;
dH bis 25°
Wasserregion Bodenfisch
Zucht Im Aquarium noch nicht
gelungen

Dieser sehr robuste und liebenswerte Fisch, den man heute in großer Zahl in Teichen nachzüchtet, wird im Aquarium normalerweise zum Abweiden der Algen gehalten. Allerdings sollte es sich um ein geräumiges Becken handeln, denn die Tiere können recht groß werden (ein 10 cm langer Fisch kann seine Größe in sechs Monaten nahezu verdoppeln); außerdem ist ein guter Filter notwendig, da die Tiere viel Kot produzieren. Saugmaulwelse sind friedlich, können aber bei ihrer normalen Aktivität durchaus Zerstörungen anrichten, etwa Pflanzen ausreißen oder Steinaufbauten umstoßen. Wie bei den meisten Mitgliedern der Familie handelt es sich um schlechte Schwimmer, die sich häufig mit ihrem Saugmaul an Gegenständen festsaugen. Am besten hält man diese Welse zusammen mit anderen großen Arten in einem nicht zu kleinen Gesellschaftsbecken, das einige Wurzeln zum Verstecken enthalten sollte.

Gestreifter Ohrgitter-Harnischwels *Otocinclus affinis* 🐟🐟

Familie Loricariidae
Verbreitung Südamerika:
Südöstliches Brasilien
Größe 4 cm

Futter Pflanzenfresser. Algen und anderes Grünfutter, nimmt aber auch etwas Lebend- und Gefrierfutter
Wasserwerte Temperatur

21–26 °C; pH 5,5–7,5; dH bis 10°
Wasserregion Mittlerer Bereich und Boden
Zucht Haftlaicher

Dunkles Band verläuft über dem Auge.

Schlanker, stromlinienförmiger Körper

Bei der Eingewöhnung dieser Art ist die Qualität des Wassers sehr wichtig. Vor allem muss es sehr sauerstoffreich sein, was man am leichtesten durch einen elektrischen Außenfilter mit Sprühleiste erreicht. Bei Sauerstoffmangel hängen die Welse an der Oberfläche oder halten sogar die Schnauze aus dem Wasser. Ist das der Fall, sollte man die Temperatur schrittweise verringern und den Wasserdurchfluss erhöhen. Am besten hält man eine kleine Gruppe in einem gut bepflanzten Becken mit anderen kleinen, friedlichen Arten und sorgt für reichlich Grünfutter (etwa Kopfsalat und Erbsen). Die Vermehrung ist möglich (Männchen sind etwas schlanker als Weibchen), aber die Aufzucht der Jungen erweist sich oft als schwierig.

Becken mit weichem Wasser siehe S. 186/187
Zuchtbecken für Haftlaicher siehe S. 241

Vielpunkt-Fiederbartwels *Synodontis multipunctatus*

Familie Mochokidae
Verbreitung Afrika:
Tanganjikasee
Größe 12 cm
Futter Insektenfresser. Bevorzugt kleine lebende Wirbellose; nimmt aber zumeist auch Gefrier- und Flockenfutter sowie Futtertabletten
Wasserwerte Temperatur 21–25 °C ; pH 6,8–8,0; dH 15–30º
Wasserregion Mittlerer Bereich und Boden
Zucht Vermutlich ein Brutparasit (siehe Text)

Diese Art ist für Becken mit Barschen aus dem Tanganjika- oder Malawisee geeignet, denn sie bevorzugt ebenfalls eine Felsdekoration. Die tag- und dämmerungsaktiven Vielpunkt-Fiederbartwelse, die relativ leicht zu halten und zu ernähren sind, benötigen ein gut gefiltertes Becken, in dem sich auch Pflanzen befinden können. Die Fortpflanzungsstrategie dieser Fische ist sehr ungewöhnlich, denn die Weibchen legen ihre Eier, ähnlich wie ein Kuckuck, in Gelegen anderer Arten ab, in diesem Fall von maulbrütenden Buntbarschen, die die Eier dann zusammen mit ihren eigenen ausbrüten. Und da die jungen Welse eher schlüpfen als die Barschjungen, fressen sie auch noch die Eier ihrer Wirtsfische.

Zuchtbecken für Maulbrüter siehe S. 243

Rückenschwimmender Kongowels *Synodontis nigriventris*

Familie Mochokidae
Verbreitung Afrika: Zaire-Becken
Größe Männchen 8 cm; Weibchen 10 cm
Futter Insektenfresser. Lebend-, Gefrier- und Flockenfutter; bevorzugt treibende Nahrung, die auf dem Rücken schwimmend gefressen wird
Wasserwerte Temperatur 22–26 °C; pH 6,5–7,5; dH bis 12º
Wasserregion Oberer bis mittlerer Bereich
Zucht Haftlaicher

Dieser friedliche und anspruchslose Wels kann in einem Gesellschaftsaquarium gehalten werden. Die Tiere sind während der Dämmerung aktiv und suchen dann auf dem Rücken schwimmend an der Wasseroberfläche nach Futter. Es empfiehlt sich, einige Stücke Borke im Aquarium treiben zu lassen, unter denen sich die Tiere verstecken können. Die Art ist relativ anfällig für die Weißpünktchenkrankheit und bei schlechten Wasserbedingungen auch für bakterielle Infektionen. Die Männchen dieser Art, die sich auch im Aquarium vermehren lässt, sind kleiner, schlanker und auffälliger gefärbt; die Jungfische, die erst im Alter von etwa zwei Monaten zur rückenschwimmenden Lebensweise übergehen, werden mit frisch geschlüpften Salinenkrebschen gefüttert.

Zuchtbecken für Haftlaicher siehe S. 241

Engel-Antennenwels *Pimelodus pictus*

Familie Pimelodidae **Verbreitung** Südamerika: Kolumbien **Größe** 12 cm	**Futter** Insektenfresser. Lebend-, Gefrier- und Flockenfutter **Wasserwerte** Temperatur 22–25 °C; pH 6,0–6,8; dH bis 12°	**Wasserregion** Oberer bis mittlerer Bereich **Zucht** Die Art legt Eier (weitere Details sind unbekannt)

Der wegen seiner ungewöhnlichen Färbung recht beliebte Wels braucht unbedingt eine optimale Wasserqualität, da er sonst anfällig für Krankheiten ist. Es handelt sich um einen Raubfisch, sodass man ihn nur mit Fischen vergesellschaften darf, die als Beute zu groß sind (Neonsalmler oder andere kleine Arten sind sonst schnell verschwunden). Es empfiehlt sich, eine kleine Gruppe zu halten, denn die Tiere schwimmen gern zusammen umher. Bei der Handhabung muss man sehr vorsichtig sein, weil die Tiere scharfe Flossenstrahlen haben. Wenn sich ein Fisch im Netz verhakt – was leicht passiert –, sollte man dieses ins Becken halten, damit das Tier sich selbst befreien kann. Gelingt das nicht, muss man das Netz vorsichtig zerschneiden. Auf keinen Fall darf man den Wels gewaltsam aus dem Netz ziehen, da sonst die Muskulatur der Flossenstrahlen beschädigt wird.

Indischer Glaswels *Kryptopterus bicirrhis*

Familie Siluridae **Verbreitung** Indien und Südostasien **Größe** 10 cm	**Futter** Insektenfresser. Feines Lebend- und Gefrierfutter, aber auch Flockenfutter **Wasserwerte** Temperatur	22–26 °C; pH 6,0–7,0; dH bis 15° **Wasserregion** Mittlerer bis oberer Bereich **Zucht** Haftlaicher

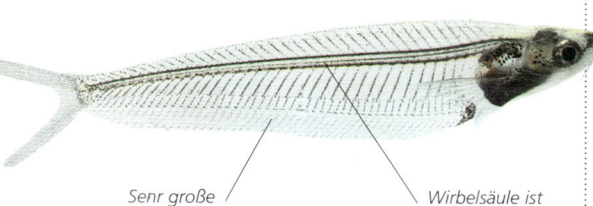

Sehr große Afterflosse

Wirbelsäule ist sichtbar.

Ruhender Glaswels

Dieser ungewöhnliche, durchsichtige Wels, der zumeist als Kuriosität gehalten wird, verdient eigentlich eine größere Beachtung. Man hält die Tiere am besten als Schwarm, da einzelne Exemplare schnell scheu werden und manchmal sogar eingehen. Indische Glaswelse brauchen viel freien Schwimmraum und eine gute Wasserqualität, damit es nicht zu bakteriellen Infektionen kommt. Die Tiere bevorzugen kleine, lebende Nahrung, nehmen aber auch Gefrierfutter und manchmal sogar Flockenfutter. Die Welse sind nicht aggressiv, fressen aber durchaus einmal kleine Fische, sofern sich die Gelegenheit dazu ergibt. Auffällig ist die Körperhaltung während der Ruhephasen, denn dann hängen die Welse mit abgesenktem Schwanz in einem Winkel von etwa 30° im Wasser.

Zuchtbecken für Haftlaicher siehe S. 241

Salmler

Zu den Salmlern gehören etwa 30 Gattungen mit mehr als 200 Arten aus Afrika sowie 250 Gattungen mit über 1000 Arten aus Süd- und Mittelamerika. Die Palette der in Aquarien gehaltenen Salmler reicht von nur 2 cm kleinen Adonissalmlern bis zu fast 30 cm großen Piranhas. Fast alle Arten haben eine zusätzliche kleine Fettflosse hinter der Rückenflosse, deren Funktion unbekannt ist. Das Innenohr der Salmler ist über eine Reihen von kleinen Knochen, den so genannten Weberschen Knöchelchen mit der Schwimmblase verbunden, sodass die Tiere recht gut hören können. Viele Salmler sind Raubfische, einige Pflanzenfresser und es gibt sogar Arten, die sich von Fischschuppen ernähren. Die meisten, in Aquarien gehaltenen Salmler können allerdings mit normalem Lebend-, Gefrier- und Flockenfutter gefüttert werden.

Afrikanische Salmler

Afrikanische Salmler stammen oft aus klaren Fließgewässern und benötigen daher ein Aquarium mit gut gefiltertem, sauerstoffreichem Wasser. Normalerweise handelt es sich um gesellige und aktive Fische, sodass man einen Schwarm halten und für ausreichend Schwimmraum sorgen sollte. Geeignet ist ein langes, gut bepflanztes Becken mit einer nicht zu starken Strömung.

Afrikanischer Großschuppensalmler *Arnoldichthys spilopterus*

Familie Alestidae
Verbreitung West-Afrika
Größe 8 cm
Futter Insektenfresser. Kleine Wassertiere wie Mückenlarven (lebend oder gefroren); die Fleischnahrung sollte durch Flockenfutter ergänzt werden; frisch geschlüpfte Jungfische füttert man mit *Artemia*-Nauplien
Wasserwerte Temperatur 23–28 °C; pH 6,0–7,5; dH bis 20°
Wasserregion Mittlerer Bereich
Zucht Freilaicher

Diese Art braucht ein relativ großes Becken mit viel freiem Schwimmraum. Unter optimalen Bedingungen, also bei gedämpfter Beleuchtung, dunklem Bodengrund, optimalen Wasserwerten und einer ausreichenden Versorgung mit Lebend- oder Gefrierfutter zeigen die Fische ganz zarte, goldene, grüne und rosa Farbtöne auf ihren Flanken, und die Färbung der Flossen verstärkt sich. Typisch für die Art ist der dunkle Fleck in der Rückenflosse; die

Männchen lassen sich an der konvexen gelb, rot und schwarz gestreiften Afterflosse erkennen (bei den Weibchen ist sie fast gerade und weist nur einen schwarzen Fleck auf). Zur Zucht ist weiches, leicht saures Wasser notwendig. Ein einziges Paar kann bis zu 1000 Eier ablegen; die Jungfische sind etwas scheu und wagen sich oft nicht zum Fressen heraus.

Zuchtbecken für Freilaicher siehe S. 240

Adonissalmler *Lepidarchus adonis*

Familie Alestidae
Verbreitung West-Afrika
Größe 2 cm
Futter Insektenfresser. Kleine
Wassertiere wie Mückenlarven
(lebend oder gefroren), die Tiere
nehmen aber auch Flockenfutter;
frisch geschlüpfte Jungfische
füttert man mit *Artemia*-
Nauplien
Wasserwerte Temperatur
22–26 °C; pH 5,5–6,5; dH bis 6°
Wasserregion Mittlerer
Bereich
Zucht Haftlaicher

Der Adonissalmler ist eine Art für Experten, denn er ist oft schwer einzugewöhnen; außerdem benötigen die Tiere unbedingt sehr weiches (möglichst unter 4° dH), saures Wasser. Ist die Eingewöhnung gelungen, machen Haltung und auch Zucht kaum noch Schwierigkeiten. Vergesellschaften kann man die zarten Tiere, die man am besten in einem Schwarm hält, mit anderen kleinen, friedlichen Arten in einem nicht zu stark gefilterten Becken mit zahlreichen feinblättrigen Pflanzen. Die Männchen lassen sich von den fast durchsichtigen Weibchen an den zahlreichen dunklen Punkten auf dem Körper unterscheiden. Die 20–30 Eier werden auf Pflanzen abgelegt; die winzigen Jungfische füttert man mit Salinenkrebschen, wobei es sich empfiehlt, das Zuchtbecken dunkel zu halten, denn die Brut ist sehr scheu.

Zuchtbecken für haftlaicher siehe S. 241

Blauer Kongosalmler *Phenacogrammus interruptus*

Familie Alestidae
Verbreitung Afrika: Zaire
Größe Männchen 8,5 cm;
Weibchen 6 cm
Futter Insektenfresser. Kleine
Wassertiere wie Mückenlarven
(lebend oder gefroren), die Tiere
nehmen aber auch Flockenfutter;
frisch geschlüpfte Jungfische füttert man mit *Artemia*-Nauplien
Wasserwerte Temperatur
22–27 °C; pH 6,0–7,5; dH 4–18°
Wasserregion Mittlerer bis
oberer Bereich
Zucht Freilaicher

Von dieser Art hält man am besten einen gemischten Schwarm, wobei man ruhig preiswerte, junge Exemplare kaufen kann. Diese müssen abwechslungsreich ernährt werden; außerdem sollte man die Wasserwerte regelmäßig kontrollieren, denn falls die Wasserqualität nicht in Ordnung ist, sind Kongosalmler etwas anfällig für Krankheiten. Vergesellschaften sollte man die Fische nur mit Arten, die den Männchen nicht die langen Flossen abnagen (die Flossen der gelblich grauen Weibchen sind kürzer). Der Laichvorgang kann oft durch Sonnenlicht oder eine Veränderung der Wasserwerte angeregt werden. Damit die Elterntiere ihre Eier nicht fressen, sollte man ein spezielles Zuchtbecken verwenden. Die Jungfische werden mit Salinenkrebschen gefüttert.

Tropisches Süßwasserbecken siehe S. 184/185
Zuchtbecken für Freilaicher siehe S. 240

Südamerikanische Salmler

Viele südamerikanische Salmler sind außerordentlich beliebte Aquarienfische, wobei der Rote Neon und der Neonsalmler allen anderen noch den Rang ablaufen. Die meisten Arten sind ausgesprochene Schwarmfische, sodass man unbedingt eine nicht zu kleine Gruppe (6–10 Tiere) halten sollte. Dies dient aber nicht nur dem Wohlbefinden der Fische, sondern es ist auch weitaus reizvoller, das Verhalten der Tiere in einem Schwarm zu beobachten.

Auch die robustesten Arten unter den südamerikanischen Salmlern benötigen weiches, leicht saures Wasser und sollten nur in ein gut eingefahrenes, ausreichend bepflanztes Aquarium mit nicht zu heller oder natürlicher Beleuchtung gesetzt werden. Wenn Sie einen hellen Bodengrund verwenden,

empfiehlt es sich, einen Teil mit Bodendeckern zu bepflanzen, damit weniger Licht reflektiert wird. Die weiteren Beckenbewohner müssen sorgfältig ausgewählt werden, da kleine Salmler eine beliebte Beute für größere Fische sind! Die meisten Arten nehmen Flockenfutter, brauchen aber außerdem kleine lebende oder tiefgefrorene Wassertiere.

Die Männchen sind im Allgemeinen schlanker als die Weibchen und haben oft stärker ausgezogene Flossen. Viele Salmler laichen auch in Gesellschaftsaquarien ab, wo die Eier oder Jungen aber zumeist gefressen werden. Daher empfiehlt es sich, die Paare in ein spezielles Zuchtbecken zu setzen und nach dem Ablaichen wieder herauszufangen. Die Jungen benötigen anfangs sehr feines Futter.

Familie Characidae	Lebendfutter, etwa Insektenlarven,	22–26 °C; pH 5,0–7,0; dH bis 10°
Verbreitung Südamerika	aber auch Gefrier-, Flocken- und	**Wasserregion** Mittlerer bis oberer
Größe Siehe jeweilige Art	Grünfutter	Bereich
Futter Allesfresser. Kleines	**Wasserwerte** Temperatur	**Zucht** Freilaicher

Glühlichtsalmler
Hemigrammus erythrozonus

Karfunkelsalmler
Hemigrammus pulcher

Dunkle Schwanzwurzel

Männchen mit spitzer Schwimmblase

Glühlichtsalmler sind fast ebenso beliebt wie der Rote Neon und der Neonsalmler. Sie werden etwa 4 cm groß und sind relativ leicht zu halten, aber nicht ganz einfach zu vermehren. Versuchen kann man es mit einem Zuchtbecken mit weichem, saurem Wasser und etwas Javamoos. Der Name des Fisches bezieht sich auf die Färbung, die an den warm leuchtenden Glühfaden einer Glühbirne erinnert.

Die friedliche, bis 4,5 cm große Art bevorzugt nicht zu stark gefilterte Becken mit weichem Wasser. Zur Zucht empfiehlt es sich, die Tiere selbst Paare bilden zu lassen; gelingt das nicht, muss man die Partner so lange tauschen, bis sich ein passendes Paar gefunden hat. Genau wie bei anderen Arten der Gattung Hemigrammus werden die Eier über und zwischen Pflanzen abgelegt.

Fahnen-Kirschflecksalmler
Hyphessobrycon erythrostigma

Diese Art zeichnet sich durch die lang ausgezogenen Rücken- und Afterflossen der Männchen sowie eine attraktive Färbung aus. Man sollte auf jeden Fall einen gemischten Schwarm halten, damit die Männchen auch ihre schönsten Farben zeigen. Über die Zucht dieses etwa 6 cm langen Fisches ist wenig bekannt.

Brillantsalmler
Moenkhausia pittieri

Irisierende
Schuppen

Diese bis 6 cm große Art sollte gut mit Lebendfutter, besonders Mückenlarven, versorgt werden, da sich nur dann die langen Flossen und der schöne metallische Glanz entwickeln.

Becken mit weichem Wasser siehe S. 186/187

Roter Neon
Paracheirodon axelrodi

Diese gerade einmal 5 cm große Art ist leuchtend rot und irisierend blau gefärbt. Die Tiere, bei denen es sich in der Mehrzahl immer noch um Wildfänge handelt, zeigen ihre schönsten Farben in weichem, saurem Wasser; zu viel Kalzium schädigt oft die inneren Organe.

Becken mit weichem Wasser siehe S. 186/187

Zitronensalmler
Hyphessobrycon pulchripinnis

Diese schöne Salmler-Art wird oft übersehen, weil sie im Becken der Händler zumeist nicht ihre schönste Färbung zeigt. Die nur 4,5 cm großen Fische bevorzugen ein an den Seiten dicht bepflanztes Becken mit weichem, saurem Wasser. Verschlechtern sich die Bedingungen, verlieren sie schnell ihre Farbe.

Kaisertetra
Nematobrycon palmeri

Der bis 5 cm große Kaisertetra sollte in einem nicht zu hellen Becken mit weichem, leicht saurem Wasser gehalten werden. Die wenig ergiebige Art legt jeweils nur ein Ei zwischen feinblättrigen Pflanzen ab – und frisst es dann normalerweise auch noch selbst auf!

Neonsalmler
Paracheirodon innesi

Der friedliche, etwa 4 cm große Neonsalmler, dessen schlanker Körper ähnlich wie der Rote Neon gefärbt ist, wird weltweit in großer Zahl gezüchtet. Die recht robusten Tiere, die über 10 Jahre alt werden können, sind wohl die beliebtesten aller Zierfische.

Alle Südamerikanischen Salmler
Zuchtbecken für Freilaicher siehe S. 240

Beilbauchfische

Beilbauchfische fallen besonders durch ihre ungewöhnliche Form auf: Der Körper ist seitlich zusammengedrückt, das Rückenprofil geradlinig, während Brust- und Bauchbereich stark ausgebogen und die Brustflossen flügelartig hoch angesetzt sind. Es handelt sich um Oberflächenfische, die in der Haltung relativ schwierig sind, sodass einige Händler sie überhaupt nicht im Angebot haben. Wenn Sie jedoch ein Becken mit weichem, saurem Wasser zur Verfügung haben und Tiere in einem Zoofachgeschäft sehen, die gesund wirken und fressen, können Sie durchaus einmal einen Versuch wagen.

Beilbauchfische hält man am besten in einem Schwarm von sechs oder mehr Tieren. Als Nahrung dient feines Lebend- oder Gefrierfutter; Flockenfutter allein reicht nicht aus und wird von vielen Arten auch verweigert. Wichtig ist zudem eine optimale Wasserqualität und eine gute Abdeckung, denn Beilbauchfische können ausgezeichnet springen und dank ihrer kräftigen Brustflossen sogar eine kurze Strecke „fliegen".

Die zur Gattung *Carnegiella* gehörenden Arten, denen übrigens die für Salmler typische Fettflosse fehlt, sind relativ klein und sollten nur mit friedlichen Fischen vergesellschaftet werden. Die größeren Arten sind robuster, brauchen aber eine Menge Platz, weil sie sehr schnelle Schwimmer sind. Daher sollte man sie nur in Becken halten, die eine Mindestlänge von 1,25 m haben. Außerdem muss das Wasser sehr sauerstoffreich sein, und es sollte eine kräftige Strömung im Aquarium herrschen.

Familie Gasteropelecidae	9 cm; siehe Beschreibung der Arten)	**Wasserwerte** Temperatur
Verbreitung Nördliches	**Futter** Fleischfresser. Feines Lebend-	22–28 °C; pH 6,0–7,0; dH 5–15°
Südamerika	oder Gefrierfutter; manchmal fressen	**Wasserregion** Oberflächenfische
Größe Unterschiedlich (2,5 bis	die Tiere auch Flockenfutter	**Zucht** Haftlaicher

Marmorierter Beilbauchfisch

Carnegiella strigata 🐟🐟

Dieser nur 4 cm große Beilbauchfisch ist bei Stress recht anfällig für die Weißpünktchenkrankheit. Sollen die Tiere ablaichen, benötigen sie reichlich Lebendfutter. Die Jungen sind schwer aufzuziehen.

Becken mit weichem Wasser siehe S. 186/187

Silberbeilbauchfisch 🐟🐟

Gasteropelecus sternicula

Diese Art, die man auch in einem ruhigen Gesellschaftsbecken halten kann, ist bezüglich der Wasserqualität nicht ganz so empfindlich wie viele ihrer Verwandten. Die Tiere werden etwa 6,5 cm groß; die Männchen wirken von oben betrachtet schlanker als die Weibchen.

Ziersalmler

Die friedlichen Ziersalmler (Gattungen *Nannobrycon* und *Nannostomus*) sind eine hübsche Bereicherung für ruhige Gesellschaftsbecken. Die übrigen Fische sollten ebenfalls friedlich sein, da die kleinen, scheuen Ziersalmler sonst häufig das Futter verweigern.

Tagsüber verstecken sich die Fische gern dicht unter der Wasseroberfläche zwischen Wurzeln und Pflanzenblättern, wobei sie oft eine Schräglage (Kopf nach oben) einnehmen. Bei Nacht werden sie dann aktiv und kommen zur Futtersuche heraus. Dabei kann man häufig beobachten, wie die während des Tages übliche Zeichnung aus waagerechten Streifen zu Flecken verblasst.

Ziersalmler sollte man schwarmweise (mindestens sechs Tiere) in einem dicht bepflanzten Becken mit weichem, leicht saurem, nitratfreiem Wasser halten; der pH-Wert darf zwischen 5,5 und 7,0 liegen, sollte sich aber nicht sprunghaft ändern. Eine Filterung über Torf macht das Wasser weicher; der möglichst dunkle Bodengrund sowie eingebrachte Steine müssen kalkfrei sein.

Ziersalmler benötigen sehr feines Futter; zur Zucht müssen die Tiere ausreichend Lebendfutter bekommen. Das Wasser im Zuchtbecken sollte einen pH-Wert von etwa 6,0 haben, die Wasserhärte darf nicht über 2° dH liegen. Sorgen Sie außerdem für gedämpftes Licht, und legen Sie einige Bündel Javamoos hinein. Die Elterntiere werden nach dem Ablaichen herausgefangen; die Jungfische benötigen feinstes Staubfutter.

Familie Lebiasinidae	3,5–7 cm	22–24 °C; pH 5,0–6,5; dH bis 8°
Verbreitung Mittleres und nördliches Südamerika	**Futter** Allesfresser. Lebend-, Gefrier und Flockenfutter	**Wasserregion** Mittlerer bis oberer Bereich
Größe Je nach Art zwischen	**Wasserwerte** Temperatur	**Zucht** Haftlaicher

Spitzmaul-Ziersalmler 🐟🐟

Nannobrycon eques

Diese bis 5 cm große Art ist manchmal nicht ganz leicht einzugewöhnen und nimmt anfangs oft nur sehr feines Lebendfutter. Die Männchen sind schlanker und kräftiger gefärbt.

Zuchtbecken für Haftlaicher siehe S. 241

Längsbandziersalmler 🐟🐟

Nannostomus beckfordi

Goldener Strich oberhalb des dunklen Bandes

Bauch und Flossen sind rötlich überlaufen

Der recht robuste bis 6 cm große Längsbandziersalmler sollte nur mit anderen friedlichen Fischen vergesellschaftet werden.

Becken mit weichem Wasser siehe S. 186/187
Zuchtbecken für Haftlaicher siehe S. 241

Roter Piranha   *Serrasalmus nattereri*

Familie Characidae	**Futter** Fleischfresser. Nimmt	**Wasserwerte** Temperatur
Verbreitung Südamerika: Guyana	Fleischnahrung aller Art (etwa	23–27 °C, pH 5,5–7,5; dH bis 20°
bis La-Plata-Gebiet	Fischstücke, ganze Fische, Würmer	**Wasserregion** Alle Bereiche
Größe 28 cm	etc.)	**Zucht** Haftlaicher

Blaugrauer Körper mit metallisch glitzernden Punkten

Gedrungener Körper mit breiter Afterflosse

Diese Art verdankt ihre Beliebtheit auch ihrem Ruf, besonders gefährlich zu sein. In manchen Ländern, etwa den USA, ist die Einfuhr sogar verboten, da man befürchtet, ausgesetzte Tiere könnten nicht nur die einheimische Fauna bedrohen, sondern auch eine Gefahr für badende Menschen darstellen. Aber auch die Haltung im Aquarium ist nicht ganz gefahrlos.

Junge Piranhas sind hübsche, silbern glänzende Fische mit zahlreichen schwarzen Punkten und Flecken, einem rötlichen Kiemenbereich und rot gesäumten After- und Brustflossen. Mit zunehmendem Alter verblassen die Flecken, und Kehle sowie Bauch bekommen eine rötliche Färbung. Mit ausgewachsenen Piranhas sollte man stets vorsichtig umgehen. Zwar sind sie zumeist nicht sehr aggressiv, aber verängstigte Tiere können mit ihren scharfen Zähnen durchaus schmerzhafte Wunden verursachen.

Piranhas hält man am besten in einem sehr gut gefilterten Artenbecken. Veranschlagen Sie für drei bis vier Jungtiere ein Aquarium von 90 cm, und machen Sie sich klar, dass die Tiere schnell wachsen und dann ein noch größeres Becken brauchen. Füttern Sie nicht zu viel, aber auch nicht so knapp, dass die Fische hungrig sind.

Bei optimalen Voraussetzungen ist auch eine Zucht möglich. Die Männchen lassen sich an der roten Kehle und der silbernen bis goldenen Färbung erkennen (Weibchen sind gelblich). Das Gelege wird vom Männchen bewacht; die Jungen müssen nach Größe getrennt werden und sehr viel Lebendfutter bekommen, damit sie sich nicht gegenseitig auffressen.

Becken mit weichem Wasser siehe S. 186/187
Zuchtbecken für Haftlaicher siehe S. 241

Ein Schwarm farbenprächtiger junger Piranhas.

Blinder Höhlensalmler *Astyanax fasciatus mexicanus* 🐟

Familie Characidae
Verbreitung Mexico; Texas bis Panama
Größe 9 cm
Futter Allesfresser. Nimmt fast jede Art von Nahrung, von Flocken- über Gefrier- bis hin zu Lebendfutter, darunter auch alle möglichen Tiere, die ins Becken fallen, etwa Spinnen oder Fliegen
Wasserwerte Temperatur 20–25 °C; pH 6,0–7,8; dH bis 30°
Wasserregion Alle Bereiche
Zucht Haftlaicher

Dieser ungewöhnliche, aber anspruchslose F sch kann problemlos in einem normalen Gesellschaftsbecken gehalten werden. Besonders auffällig ist, dass die Tiere keine Augen haben, die rückgebildet wurden, weil sich die Salmler in ihrem natür ichen Lebensraum – stockfinstere, unterirdische Höhlengewässer – viel besser mit ihrem Seitenliniensystem orientieren können (im Aquarium muss die Eeleuchtung aber nicht besonders angepasst werden).

Vorzugsweise hält man einen gemischten Schwarm, wobei sich die Männchen an ihrem schlankeren Körperbau erkennen lassen. Zur Zucht sollte die Wassertemperatur m unteren Bereich des angegebenen Wertes liegen. Die Jungen, die häufig noch sehen können, werden mit feinem Lebendfutter aufgezogen.

Zuchtbecken für Freilaicher siehe S. 240

Punktierter Kopfsteher *Chilodus punctatus* 🐟🐟🐟

Familie Anostomidae	**Futter** Allesfresser. Grünfutter, Algen,	24–28 °C; pH 6,0–7,0; dH bis 10°
Verbreitung Südamerika: Guyana-	feines Lebendfutter, etwa *Daphnia*,	**Wasserregion** Mittlerer bis unterer
Länder/oberer Amazonas	Futtertabletten und Flockenfutter	Bereich
Größe 9 cm	**Wasserwerte** Temperatur	**Zucht** Haftlaicher

Lang ausgezogene, dunkel geffeckte Rückenflosse

Punktmuster entlang einer schwarzen Längsbinde

Lang gestreckter Körper mit spitz zulaufendem Kopf

Diese Art, die ihren Namen der ungewöhnlichen Schwimmweise (mit dem Kopf nach unten) verdankt, ist ein Fisch für erfahrene Aquarianer. Man benötigt ein gut gefiltertes, ruhiges Becken mit Pflanzer, Wurzeln oder anderen Verstecken, in dem man nach Möglichkeit eine Gruppe aus 3–4 Tieren hält. Besonders wichtig ist eine gute Wasserqualität, außerdem sollte gedämpftes Licht herrschen, denn die recht scheuen Tiere halten sich normalerweise im Schatten auf und kommen nur zum Fressen heraus. Das Zuchtbecken sollte zahlreiche Schwimmpflanzen enthalten; die Elterntiere werden nach dem Abla chen herausgefangen. Die Jungen bekommen als erste Nahrung Salinenkrebschen.

Zuchtbecken für Haftlaicher siehe S. 241

Buntbarsche

Die meisten Buntbarsche stammen aus Afrika sowie Süd- und Mittelamerika und kommen – von einigen salztoleranten Arten abgesehen – ausschließlich im Süßwasser vor. Einige sind wichtige Nahrungsfische, sodass sie in vielen Teilen der Welt für den menschlichen Verzehr gehalten werden. Es gibt über 1000 Arten, von denen die größeren eine Länge von 50 cm erreichen können (die meisten sind aber deutlich kleiner), und viele zeigen eine auffällige Färbung, besonders zur Paarungszeit.

Im Aquarium werden Buntbarsche hauptsächlich wegen ihrer faszinierenden Verhaltensweisen gehalten, zu denen bei vielen Arten auch eine aufwendige Brutpflege gehört. Vor allem große Exemplare sind aber auch ein attraktiver Mittelpunkt jedes Aquariums. Fast alle Arten bilden Reviere, sodass ein geräumiges Becken mit zahlreichen Verstecken notwenig ist, dessen Steindekorationen unbedingt so aufgebaut sein müssen, dass sie nicht umstürzen können, denn Buntbarsche graben sehr gern.

Einige Arten, besonders kleinere, sind auch für Gesellschaftsbecken geeignet; andere sollte man aufgrund ihrer speziellen Bedürfnisse nur in einem Artenaquarium oder zusammen mit Tieren aus demselben Lebensraum halten. Die Ansprüche an die Wasserqualität und die Verhaltensweisen können bei Tieren aus verschiedenen Biotopen sehr unterschiedlich sein.

Gabelschwanz-Schachbrettcichlide *Crenicara filamentosa* ✦✦✦

Familie Cichlidae	Weibchen 6 cm	22–25 °C; pH 5,5–6,4; dH bis 10°
Verbreitung Südamerika: Orinoco-Becken, Rio Negro	**Futter** Fleischfresser. Lebendfutter, manchmal auch Gefrierfutter	**Wasserregion** Mittlerer bis oberer Bereich
Größe Männchen 9 cm;	**Wasserwerte** Temperatur	**Zucht** Haftlaicher

Diese reizenden, kleinen, friedlichen Fische sind eher erfahreneren Aquarianern zu empfehlen, denn sie brauchen eine optimale Wasserqualität. Als Begleitfische sollte man nur kleine Arten, etwa Salmler, auswählen, weil die Barsche sonst schnell scheu werden. Von Schachbrettcichliden, die zur Paarungszeit ein Revier verteidigen, hält man am besten ein Paar oder ein Männchen mit zwei Weibchen in einem dicht bepflanzten Aquarium mit weichem, gut gefiltertem Wasser. Die 50 bis 100 Eier werden auf einem zuvor gereinigten Blatt oder einem flachen Stein abgelegt und – wie später auch die Jungfische – vom Weibchen bewacht. Die Jungfische lassen sich mit frisch geschlüpften Salinenkrebschen aufziehen.

Becken mit weichem Wasser siehe S. 186/187
Zuchtbecken für Haftlaicher siehe S. 241

Südamerik. Schmetterlingsbuntbarsch *Papiliochromis ramirezi*

Familie Cichlidae
Verbreitung Südamerika: westliches Venezuela, Kolumbien
Größe 7,5 cm
Futter Allesfresser. Kann leicht an Flocken- und Gefrierfutter gewöhnt werden, sollte aber auch Lebendfutter bekommen, beispielsweise Daphnien und Mückenlarven
Wasserwerte Temperatur 22–26 °C; pH 6,0–7,0; dH 3–8°
Wasserregion Mittlerer bis oberer Bereich
Zucht Haftlaicher

Blauviolett schimmernde Punkte

Leuchtend rote Augenzeichnung

Eine beliebte Art, die ihre schönsten Farben aber nur dann zeigt, wenn sie mit friedlichen und nicht zu lebhaften Fischen vergesellschaftet wird. Besonders wohl und sicher fühlen sich die Tiere, wenn sie zusammen mit kleinen Salmlern gehalten werden, die ihnen eine mögliche Gefahr anzeigen; außerdem benötigen sie zahlreiche Pflanzen, zwischen denen sie sich verstecken können. Allerdings sollten aber auch noch unbepflanzte Bodenbereiche vorhanden sein, in denen die Tiere Laichgruben anlegen können (manchmal werden die Eier auch auf flachen Steinen abgelegt). Gelege und Jungfische werden von beiden Eltern bewacht (die Weibchen sind kleiner, haben einen rötlichen Bauch und einen kürzeren zweiten Rückenflossenstrahl).

Becken mit weichem Wasser siehe S. 186/187
Zuchtbecken für Haftlaicher siehe S. 241

Purpurprachtbarsch *Pelvicachromis pulcher*

Familie Cichlidae
Verbreitung Afrika: Nigeria
Größe Männchen 10 cm; Weibchen 8 cm

Futter Allesfresser. Kann mit Flocken-, Gefrier und Lebendfutter ernährt werden.
Wasserwerte Temperatur

24–25 °C; pH 6,5–7,5; dH 8–15°
Wasserregion Mittlerer bis oberer Bereich
Zucht Haftlaicher

Purpurprachtbarsche, die heute fast alle aus Nachzuchten stammen, sind gute Anfängerfische. Die Tiere benötigen ein bepflanztes Aquarium mit feinem Bodengrund und zahlreichen Versteckmöglichkeiten, darunter einige Höhlen. Die farbenprächtigeren und zumeist etwas größeren Männchen haben eine spitze After- und Rückenflosse sowie verlängerte Mittelstrahlen der Schwanzflosse; die Weibchen besitzen einen rundlicheren Körper und abgerundete Flossen. Die Eier werden an Höhlendächern abgelegt und vom Weibchen bewacht, während das Männchen das Revier verteidigt. Die Jungen, die man mit frisch geschlüpften Salinenkrebschen füttert, werden von beiden Eltern betreut.

Zuchtbecken für Haftlaicher siehe S. 241

Schwanzfleckenbuntbarsch *Archocentrus spilurus* ✤✤

Familie Cichlidae	**Futter** Allesfresser. Lebend- und	22–25 °C; pH 6,8–8,0; dH bis 15°
Verbreitung Guatemala	Gefrierfutter; nimmt aber auch	**Wasserregion** Mittlerer bis oberer
Größe Männchen 12 cm;	Flocken- und Pflanzenfutter	Bereich
Weibchen 8 cm	**Wasserwerte** Temperatur	**Zucht** Haftlaicher

Diese schöne Art bildet zwar ein Revier, ist aber dennoch relativ friedlich, sodass man sie mit ähnlich großen Fischen vergesellschaften kann. Das Becken kann zudem bepflanzt sein, da die Barsche – von der Paarungszeit einmal abgesehen – kaum im Boden wühlen. Ausgewachsene Männchen lassen sich durch die zugespitzten Rücken- und Bauchflossen sowie die stärkere Färbung von den zumeist kleineren Weibchen unterscheiden. Die Eier werden in Höhlen abgelegt und, ebenso wie die Jungen, von beiden Eltern bewacht. Die Jungfische brauchen neben frisch geschlüpften Salinenkrebschen auch Algen und anderes pflanzliches Futter. Später bekommen sie dann immer größeres Lebend- oder Gefrierfutter.

Zuchtbecken für Haftlaicher siehe S. 241

Pfauenaugenbuntbarsch *Astronotus ocellatus* ✤✤✤

Familie Cichlidae
Verbreitung Südamerika: Rio Negro, Rio Paraguay, Rio Parana, Amazonas
Größe 25 cm
Futter Fleischfresser. Lebendfutter aller Art, besonders auch Regenwürmer, außerdem Fleischstücke sowie Gefrier- und Granulatfutter
Wasserwerte Temperatur 22–25 °C; pH 6,0–8,0; dH bis 25°
Wasserregion Mittlerer Bereich
Zucht Haftlaicher

Bräunliche Zeichnung

Paddelartige Schwanzflosse

Kleine Pfauenaugenbuntbarsche sind reizende Fische, werden aber schnell groß und verwüsten dann durch ihr ständiges Wühlen praktisch jedes Aquarium. Man hält die zur Paarungszeit oft etwas aggressiven Tiere am besten in einem Artenaquarium oder mit anderen, ähnlich großen Fischen in einem sehr geräumigen Gesellschaftsbecken. Pfauenaugenbuntbarsche stellen wenig Ansprüche an die Wasserqualität, allerdings ist ein sehr guter Filter erforderlich, da die Tiere viel Schmutz aufwirbeln. Als Dekoration sind Holz und glatte Steine geeignet sowie auf Holz aufgebundene Pflanzen (normale Pflanzen reißen die Tiere ständig aus). Die Eier werden auf zuvor gereinigten Steinen abgelegt und, ebenso wie die oft über 1000 Jungfische, von beiden Eltern betreut.

Tropisches Süßwasserbecken siehe S. 184/185

Skalar *Pterophyllum scalare*

Familie Cichlidae	**Futter** Allesfresser. Lebend-,	**Wasserwerte** Temperatur
Verbreitung Mittlerer Amazonas	Gefrier- und Flockenfutter; nimmt	24–28 °C; pH 6,0–7,5; dH bis 15°
Größe 15 cm; bleibt meistens	auch Salat und Erbsen; darf nicht	**Wasserregion** Mittlerer Bereich
kleiner	überfüttert werden	**Zucht** Haftlaicher

Bei diesem beliebten Zierfisch wurden Färbung und Flossen durch Zucht stark verändert; wildfarbene Exemplare sind selten. Wählen Sie die Jungfische beim Kauf sorgfältig aus, denn wegen der starken Inzucht findet man häufig kranke oder nicht sehr schön gefärbte Tiere. Skalare hält man am besten in einem gut bepflanzten Becken mit nicht zu kleinen Begleitfischen. Die Unterscheidung der Geschlechter ist schwierig, sodass man eine Gruppe anschaffen sollte, in der sich die Paare selbst finden können. Die Eier werden auf geputzten Blättern oder glatten Flächen abgelegt. Da Skalare berüchtigte Eierräuber sind, sollte man das Gelege schnell herausnehmen und die Jungen in einem gesonderten Becken schlüpfen lassen.

Tropisches Süßwasserbecken siehe S. 184/185

Diskus *Symphysodon* spp.

Familie Cichlidae	Lebend- oder Gefrierfutter wird	26–30 °C; pH 6,0–6,5; dH 2–6°
Verbreitung Amazonas, Rio Negro	bevorzugt, nimmt aber zumeist	**Wasserregion** Mittlerer bis oberer
Größe 15 cm	auch Granulat	Bereich
Futter Fleischfresser. Feines	**Wasserwerte** Temperatur	**Zucht** Haftlaicher

Diskusfische brauchen vor allem eine sehr gute Wasserqualität; außerdem sollte man die manchmal etwas ängstlichen Tiere nur mit friedlichen und ruhigen Arten vergesellschaften. Die Fische benötigen ein hohes, dicht bepflanztes Becken mit weichem, saurem, gut gefiltertem Wasser, in das man am besten eine kleine Gruppe einsetzt, in der sich die Paare selbst finden können (die Bestimmung der Geschlechter ist außerhalb der Laichzeit schwierig). Die Eier werden auf ein geputztes Blatt oder eine andere glatte Fläche gelegt; Eltern- und Jungtiere müssen anfangs zusammenbleiben, da sich die Jungen von einem Hautsekret der Eltern ernähren.

Becken mit weichem Wasser siehe S. 186/187
Zuchtbecken für Haftlaicher siehe S. 241

Dickfelds Schlankcichlide   *Julidochromis dickfeldi*

Familie Cichlidae	**Futter** Fleischfresser. Feines	24–26 °C; pH 8,0–8,5; dH 15–20°
Verbreitung Afrika: Südwestufer	Lebend- und Gefrierfutter; nimmt	**Wasserregion** Mittlerer bis
des Tanganjikasees	auch Flockenfutter	unterer Bereich
Größe 7,5 cm	**Wasserwerte** Temperatur	**Zucht** Haftlaicher

Rückenflosse mit
gezacktem Rand

Dunkle
Längsstreifen

Diese Art sollte man als eine kleine Gruppe in einem nicht zu großen Becken halten, damit jedes Männchen ein Revier besetzen kann. Die Unterscheidung der Geschlechter ist schwierig (manchmal sind die Weibchen etwas größer), sodass die Tiere sich ihre Partner selbst suchen sollten. Die Eier werden in einer Höhle abgelegt und die Jungen einige Zeit bewacht. Das Aquarium sollte eine hohe Steindekoration mit zahlreichen Verstecken enthalten sowie einige Pflanzendickichte. Eine Vergesellschaftung mit anderen *Julidochromis*-Arten ist nicht zu empfehlen, da es sonst leicht zu einer Bastardisierung kommt. Der Bodengrund sollte aus Sand bestehen, damit die Tiere wühlen können.

Ostafrikanische Seen siehe S. 188/189
Zuchtbecken für Haftlaicher siehe S. 241

Daffodil-Schneckenbarsch   *Lamprologus* sp.

Familie Cichlidae	
Verbreitung Afrika: Tanganjikasee	
Größe Männchen 7,5 cm; Weibchen 5 cm	
Futter Allesfresser. Bevorzugt Lebend- und Gefrierfutter, etwa Mückenlarven; nimmt aber auch Flockenfutter	
Wasserwerte Temperatur 24–26 °C ; pH 8,0–8,5; dH 15–20°	
Wasserregion Mittlerer bis unterer Bereich	
Zucht Haftlaicher	

Zarte Farben und lang ausgezogene Flossen machen diese Art zu einem beliebten Zierfisch. Man vergesellschaftet die friedlichen Tiere am besten mit Fischen, die ebenfalls aus dem Tanganjikasee stammen, in einem Becken mit Höhlen und Pflanzenverstecken sowie einigen Schneckengehäusen, in die die Barsche sich zurückziehen können. Die Männchen sind stärker gefärbt und haben spitzer ausgezogene Flossen; die Eier werden in Höhlen oder Schneckenhäusern abgelegt. Ungewöhnlich ist, dass die Eltern ältere Jungfische nicht aus dem Revier vertreiben, sodass sich dort oft Nachkommen aller Altersklassen aufhalten, wobei die älteren Jungfische bei der Bewachung ihrer jüngeren Geschwister helfen. Jungfische werden mit Salinenkrebschen aufgezogen.

Zuchtbecken für Haftlaicher siehe S. 241

Schneckenbuntbarsch *Neolamprologus brevis*

Familie Cichlidae
Verbreitung Afrika:
Tanganjikasee
Größe 4 cm
Futter Fleischfresser. Feines
Lebend- und Gefrierfutter, etwa
Daphnien und Mückenlarven,
wird bevorzugt; nimmt aber auch
Flockenfutter
Wasserwerte Temperatur
24–26 °C; pH 8,0–8,5;
dH 15–20°
Wasserregion Mittlerer bis
unterer Bereich
Zucht Haftlaicher

Diese Art benötigt viel freien Schwimmraum, einen sandigen, etwa 5 cm dicken Bodengrund und einige Schneckengehäuse (Weinberg- oder Tanganjikaschnecken). Diese vergraben die Barsche in einem bestimmten Winkel und nutzen sie dann zum Ablaichen. Ein Paar verteidigt ein Revier mit einem Durchmesser von bis zu 20 cm, sodass das Becken bei einer Haltung von mehreren Paaren sehr geräumig sein muss. Die Männchen sind größer und haben eine gelb bis orangefarben gesäumte Rückenflosse. Zur Eiablage schwimmt das kleinere Weibchen in ein Schneckengehäuse, während die zu großen Männchen ihren Samen über der Öffnung ausstoßen. Aus den nur weniger Eiern schlüpfen kaum mehr als 20 sehr kleine Jungfische.

Ostafrikanische Seen siehe S. 188/189
Zuchtbecken für Haftlaicher siehe S. 241

Tanganjika-Goldchilide *Neolamprologus leleupi*

Familie Cichlidae
Verbreitung Afrika:
Tanganjikasee
Größe 7 cm
Futter Fleischfresser. Feines
Lebend- und Gefrierfutter, etwa
Daphnien und Mückenlarven,
wird bevorzugt; nimmt aber auch
Flockenfutter
Wasserwerte Temperatur
24–26 °C; pH 8,0–8,5;
dH 15–20°
Wasserregion Mittlerer bis
unterer Bereich
Zucht Haftlaicher

Diese Art benötigt ein typisches Tanganjikasee-Becken mit weichem Bodengrund und Steindekoration. Der umgangssprachliche Name der Fische bezieht sich auf die gelbe Färbung, es gibt aber auch Farbvarianten, die eher orange aussehen. Die Männchen, die normalerweise etwas größer sind und einen dickeren Kopf haben, verhalten sich oft nicht nur gegenüber Nebenbuhlern aggressiv, sondern attackieren auch überzählige Weibchen. Durch ausreichende Versteckmöglichkeiten können Übergriffe aber zumeist verhindert werden. Das Ablaichen erfolgt in Höhlen; die Eier werden vom Weibchen bewacht, während das Männchen das Revier verteidigt. Die 50–100 Jungfische brauchen eine gute Wasserqualität, da sie sehr anfällig gegenüber bakteriellen Infektionen sind.

Ostafrikanische Seen siehe S. 188/189
Zuchtbecken für Haftlaicher siehe S. 241

Malawisee (Mbuna-Gruppe)

Die in der Mbuna-Gruppe (der Name geht auf einheimische Fischer zurück) zusammengefassten Gattungen stammen alle aus dem Malawisee in Afrika. Es handelt sich um hübsch gefärbte Tiere, die sich zumeist problemlos vermehren lassen und weniger Platz benötigen als viele andere Arten. Da sie in der Regel recht unverträglich sind, hält man sie am besten in größerer Zahl, da dies ihre Aggression zumeist etwas zügelt. Das Becken sollte mit einer Steindekoration ausgestattet sein, wobei der Aufbau an der Rückseite des Aquariums bis fast zur Wasseroberfläche reichen und zahlreiche Kanten, Spalten und Höhlen enthalten sollte. Wichtig ist auch die Auswahl der Steine. So kann Tuffgestein für Maulbrüter-Arten gut geeignet sein, während es für Haftlaicher zu weich und krümelig ist, um es als Unterlage zum Ablaichen zu benutzen.

Das Wasser sollte hart, alkalisch und sehr sauerstoffreich sein; außerdem wird ein starker Filter benötigt. Empfehlenswert ist es, bei Maulbrütern wöchentlich 25–30 Prozent des Wassers zu wechseln, bei Haftlaichern 10–15 Prozent. Letztere brauchen übrigens etwas mehr Platz als Maulbrüter, da sie ein ständiges Revier einrichten, in dem die Jungen aufgezogen werden.

Von allen Arten sollte man entweder Paare oder, was zumeist noch besser ist, ein Männchen mit mehreren Weibchen halten, da die einzelnen Tiere dann nicht zu sehr von ihrem Partner bedrängt werden.

Familie Cichlidae **Verbreitung** Afrika: Malawisee **Größe** Unterschiedlich; siehe einzelne Arten	**Futter** Unterschiedlich; Gefrier-, Flocken- und Grünfutter, einschließlich Algen; einige sind aber auch Nahrungsspezialisten	**Wasserwerte** Temperatur 24–26 °C; pH 7,5–8,0; dH 8–10° **Wasserregion** Zwischen Steinen **Zucht** Maulbrüter

Labeotropheus trewavasae

Labidochromis caeruleus

Diese Art, von der man am besten ein Männchen mit mindestens zwei Weibchen hält, wird 10–14 cm groß. Die Geschlechter lassen sich anhand der für Maulbrüter typischen Eiflecken auf der Afterflosse des Männchens unterscheiden, die beim Weibchen fehlen oder nur ganz schwach ausgebildet sind. Es gibt mehrere, unterschiedlich gefärbte geografische Rassen, darunter eine weiße Form. Das Weibchen sollte nach dem Ablaichen herausgefangen werden; oft schlüpfen bis zu 40 Jungfische.

Diese Art, eine der friedlichsten Mbuna-Cichliden, kann einzeln oder paarweise gehalten werden. Sie ist mit höchstens 8 cm relativ klein, wobei die Männchen etwas größer und zur Laichzeit auch stärker gefärbt sind als die Weibchen. Es gibt zwei Gruppen: Eine kommt über Felsböden vor und ernährt sich dort von kleinen Wirbellosen; die andere besiedelt die sandige Uferregion und frisst Schnecken. In menschlicher Obhut akzeptieren beide Arten unterschiedlichstes Lebend-, Gefrier- und Flockenfutter.

Melanochromis johannii

Pseudotropheus estherae

Bei diesem Fisch lassen sich die Geschlechter leicht unterscheiden: Die dunkelblau gefärbten Männchen sind zumeist größer (bis 7 cm) als die orangefarbenen Weibchen (etwa 6 cm) und haben deutlicher ausgeprägte Eiflecken. Man hält möglichst ein Männchen mit mehreren Weibchen; Letztere brüten die oft mehr als 30 Jungfische aus, kümmern sich aber höchstens eine Woche um ihren Nachwuchs, während die meisten Mbuna-Cichliden ihren Nachwuchs 10 Tage oder länger im Maul behalten.

Diese etwa 12 cm großen Maulbrüter sind eine Bereicherung für jedes Malawisee-Aquarium. Die Männchen haben eine hellblaue Färbung, während es von den Weibchen unterschiedliche Farbschläge gibt, die von gelb und orange bis zu braun gesprenkelt reichen. Halten Sie möglichst Paare, und fragen Sie nach, ob Männchen und Weibchen auch aus einer Lieferung stammen, ca sich Letztere leicht mit den Weibchen anderer Arten verwechseln lassen. Durchschnittlich werden etwa 30 Jungfische ausgebrütet.

Pseudotropheus livingstonii

Pseudotropheus zebra

Diese etwa 12,5 cm große Art, die sandige Abschnitte in der Felsuferregion des Malawisees besiedelt, ist verträglicher als viele ihrer Verwandten. Zur Beckenausstattung sollten stets einige Schneckengehäuse gehören, in denen ängstliche Exemplare Zuflucht suchen können. Die Männchen lassen sich an den deutlichen Eiflecken erkennen, und wie bei praktisch allen Buntbarschen aus dem Malawisee, brütet auch hier das Weibchen die Eier aus.

Diese Art, von der es zahlreiche Farbvarianten gibt, kann sich im Aquarium recht nützlich machen, denn die Fische fressen gern Wasserlinsen! Von den bis zu 10 cm großen, recht unverträglichen Tieren sollte man ein Männchen und mehrere Weibchen halten, wobei sich Letztere auch um den Nachwuchs kümmern; allerdings ist die Pflege nicht sehr intensiv, denn die Jungfische werden schon nach etwa 7 Tagen aus dem Maul der Mutter entlassen.

Für alle Mbuna-Arten Ostafrikanische Seen siehe S. 188/189, Zuchtbecken für Maulbrüter siehe S. 243 ➤➤

Karpfenfische

Zur Familie Cyprinidae gehören mehr als 1400 Arten, die – mit Ausnahme von Südamerika, Australien und der Antarktis – überall auf der Erde in Seen, Bergbächen, unterirdischen Wasserläufen und vielen weiteren Gewässern vorkommen.

Karpfenfische haben Rundschuppen, eine einfache Seitenlinie und manchmal bis zu zwei Paar Barteln. Eine Fettflosse fehlt und in den meisten Fällen auch die Zähne, dafür haben die Fische eine hornartige Mahlplatte an der Basis der Schlundknochen, mit der die Nahrung zerkleinert wird. Die meisten Arten besitzen eine „typische" Fischgestalt; die Größe variiert sehr stark und reicht von Arten wie *Barbus tor* aus Indien, die eine Länge von bis zu 2,5 m erreichen können, bis zu winzigen Bärblingen, die gerade einmal 2,5 cm groß werden. Zu dieser Gruppe gehören einige der beliebtesten Aquarienfische wie Barben, Bärblinge, Goldfische und Haibarben (bei denen es sich trotz der Ähnlichkeit aber nicht um echte Haie handelt).

Karpfenfische, die nahezu alles verschlingen, was irgendwie in ihr Maul hineinpasst, sind häufig sehr lebhafte Schwarmfische, die man in Gruppen von 6–10 Tieren in einem geräumigen, gut bepflanzten Becken halten sollte. Sie lassen sich normalerweise leicht vermehren und eignen sich zumeist auch für Gesellschaftsbecken. Für ihr Wohlbefinden ist eine möglichst abwechslungsreiche Kost notwendig, zu der auch Lebend- oder Gefrierfutter gehören sollte.

Schwarzfleckbarbe *Barbus filamentosus*

Familie Cyprinidae
Verbreitung Indien, Sri Lanka
Größe 15 cm
Futter Allesfresser. Kleine Wassertiere (lebend oder gefroren), Fleisch sowie Flockenfutter; außerdem weiches Grünfutter (Algen, Salat); die Tiere sind außerordentlich gefräßig
Wasserwerte Temperatur 20–24 °C; pH 6,0–6,5; dH bis 15°
Wasserregion Mittlerer bis oberer Bereich
Zucht Freilaicher

Schwarzfleckbarben sind sehr aktive Schwarmfische, die viel freien Schwimmraum benötigen, sodass man sie nur in größeren Gesellschaftsbecken halten sollte. Sie fressen gern weichere Aquarienpflanzen, aber Javafarn, Wasserkelch und Amazonasschwertpflanzen werden zumeist verschont. Um die Pflanzenzerstörung möglichst gering zu halten, sollte man Salat oder auch Erbsen zufüttern. Jungfische sind oft ziemlich unscheinbar, während ausgewachsene Exemplare sehr beeindruckend wirken können – besonders die Männchen mit ihren leuchtenden Farben und der ausgezogenen Rückenflosse. Die Zucht bereitet kaum Probleme, sofern ein großes, bepflanztes Zuchtbecken zur Verfügung steht; die Jungen werden mit feinem Lebendfutter aufgezogen.

Zuchtbecken für Freilaicher siehe S. 240

Fleckenbarbe *Barbus gelius* 🐟🐟

Familie Cyprinidae
Verbreitung Indien
Größe 4 cm
Futter Allesfresser. Kleine
Wirbellose wie Mückenlarven
und Salinenkrebschen, aber auch
Gefrier-, Flocken- und Grün-
futter; achten Sie darauf, dass
die Tiere auch Algen bekommen,
besonders vor dem Ablaichen
Wasserwerte Temperatur
18–22 °C; pH 6,0–7,0;
dH bis 10°
Wasserregion Mittlerer Bereich
Zucht Freilaicher

Aufgerichtete
Rückenflosse

Hoher Rücken

Unregelmäßige
schwarze Flecken
auf den Flanken

Ausgebogene,
silberne
Bauchlinie

Bei dieser goldbraunen, kleinen, friedlichen Art handelt es sich um gesellig lebende Tiere, die schwarmweise in einem Arten- oder Gesellschaftsaquarium
mit ausreichend freiem Schwimmraum und friedlichen Fischen ähnlicher Größe gehalten werden sollten. Wichtig sind außerdem eine effiziente Filterung
und regelmäßige Wasserwechsel. Leben die Tiere in
weichem, leicht saurem Wasser, bekommt der blasse
gelbe Streifen der Männchen schon bald einen schönen goldenen oder kupferfarbenen Glanz; die Weibchen wirken etwas plumper und sind weniger farbenprächtig. Zur Zucht setzt man die Tiere in ein
Becken mit weichem, leicht saurem Wasser und einigen Pflanzen (z. B. *Cryptocoryne*). Die Jungen
schlüpfen nach etwa 24 Stunden und benötigen
winzige Nahrung.

Zuchtbecken für Freilaicher siehe S. 240

Eilandbarbe *Barbus oligolepis* 🐟

Familie Cyprinidae
Verbreitung Indonesien
Größe 5 cm; in der Natur
können die Tiere bis 15 cm groß
werden
Futter Allesfresser. Kleine Wir-
bellose wie Mückenlarven oder
Salinenkrebschen, aber auch
Gefrier-, Flocken- und Grünfutter
Wasserwerte Temperatur
20–24 °C ; pH 6,0–6,5;
dH bis 10°
Wasserregion Mittlerer
Bereich
Zucht Freilaicher

Dunkel gesäumte,
große, dreieckige
Rückenflosse

Schachbrettartig
angeordnete
Schuppen

Wenn Sie ein gut eingefahrenes, bepflanztes Becken
mit weichem, leicht saurem, nicht zu stark gefiltertem Wasser besitzen, können Sie es einmal mit
Eilandbarben versuchen. Man hält am besten einen
Schwarm, in dem die Männchen sich oft gegenseitig
bedrohen, ohne dass es aber zu Kämpfen kommt.
Schlechte Wasserqualität oder zu starke Wasserwechsel vertragen die Tiere nicht, sodass man häufiger kleinere Mengen austauschen sollte. Oft laichen die Tiere auch im Gesellschaftsaquarium ab;
allerdings werden dort kaum Jungfische groß. Geeigneter ist ein Zuchtbecken mit weichem, saurem,
warmem Wasser und hohen Pflanzen. Die Eier werden in Nähe der Wasseroberfläche abgelegt; die
Jungen schlüpfen nach etwa 36 Stunden und werden mit Salinenkrebschen gefüttert.

Zuchtbecken für Freilaicher siehe S. 240

Brassenbarbe *Barbus schwanefeldi*

Familie Cyprinidae
Verbreitung Südostasien
Größe 35 cm
Futter Allesfresser. Kleine
Wirbellose (lebend oder gefro-
ren), aber auch Flocken- und
besonders Grünfutter; die Art ist
ziemlich schnellwüchsig
Wasserwerte Temperatur
22–25 °C; pH 6,5–7,0;
dH bis 10°
Wasserregion Mittlerer Bereich
Zucht Art legt Eier
(Details sind unbekannt)

Unerfahrene Aquarianer setzen manchmal junge
Exemplare dieser hübschen Art in ihr sorgsam ge-
pflegtes Gesellschaftsbecken – um nach einigen Wochen feststellen zu müssen, dass die Brassenbarben
alle kleineren Fische und die meisten Pflanzen auf-
gefressen haben und außerdem aus dem Aquarium
herausgewachsen sind, sodass man sie umquartie-
ren muss. Damit das nicht geschieht, sollten Sie
diese Schwarm bildenden Fische nur in einem
großen Becken halten, das einen sehr guten Filter
besitzt, der mit dem Schmutz fertig wird, den die
Tiere beim Herumwühlen im Bodengrund, wo sie
nach Futter suchen, aufwirbeln. Da die Fische gern
Grünfutter fressen, kann man nur bestimmte Pflanzen einsetzen, etwa Javafarn; über die Vermehrung
ist nichts bekannt. Da diese Barben, wenn sie erschreckt werden, leicht aus dem Becken springen,
muss das Aquarium gut abgedeckt sein.

Bitterlingsbarbe *Barbus titteya*

Familie Cyprinidae
Verbreitung Indien, Sri Lanka
Größe 5 cm
Futter Allesfresser. Kleine
Wirbellose wie Mückenlarven
und Salinenkrebschen, aber auch
Gefrier-, Flocken- und Grünfutter
(Letzteres wird bevorzugt)
Wasserwerte Temperatur
22–26 °C; pH 6,5–7,5;
dH bis 12°
Wasserregion Mittlerer Bereich
Zucht Freilaicher

Männchen dieser Art können untereinander sehr
zänkisch sein, sodass es sich empfiehlt, die Tiere
nur paarweise zu halten. Sorgen Sie für eine gute
Filterung und Pflanzendickichte als Verstecke. Die
Männchen sind stärker gefärbt und zeigen besonders zur Laichzeit ein dunkles Kirschrot, während die
Weibchen blasser rötlich-braun sind. Die Vermehrung ist nicht schwierig (heute stammen praktisch
alle Bitterlingsbarben aus Nachzuchten) und gelingt
am leichtesten, wenn man ein gut genährtes Paar in
ein Zuchtbecken mit Javamoos setzt. Ein einzelnes
Weibchen kann bis zu 300 Eier legen, aus denen
nach etwa 24 Stunden die Jungen schlüpfen, die als
erste Nahrung frisch geschlüpfte Salinenkrebschen
bekommen.

Tropisches Süßwasserbecken siehe S. 184/185
Zuchtbecken für Freilaicher siehe S. 240

Sumatrabarbe   *Barbus tetrazona*

Familie Cyprinidae	lose Wassertiere (lebend oder ge-	20–26 °C; pH 6,5–7,0; dH bis 12°
Verbreitung Borneo, Indonesien	froren), aber auch Flocken- sowie	Wasserregion Mittlerer bis oberer
Größe 7 cm	Grünfutter	Bereich
Futter Allesfresser. Kleine wirbel-	Wasserwerte Temperatur	Zucht Freilaicher

Rötlich gesäumte
Rückenflosse

Typische dunkle
Querbinden

Entweder man liebt oder hasst diese Fische! Hält man sie einzeln oder zu zweit in einem Gesellschaftsaquarium, sind sie eine Plage für alle anderen Bewohner, denen sie an den Flossen herumzupfen und die sie terrorisieren. In einem gemischten Schwarm von mindestens acht Tieren sind sie dagegen die meiste Zeit damit beschäftigt, die Rangordnung innerhalb der Gruppe auszufechten, sodass andere Beckenbewohner weitestgehend unbehelligt bleiben. Die Männchen sind kleiner, schlanker und etwas auffälliger gefärbt, und es gibt mehrere Farbvarianten, darunter grüne, rote und schwarze Tiere

sowie eine Albinoform. Wer kein Risiko eingehen möchte, kann die Fische auch in einem Artenaquarium halten. Zur Vermehrung verwendet man am besten ein Zuchtbecken mit weichem, saurem, warmem Wasser und feinblättrigen Pflanzen, die bis zur Wasseroberfläche reichen, denn die Eier werden normalerweise weit oben abgelegt. Die Jungfische, die nach etwas 36 Stunden schlüpfen, werden mit Salinenkrebschen aufgezogen.

Zuchtbecken für Freilaicher siehe S. 240

Moosbarbe

Bei dieser Farbvariante sind die vier Querbinden der Wildform durch breitere dunkle Bereiche ersetzt. Farbe und Zeichnung können bei einzelnen Exemplaren etwas unterschiedlich sein, aber die Färbung der Flossen ist stets konstant. Die Weibchen sind zur Laichzeit etwas rundlicher.

Honkongbarbe

Diese attraktive Farbvariante, die bei Versuchen, eine Albinoform zu züchten, entstand, ist überwiegend orangerot, und ihr fehlen die typischen dunklen Bänder der Wildform. Wie alle anderen Farbvarianten, kommen Honkongbarben in der Natur nicht vor.

Schillerbärbling   *Brachydanio albolineatus*

Familie Cyprinidae	**Futter** Allesfresser. Kleine	21–25 °C; pH 6,5–7,0; dH bis 12°
Verbreitung Südostasien: Burma,	Wirbellose (lebend oder gefroren),	**Wasserregion** Mittlerer bis oberer
Thailand, Malaisia, Sumutra	aber auch Flocken- und Grünfutter	Bereich
Größe 6 cm	**Wasserwerte** Temperatur	**Zucht** Freilaicher

Goldene Längs-
binde auf dem
Schwanzstiel

Blauviolette
Kiemendeckel

Durchscheinende,
gelb überlaufende
Flossen

Dieser attraktive, kleine Fisch sollte unbedingt im Schwarm gehalten werden, etwa in einem gut bepflanzten Gesellschaftsbecken mit ähnlich großen, friedlichen Arten. Der umgangssprachliche Name bezieht sich auf die schillernde Färbung, die während der Laichzeit noch durch einen hübschen perlmuttfarbenen bis blauvioletten Glanz verstärkt wird. Eine Verschlechterung der Wasserqualität führt leicht zu bakteriellen oder Virusinfektionen.

Die Männchen sind kleiner und auffälliger gefärbt; das Wasser im Zuchtbecken sollte flach und sehr warm sein (26–30 °C). Diese Art laicht im Schwarm, wobei einzelne Paare sich etwas absondern und die Eier dann über Pflanzen ablegen. Die Jungfische, die nach etwa 36 Stunden schlüpfen, sollten mit Infusorien und Salinenkrebschen gefüttert werden.

Zuchtbecken für Freilaicher siehe S. 240

Zebrabärbling   *Brachydanio rerio*

Familie Cyprinidae	**Futter** Allesfresser. Kleine	18–25 °C; pH 6,5–7,5; dH bis 12°
Verbreitung Östliches Vorder-	Wirbellose (lebend oder gefroren),	**Wasserregion** Mittlerer bis oberer
indien	aber auch Flocken- und Grünfutter	Bereich
Größe 6 cm	**Wasserwerte** Temperatur	**Zucht** Freilaicher

Der Zebrabärbling ist ein sehr beliebter Schwarmfisch für Gesellschaftsaquarien. Die Tiere zeigen auf den Flanken eine silberne bis goldgelbe Färbung und leuchtend blaue bis violette Längsstreifen. Es gibt verschiedene Zuchtvarianten, darunter Albinos und Formen mit ausgezogenen Flossen oder Schleierschwänzen. Diese sind allerdings empfindlicher und wärmebedürftiger als die Wildform, sodass sie leicht an Virus- oder Bakterieninfektionen erkran-ken. Die Männchen sind normalerweise etwas schlanker als die Weibchen; Zuchtpaare setzt man in ein separates Becken mit feinblättrigen Pflanzen, zwischen denen die 300–400 Eier abgelegt werden. Die Jungenaufzucht gleicht der des Schillerbärblings.

Tropisches Süßwasserbecken siehe S. 184/185
Zuchtbecken für Freilaicher siehe S. 240

Malabarkärpfling *Danio aequipinnatus* 🐟

Familie Cyprinidae
Verbreitung Indien, Sri Lanka
Größe 10 cm
Futter Allesfresser. Kleine
Wirbellose (lebend oder
gefroren), aber auch Flocken-
und besonders Grünfutter; ihre
schönsten Farben zeigen die
Tiere, wenn sie Lebendfutter
bekommen, etwa Mückenlarven
Wasserwerte Temperatur
22–24 °C; pH 6,0–7,0;
dH bis 12°
Wasserregion Mittlerer bis
oberer Bereich
Zucht Freilaicher

Der sehr aktive Malabarkärpfling, von dem man möglichst einen Schwarm halten sollte, benötigt ein großes Gesellschaftsbecken mit viel freiem Schwimmraum und einer leichten Strömung; außerdem muss das Aquarium gut abgedeckt sein, da die Tiere gern springen. Die Männchen sind schlanker und stärker gefärbt, und der blaue Körperstreifen verläuft gerade bis zum Ende der Schwanzflosse, während er bei Weibchen nach oben abknickt. Wenn die Tiere aus- reichend Lebendfutter bekommen, zeigen sie außerdem zahlreiche goldene Flecken auf den Flanken; wichtig sind aber auch regelmäßige Wasserwechsel und ein guter Filter. Ein Weibchen kann bis zu 300 Eier legen, aus denen nach etwa 36 Stunden die Jungen schlüpfen, die mit feinem Lebendfutter aufgezogen werden.

Zuchtbecken für Freilaicher siehe S. 240

Kardinalfisch *Tanichthys albonubes* 🐟

Familie Cyprinidae	**Größe** 4 cm	18–22 °C; pH 6,5–7,5; dH bis 15°
Verbreitung Südchina: Bäche in den Weißen-Wolken-Bergen (Umgebung von Kanton)	**Futter** Allesfresser. Feines Lebend- Gefrier- und Flockenfutter	**Wasserregion** Mittlerer bis oberer Bereich
	Wasserwerte Temperatur	**Zucht** Freilaicher

Dunkler, rot umrandeter Fleck in der Schwanzflosse

Goldener, von zwei blauen Linien eingefasster Streifen

Dieser hübsche, kleine Fisch zeigt seine schönsten Farben nur in relativ kaltem Wasser. Müssen die Tiere längere Zeit bei Temperaturen über 22 °C leben, werden sie schnell krank. Die Art, bei denen die Männchen schlanker und stärker gefärbt sind, hält man am besten in einem Schwarm von acht bis zehn Fischen. Es gibt eine langflossige Zuchtvariante, die aber empfindlicher ist als die Wildform. Der Kardinalfisch sollte nur mit anderen friedlichen Arten in einem gut gefilterten Becken vergesellschaftet werden; die nicht schwierige Zucht erfolgt in kühlem Wasser. Die Eier werden über Pflanzen abgelegt; die nach etwa 36 Stunden schlüpfenden Jungen bekommen zunächst Infusorien und dann frisch geschlüpfte Salinenkrebschen.

Tropisches Süßwasserbecken siehe S. 184/185
Zuchtbecken für Freilaicher siehe S. 240

Schwarzfleckbärbling *Rasbora caudimaculata* 🐟🐟

Familie Cyprinidae	Gefrier- und Flockenfutter, aber	**Wasserregion** Mittlerer bis oberer
Verbreitung Südostasien	auch etwas pflanzliche Kost	Bereich
Größe 12 cm	**Wasserwerte** Temperatur	**Zucht** Die Art legt Eier (Details
Futter Allesfresser. Lebend-,	20–25 °C; pH 6,5–7,5; dH bis 12°	sind unbekannt)

*Tief einge-
schnittene
Schwanzflosse*

*Oberständiges Maul zur
Futteraufnahme an der
Oberfläche*

Wenn Sie ein sehr großes Aquarium mit viel freiem Schwimmraum besitzen, dann sind diese attraktiven, aber auch sehr aktiven Fische, die man am besten in einem kleinen Schwarm hält, etwas für Sie. Unbedingt notwendig ist allerdings ein starker Filter, der eine gewisse Strömung im Becken erzeugen kann, denn die Tiere stammen ursprünglich aus schnellfließenden Bächen und kleinen Flüssen. Diese Art ist leicht an der tief eingeschnittenen, gelb und schwarz gezeichneten Schwanzflosse zu erkennen, wobei die Männchen normalerweise etwas schlanker sind und gelbliche Afterflossenspitzen sowie weiße Schwanzflossenlappen haben. Da die Fische gern springen, sollte man Schwimmpflanzen einbringen und für eine gute Abdeckung sorgen. Über die Fortpflanzung ist wenig bekannt, aber wahrscheinlich ähnelt sie verwandten Arten aus dem gleichen Verbreitungsgebiet.

Keilfleckbärbling *Rasbora heteromorpha* 🐟🐟🐟

Familie Cyprinidae
Verbreitung Südostasien
Größe 4,5 cm
Futter Allesfresser. Lebendfutter wird bevorzugt (hauptsächlich kleine Wirbellose, etwa Mückenlarven), die Tiere nehmen aber auch feines Gefrierfutter, z. B. Daphnien; Jungfische bekommen anfangs Infusorien
Wasserwerte Temperatur 22–25°C; pH 6,0–6,5; dH bis 10°
Wasserregion Mittlerer Bereich
Zucht Haftlaicher

Diese sehr beliebte Art, die man möglichst in einem Schwarm von acht bis zehn Tieren hält, benötigt ein gut gefiltertes, dicht bepflanztes Becken und regelmäßige Teilwasserwechsel. In einem Gesellschaftsaquarium findet man nur selten schöne Exemplare, was zumeist daran liegt, dass das Wasser zu alkalisch ist oder die anderen Fische zu streitsüchtig. Daher sollte man auf die Wasserqualität achten und die Tiere nur mit kleinen, friedlichen Arten vergesellschaften. Die Zucht ist schwierig. Benötigt wird ein Becken mit wenig, sehr weichem, saurem Wasser und einigen Cryptocorynen, an deren Blättern die Weibchen, die man an ihrem etwas rundlicheren Körper erkennt, ihre Eier ablegen können. Anschließend wird das Paar entfernt und das Becken dunkel gehalten, bis die Jungen schlüpfen.

Zuchtbecken für Freilaicher siehe S. 240

Zwergbärbling *Rasbora maculata*

Familie Cyprinidae
Verbreitung Südostasien:
Malaysia, Singapur, Sumatra
Größe 2,5 cm
Futter Allesfresser. Nimmt
feines Flocken- und Gefrierfutter,
Lebendfutter wie Insekten und
andere kleine Wirbellose wird
allerdings bevorzugt
Wasserwerte Temperatur
24–26 °C; pH 5,5–6,5;
dH bis 10°
Wasserregion Mittlerer Bereich
Zucht Freilaicher (Paare müssen
einige Tage zusammenbleiben)

Von diesen reizenden, kleinen Fischen hält man am besten einen Schwarm von mindestens acht Exemplaren in einem gut gefilterten, dicht bepflanzten Artenaquarium, in dem eine leichte Strömung herrschen sollte, oder aber in einem vergleichbaren Gesellschaftsbecken mit sehr friedlichen Arten ähnlicher Größe. Wichtig sind die Wasserqualität und ausreichend Lebendfutter, besonders wenn die Tiere sich erfolgreich fortpflanzen sollen. Zur Zucht setzt man die Tiere in ein kleines Becken mit sehr weichem, saurem, warmem Wasser (Wasserstand nicht mehr als 15 cm), in dem sich einige Bündel Javamoos befinden sollten, in denen die Fische ablaichen können. Die Jungen sind winzig und benötigen Infusorien und anderes, sehr feines Lebendfutter.

Zuchtbecken für Freilaicher siehe S. 240

Rotstreifenbärbling *Rasbora pauciperforata*

Familie Cyprinidae
Verbreitung Südostasien
Größe 7 cm
Futter Allesfresser. Nimmt feines Flocken- und Gefrierfutter, aber lebende Nahrung wie kleine Wirbellose wird bevorzugt
Wasserwerte Temperatur 22–25 °C; pH 6,0–6,5; dH bis 10°
Wasserregion Mittlerer bis oberer Bereich
Zucht Freilaicher

Roter Streifen mit
darunter liegendem,
blauschwarzem Längsband

Eingeweidesack
mit inneren
Organen

Der Rotstreifenbärbling verdankt seinen Namen dem roten Längsband, das sich vom Maul bis zur Schwanzwurzel erstreckt. Man hält die Art am besten in einem Schwarm von acht bis zehn Exemplaren, da die Tiere sonst nicht nur scheu werden, sondern oft sogar das Futter verweigern. Das Becken sollte gut bepflanzt sein, aber auch ausreichend freien Schwimmraum und eine leichte Strömung aufweisen; außerdem muss das Wasser regelmäßig gewechselt werden. Die nicht ganz einfache Zucht erfolgt in einem Becken mit feinblättrigen Pflanzen, in das man einen gemischten Schwarm einsetzt, sodass sich die Paare selbst finden können. Die Eier werden zwischen den Pflanzen abgelegt; die nach etwa 36 Stunden schlüpfenden Jungfische zieht man mit Salinenkrebschen auf.

Zuchtbecken für Freilaicher siehe S. 240

Haibarbe *Balanteocheilus melanopterus*

Familie Cyprinidae	Gefrier- und Flockenfutter, aber	Wasserregion Mittlerer bis oberer
Verbreitung Südostasien	auch pflanzliche Kost	Bereich
Größe 35 cm	Wasserwerte Temperatur	Zucht Die Art legt Eier (Details
Futter Allesfresser. Lebend-,	22–28 °C; pH 6,5–7,0; dH bis 10°	sind unbekannt)

Schwarzer Flossensaum

Deutliche, silbern glänzende Schuppen

Dieser große, aber friedliche Schwarmfisch ist fast ständig in Bewegung, sodass er ein geräumiges Becken mit viel freiem Schwimmraum benötigt. Junge Exemplare können – in Gruppen von vier bis sechs Tieren – in einem normalen Gesellschaftsbecken gehalten werden, brauchen dann später aber meist ein größeres Aquarium. Achten Sie auf eine gute Abdeckung, denn die Fische springen sonst leicht aus dem Becken (durch Schwimmpflanzen kann diese Gefahr zusätzlich herabgesetzt werden); wichtig ist außerdem ein starker Filter, der eine gleichmäßige Strömung im Becken erzeugt. Die Art ist krankheitsanfällig, wenn die Wasserqualität nicht stimmt oder die Tiere in einem zu dicht besetzten Becken gehalten werden (bei zu niedrigen Wassertemperaturen tritt z. B. leicht die Weißpünktchenkrankheit auf). Über Nachzuchten in menschlicher Obhut ist nichts bekannt.

Siamesische Rüsselbarbe *Crossocheilus siamensis*

Familie Cyprinidae	Gefrier- und Flockenfutter, aber	Wasserregion Unterer bis
Verbreitung Südostasien	auch pflanzliche Kost	mittlerer Bereich
Größe 14 cm	Wasserwerte Temperatur	Zucht Die Art legt Eier (Details
Futter Allesfresser. Lebend-,	22–26 °C; pH 6,5–7,5; dH bis 15°	sind unbekannt)

Diese Art eignet sich besonders gut für Gesellschaftsaquarien mit klarem, sauerstoffreichem, weichem, leicht saurem Wasser. Die Tiere fressen sehr gern Algen, beschädigen dabei aber die Aquarienpflanzen kaum, denn die Algen werden von den Blättern abgenagt. Wenn mehrere Exemplare gehalten werden, gibt es untereinander zwar häufig Streit, aber es kommt dabei kaum einmal zu Verletzungen; andere Arten bleiben zumeist völlig unbehelligt. Die Siamesische Rüsselbarbe besitzt einen strömlinienförmigen Körper mit einem auffälligen dunklen Längsband; über die Fortpflanzung der Tiere ist nichts bekannt. Die Art gehört zu den wenigen Fischen, die Fadenalgen fressen, aber auch Planarien (im Wasser lebende Strudelwürmer).

Tropisches Süßwasserbecken siehe S. 184/185

Feuerschwanz-Fransenlipper *Epalzeorhychus bicolor*

Familie Cyprinidae	Gefrier- Flocken- und Pflanzenfutter	Wasserregion Unterer bis
Verbreitung Thailand	Wasserwerte Temperatur	mittlerer Bereich
Größe 12 cm	22–26 °C; pH 6,5–7,5; dH bis 15°	Zucht Die Art legt Eier (Details
Futter Allesfresser. Lebend-,		sind unbekannt)

Unterständiges Maul mit Barteln

Große, dreieckige Rückenflosse

Der durch seinen pechschwarzen Körper und die leuchtend rote Schwanzflosse sehr attraktiv wirkende Feuerschwanz-Fransenlipper ist ein nach wie vor sehr beliebter Zierfisch, auch wenn er leicht zu einem Albtraum werden kann. Der Grund dafür ist, dass die Tiere nicht nur untereinander sehr unverträglich sind, sondern häufig auch noch andere Fische terrorisieren, sodass man sie nur mit wehrhaften Begleitfischen vergesellschaften sollte. Will man gar mehrere Exemplare dieser einzelgängerischen Art halten, dann muss das Becken sehr groß sein und zahlreiche Steine, Wurzeln und Pflanzen aufweisen, damit jeder Fisch ein eigenes Revier abgrenzen kann, in dem außerdem ausreichend Verstecke vorhanden sein müssen. Einmal eingewöhnt, stellen die Tiere an Futter und Wasserqualität kaum Ansprüche.

Siamesische Saugschmerle *Gyrinocheilus aymonieri*

| Familie Gyrinocheilidae |
| Verbreitung Thailand, Indien |
| Größe 27 cm |
| Futter Allesfresser. |
| Hauptsächlich Grünfutter, |
| darunter Algen; nimmt aber auch |
| feines Lebend- oder Gefrierfutter |
| sowie Flockenfutter, Futter- |
| tabletten und Granulat |
| Wasserwerte Temperatur |
| 25–28 °C; pH 6,0–8,0; |
| dH bis 20° |
| Wasserregion Bodenbewohner |
| Zucht Die Art legt Eier |
| (Details sind unbekannt) |

Ungeachtet ihres umgangssprachlichen Namens handelt es sich bei dieser Art nicht um eine echte Schmerle, und die Tiere gehören nicht einer anderen – allerdings nah verwandte – Familie als die übrigen, in diesem Abschnitt erwähnten Arten. Die viel Schmutz aufwirbelnden Fische benötigen ein gut gefiltertes Becken mit ausreichend Versteckmöglichkeiten, stellen aber ansonsten wenig Ansprüche an ihre Umgebung. Sie ernähren sich vorwiegend von Pflanzen, sodass sie gern als Algenputzer gehalten werden, wobei sich für ein Gesellschaftsbecken aber nur junge Exemplare eignen, die noch recht friedlich sind und kaum Zerstörungen anrichten. Ausgewachsene, revierbildende Tiere werden gegenüber anderen Fischen häufig sehr aggressiv, sodass man sie besser in einem Artenbecken hält, außerdem graben die Tiere oft Pflanzen aus oder unterhöhlen Steine.

Schmerlen

Die Schmerlen oder Dorngrundeln werden in den Familien Cobitidae mit etwa 100 Arten und Balitoridae mit ungefähr 400 Arten zusammengefasst. Ihre Verbreitung beschränkt sich auf Europa und Asien sowie Marokko und Ägypten.

Schmerlen sind Bodenfische, die sich einen großen Teil des Tages versteckt halten. Ihre Körper sind häufig aalähnlich oder im Querschnitt dreieckig, wobei der Bauch dann zumeist flach ist, damit sie sich eng an den Boden drücken können. Die Schuppen sind sehr klein oder fehlen völlig, und am Maul sitzen häufig bis zu vier Bartelpaare mit zahlreichen Geschmacksrezeptoren, sodass die Tiere ihre Nahrung auch in den schlammigen Gewässern finden, in denen viele von ihnen leben.

Flossenstrahlen fehlen; dafür besitzen sie oft spitze Dornen unterhalb der Augen, die zur Verteidigung aufgerichtet und festgestellt werden können. Bei vielen Arten fungiert der Darm als zusätzliches Atmungsorgan, mit dem atmosphärischer Sauerstoff aufgenommen werden kann, sodass es den Tieren möglich ist, auch in sauerstoffarmen Gewässern zu leben.

Einige Schmerlen-Arten, besonders solche, bei denen die Schwimmblase teilweise von einer knöchernen Kapsel umgeben ist, reagieren sehr empfindlich auf Luftdruckänderungen. Dem Europäischen Schlammpeitzger, auch Wetterfisch genannt, wird sogar nachgesagt, er könne dank dieser Eigenschaft vor herannahenden Gewittern warnen.

Zwergschmerle *Botia sidthimunki*

Familie Cobitidae	**Futter** Allesfresser. Feines Lebend-, Gefrier- und Flockenfutter	**Wasserregion** Unterer bis mittlerer Bereich
Verbreitung Thailand, Nordindien	**Wasserwerte** Temperatur 22–28 °C; pH 6,0–6,5; dH bis 8°	**Zucht** Die Art legt Eier (Details sind unbekannt)
Größe 5 cm		

Diese reizende, kleine Art, die oft auch als Schachbrettschmerle bezeichnet wird, eignet sich für ein gut bepflanztes Gesellschaftsaquarium. Wenn man die sehr aktiven Tiere in einer Gruppe von sechs oder mehr Exemplaren hält, kann man sie oft zusammen auf der Futtersuche oder bei der gemeinsamen Rast auf großen Blättern bzw. Wurzeln beobachten. Im Gegensatz zu vielen ihrer größeren Verwandten belästigen Zwergschmerlen keine anderen Fische, und sie entwurzeln auch keine Pflanzen. Sie sollten unbedingt feines Lebend- oder Gefrierfutter, etwa Daphnien oder Enchyträen, bekommen; wichtig sind aber auch regelmäßige Wasserwechsel und eine gute Filterung.

Becken mit weichem Wasser siehe *S. 186/187*

Ostasiatischer Schlammpeitzger *Misgurnus ar.guillicaudatus*

Familie Cobitidae	Futter Allesfresser. Feines Lebend-,	Wasserwerte Temperatur
Verbreitung Russland, China, Korea, Japan	Gefrier- und Flockenfutter sowie Futtertabletten; nimmt auch	10–24 °C; pH 6,0–8,0; dH bis 25°
Größe 50 cm	pflanzliche Kost	Wasserregion Bodenbewohner
		Zucht Freilaicher

Kleine, abgerundete Flossen, wobei Rücken- und Bauchflossen sehr weit hinten sitzen.

Langer, zylindrischer Körper

Zwar kann man diese Art auch in einem Kaltwasserbecken halten, aber die im Handel angebotenen Tiere sind zumeist an wärmeres Wasser gewöhnt, sodass man jüngere Exemplare auch in ein nicht zu warmes Gesellschaftsbecken mit ausreichend Versteckmöglichkeiten setzen kann. Dieses muss allerdings sehr gut gefiltert sein, denn Schlammpeitzger durchwühlen auf der Suche nach Futter fast unaufhörlich den Bodengrund. Die Tiere bevorzugen ein Substrat aus Schlamm oder weichem Sand; Pflanzen setzt man am besten in Töpfen ein, da sie sonst ständig ausgegraben werden. Ansonsten sind die Tiere recht anspruchslos und friedlich und fressen praktisch alles. Schlammpeitzger sind dafür bekannt, empfindlich auf Luftdruckänderungen zu reagieren, sodass sie bei niedrigem Luftdruck oft unruhig werden und springen. Daher muss man unbedingt auf eine gute Abdeckung achten.

Geflecktes Dornauge *Pangio kunli*

Familie Cobitidae	Gefrier- und Flockenfutter sowie	Wasserwerte Temperatur
Verbreitung Südostasien	Futtertabletten; benötigt abwechs-	24–30 °C; pH 6,0–6,5; dH bis 8°
Größe 10 cm	lungsreiche Kost, wächst sehr	Wasserregion Bodenbewohner
Futter Allesfresser. Feines Lebend-,	schnell	Zucht Freilaicher

Diese Art ist recht einfach zu halten, sofern das Wasser weich und leicht sauer ist. Die Tiere bevorzugen ein dicht bepflanztes Becken mit feinem Bodengrund sowie zahlreichen Steinen und Wurzeln, zwischen denen sie sich verstecken können. Außerdem sollte die Beleuchtung nicht zu hell sein, was sich auch durch Schwimmpflanzen erreichen lässt oder, bei sehr hellem Bodengrund, durch einen dichten Teppich niedriger Pflanzen, etwa bestimmten *Cryptocoryne*-Arten. Geflecktes Dornaugen sind nachtaktiv, sodass man kurz vor dem Ausschalten der Beleuchtung füttern sollte; besonders gern werden kleine Würmer gefressen. Die Vermehrung der Tiere ist sehr schwierig. Gelingt sie, dann legen die Fische ihre kleinen, hellgrünen Eier gern an Pflanzenteile nahe der Wasseroberfläche. Da die Tiere sich gern im Boden eingraben, kann es mitunter sehr schwierig sein, sie einzufangen!

Killifische

Killifische, deren Kiefer mit langen, spitzen Zähnen ausgestattet sind, werden oft auch als Eierlegende Zahnkarpfen bezeichnet. Sie kommen in Südwesteuropa, Nord- und Südamerika, Afrika sowie Asien vor, wo man sie in Flüssen, Seen, aber auch jahreszeitlich austrocknenden Gewässern findet. Im letzteren Fall leben die Fische nur ein Jahr, weshalb man sie auch Saisonfische nennt.

Einige der zumeist kleinen, aber recht farbenprächtigen Killifische kann man in Gesellschaftsbecken mit weichem, saurem Wasser halten, empfehlenswerter ist aber ein Artenaquarium, da sich so aggressive Übergriffe sowie eine Bastardisierung verhindern lassen. In der Natur ernähren sich die Tiere hauptsächlich von Insekten, und auch bei der Haltung im Aquarium, das nicht gefiltert, aber geheizt sein muss, nehmen einige nur Lebendfutter an.

Je nach Art der Eiablage lassen sich die Killifische in Haftlaicher (heften die Eier an Pflanzen) und Bodenlaicher (vergraben die Eier im Boden) unterteilen. Und während man den Haftlaichern nichts weiter als Pflanzen oder künstliche Laichmopps zur Verfügung stellen muss, brauchen die nur eine Saison lebenden Bodenlaicher eine Torfschicht, in der sie ihre Eier vergraben können. Der Torf wird anschließend gelagert und zum Schlüpfen der Jungen wieder ins Wasser überführt. Und dank dieser ungewöhnlichen Art der Fortpflanzung ist es sogar möglich, dass sich Aquarianer die Eier mit der Post zuschicken.

Bunter Prachtkärpfling *Aphyosemion australe* ✖

Familie Aplocheilidae	Lebendfutter, nimmt aber auch	**Wasserregion** Mittlerer Bereich
Verbreitung Westliches Afrika	Gefrier- und Flockenfutter	**Zucht** Haftlaicher; die Eier werden
Größe 6 cm	**Wasserwerte** Temperatur	an Laichmopps oder feinblättrigen
Futter Allesfresser. Feines	21–24 °C; pH 5,5–6,5; dH bis 10°	Pflanzen abgelegt

Gelb gesäumte Rückenflosse

Schlanker Körper mit abgeplatteter Unterseite

Von diesem schönen, kleinen Killifisch, der häufig im Handel zu finden ist, gibt es verschiedene, natürlich vorkommende Farbschläge. Die Art ist auch für Anfänger geeignet und kann mit anderen, kleinen, friedlichen Fischen in einem gut bepflanzten, nicht zu stark gefilterten Gesellschaftsbecken gehalten werden. Die Tiere benötigen weiches, leicht saures Wasser; zur Fortpflanzung setzt man die zuvor gut mit Lebendfutter versorgten Prachtkärpflinge, bei denen die Männchen sehr viel farbiger sind und länger ausgezogene Flossen haben, in ein separates Becken mit feinblättrigen Pflanzen, da sonst nur wenige der Nachkommen überleben. Die Eier werden anschließend in ein weiteres kleines Zuchtbecken übertragen; die Jungfische füttert man mit Salinenkrebschen.

Zuchtbecken für Haftlaicher siehe S. 241

Streifenhechtling *Aplocheilus lineatus*

Familie Aplocheilidae
Verbreitung Vorderindien,
Sri Lanka
Größe 10 cm
Futter Fleischfresser. Feines
Lebendfutter wie Mückenlarven
oder andere Insektenlarven wer-
den bevorzugt (die Tiere jagen
manchmal an der Wasserober-
fläche nach Insekten); nimmt
auch Flocken- und Gefrierfutter
Wasserwerte Temperatur
22−25 °C; pH 6,0−7,0; dH bis 12°
Wasserregion Oberer Bereich
Zucht Haftlaicher

Der Streifenhechtling ist nur für ein geräumiges Gesellschaftsbecken mit relativ großen Arten geeignet,
da kleinere Fische oder Jungtiere gefressen werden.
Der lang gestreckte, abgeplattete Körper, die
zurückgesetzte Rückenflosse und das nach oben
gerichtete Maul lassen unschwer erkennen, dass es
sich bei den Streifenhechtlingen um Oberflächenfische handelt. Man hält sie am besten paarweise
oder ein Männchen mit zwei Weibchen in einem
Becken mit leichter Strömung (gegen Artgenossen
sind die Tiere manchmal aggressiv). Wichtig ist
außerdem eine dicht schließende Abdeckscheibe,
da die Tiere gern springen, wobei man dieses
Verhalten durch Schwimmpflanzen oft abschwä-
chen kann.

Tropisches Süßwasserbecken siehe S. 184/185
Zuchtbecken für Haftlaicher siehe S. 241

Palmqvists Prachtgrundkärpfling *Nothobranchius palmqvisti*

Familie Aplocheilidae
Verbreitung Afrika: Südkenia
und Tansania
Größe 5 cm
Futter Fleischfresser. Feines
Lebendfutter (wie Mückenlarven,
Wasserflöhe oder Salinenkrebs-
chen); bekommen Jungfische
nicht ausreichend Lebendfutter,
bleiben sie im Wachstum zurück
Wasserwerte Temperatur
18−24 °C; pH 7,0; dH bis 10°
Wasserregion Unterer bis
mittlerer Bereich
Zucht Bodenlaicher

Diesen Saisonfisch sollte man unbedingt in einem
Artenaquarium halten. Die Männchen, die stärker
gefärbt sind als die Weibchen und größere Flossen
haben, können untereinander sehr aggressiv sein
und treiben auch die Weibchen fast ständig im
Aquarium umher. Daher sollte man ein Männchen
mit zwei Weibchen halten, für die ausreichend Versteckmöglichkeiten zur Verfügung stehen müssen.
Zum Ablaichen werden die Tiere reichlich mit Le-
bend- oder entsprechendem Gefrierfutter versorgt
und dann in ein Zuchtbecken gesetzt, in dem die
Wassertemperatur noch etwas höher sein sollte als
der angegebene Maximalwert. Die Eier werden etwa
drei Monate gelagert, bevor man die Jungen in weichem Wasser schlüpfen lässt und anschließend mit
Lebendfutter aufzieht.

Zuchtbecken für Bodenlaicher siehe S. 242

Lebendgebärende Zahnkarpfen

Von den rund 22.000 Knochenfischarten bringen nur etwa 600 lebende Junge zur Welt. Die meisten davon gehören zur Familie Poeciliidae, und viele von ihnen, etwa Guppy, Schwertträger und Platy, sind auch beliebte Zierfische, die besonders von Anfängern geschätzt werden.

Damit die Jungen sich im Körper des Weibchens entwickeln können, muss die Befruchtung der Eier auch dort stattfinden. Um dies zu ermöglichen, ist die Afterflosse der Männchen zu einem Begattungsorgan, dem so genannten Gonopodium umgewandelt, mit dem das Sperma in den Körper des Weibchens gebracht wird. Bei vielen Arten, etwa beim Guppy, besitzen die Eier einen großen Dottersack, bei anderen ist der Dottersack nur klein, dafür werden die Jungen – ähnlich wie Säugetierembryonen – über eine plazentaähnliche Struktur (Pseudoplazenta) mit allem versorgt, was sie für ihre Entwicklung brauchen. Trächtige Weibchen lassen sich übrigens bei den meisten Arten an einem so genannten Trächtigkeitsfleck vor der Afterflosse erkennen.

Bei bestimmten Lebendgebärenden Zahnkarpfen, etwa *Heterandria formosa*, können die Weibchen das männliche Sperma speichern und damit die Eier von bis zu weiteren zehn Würfen befruchten; bei anderen, z. B. beim Amazonenkärpfling *(Poecilia formosa)*, gibt es nur Weibchen, die sich ganz ohne Männchen ihrer Art fortpflanzen.

Texaskärpfling *Gambusia affinis*

Familie Poeciliidae **Verbreitung** Texas, USA **Größe** Männchen 4 cm; Weibchen 7 cm	**Futter** Fleischfresser. Feines Lebendfutter wie Mückenlarven wird bevorzugt; nimmt auch Flocken- und Gefrierfutter.	**Wasserwerte** Temperatur 18–24 °C; pH 6,0–8,0; dH bis 30° **Wasserregion** Mittlerer Bereich **Zucht** Lebend gebärend

Weibchen mit fächerförmiger Afterflosse

Stark ausgebogene Bauchlinie

Diese Art frisst gern Mückenlarven, sodass man sie in vielen Ländern zur Bekämpfung der Malaria einsetzt. Die robusten Fische stellen wenig Ansprüche an die Wasserqualität, sodass man sie in einem dicht bepflanzten, gut gefilterten Gesellschaftsaquarium halten kann – allerdings nur mit ähnlich großen Arten. Auch die Vermehrung bereitet zumeist wenig Probleme. In einem Gesellschaftsbecken überleben allerdings nur wenige Jungfische, wobei selbst die Eltern ihren Jungen nachstellen, sodass man die zur Zucht ausgewählten Tiere (die Männchen haben ein Gonopodium) in einem gesonderten Becken halten sollte. Die 50–60 Jungen, die nach vier Wochen Trächtigkeit zur Welt kommen, werden mit Salinenkrebschen aufgezogen.

Kaltwasserbecken siehe S. 190/191
Zuchtbecken für Lebendgebärende siehe S. 245

Zwergkärpfling *Heterandria formosa*

Familie Poeciliidae	**Futter** Allesfresser. Feinstes	**Wasserwerte** Temperatur
Verbreitung Südosten der USA	Lebend-, Gefrier-, Flocken- und	17–26 °C; pH 6,5–7,5; dH bis 25°
Größe Männchen 2 cm;	Grünfutter; Wasserflöhe und andere	**Wasserregion** Mittlerer Bereich
Weibchen 4,5 cm	Kleinsttiere werden bevorzugt	**Zucht** Lebend gebärend

Diese Art ist das achtkleinste Wirbeltier der Erde und gleichzeitig das kleinste Wirbeltier, das vollständig entwickelte Junge zur Welt bringt. Man hält die beliebten Zierfische wegen ihrer geringen Größe am besten in einem kleinen Artenaquarium mit dichtem Pflanzenwuchs sowie einer leichten Strömung. Bei optimaler Wasserqualität und ausreichender Versorgung mit feinem Lebendfutter pflanzen sich Zwergkärpflinge, bei denen die Männchen deutlich kleiner sind als die Weibchen und ein Gonopodium haben, zumeist problemlos fort; die Trächtigkeit dauert gerade einmal 14 Tage. Bei guter Ernährung können alle 4–5 Wochen Junge zur Welt kommen, denen die Eltern kaum nachstellen.

Zuchtbecken für Lebendgebärende siehe S. 245

Dreifarbiger Jamaika-Kärpfling *Limia melanogaster*

Familie Poeciliidae
Verbreitung Haiti, Jamaika
Größe Männchen 4 cm;
Weibchen 6,5 cm
Futter Allesfresser. Kleine Wirbellose wie Mückenlarven und Daphnien (lebend oder tiefgefroren), aber auch Flocken- und Grünfutter, darunter Algen
Wasserwerte Temperatur 22–28 °C; pH 7,5–8,5; dH 20–30°
Wasserregion Mittlerer Bereich
Zucht Lebend gebärend

Diese kleine, friedliche Art benötigt unbedingt hartes Wasser, da sie sonst verkümmert, was auch bei den regelmäßigen Wasserwechseln berücksichtigt werden muss (gegebenenfalls Aufbereitungsmittel verwenden). Außerdem sollte das Becken, von etwas freiem Schwimmraum abgesehen, gut bepflanzt sein, wobei man darauf achten muss, dass die verwendeten Pflanzen auch in hartem Wasser wachsen können, was beispielsweise für Javafarn und *Vallisneria* ssp. zutrifft. Die Männchen haben ein Gonopodium und sind deutlich kleiner als die unscheinbareren Weibchen, die zudem einen Trächtigkeitsfleck besitzen. Bei guter Wasserqualität und ausreichend Lebendfutter, etwa Mückenlarven, ist die Vermehrung nicht weiter schwierig.

Zuchtbecken für Lebendgebärende siehe S. 245

Guppy *Poecilia reticulata*

Familie Poeciliidae	Zuchtformen etwas größer	Temperatur 22–28 °C ; pH 7,0–8,5;
Verbreitung Mittelamerika	**Futter** Allesfresser. Feines Lebend-	dH bis 30°
bis Brasilien	und Gefrier-, Flocken- und Grünfutter	**Wasserregion** Mittlerer Bereich
Größe Wildfänge 3–5 cm;	**Wasserwerte** (für Zuchtformen)	**Zucht** Lebend gebärend

Guppy mit Fächerschwanz

Gonopodium

Guppy mit Rundschwanz

Fächerschwanz-Guppys

Triangelschwanz-Guppys

Der Guppy, sicher einer der bekanntesten Zierfische, gilt als typischer Anfängerfisch. Die Geschlechter lassen sich leicht unterscheiden, denn die Männchen sind sehr viel farbenprächtiger als die Weibchen und haben zudem längere Flossen. Im Handel findet man fast ausschließlich Zuchtformen, von denen es eine fast unübersehbare Vielfalt gibt. Guppys sind schon nach 3–4 Monaten geschlechtsreif und können alle 3–4 Wochen bis zu 40 Junge zur Welt bringen, sodass die Zucht sehr ergiebig ist. Daher gibt es heute auch eine Vielzahl von Flossenformen, etwa Fächer-, Fahnen- oder Triangelschwanz, die mit unterschiedlichen Farbenschlägen zu Zuchtformen wie „Goldkobra-Fächerschwanzguppy" kombiniert sein können. Guppys, die man am besten in einem gut bepflanz-

ten Becken mit nicht zu weichem Wasser hält, fressen praktisch alles, können aber nur kleine Mengen verdauen, sodass man wenig und dafür häufiger füttern sollte. Damit die Fische nicht an den Pflanzen herumnagen, empfiehlt es sich, außerdem Salat und Erbsen zuzufüttern. Man kann Guppys auch problemlos in einem Gesellschaftsbecken halten, allerdings nicht mit Arten, die gern an Flossen zupfen. Zur Vermehrung sollte man allerdings ein spezielles Zuchtbecken verwenden, da die Jungfische nicht nur eine beliebte Beute vieler anderer Fische sind, sondern auch von ihren Eltern gnadenlos verfolgt werden.

Tropisches Süßwasserbecken siehe S. 184/185
Zuchtbecken für Lebendgebärende siehe S. 245

Spitzmaulkärpfling *Poecilia sphenops*

Familie Poeciliidae
Verbreitung Mexiko bis Kolumbien
Größe 6 cm
Futter Allesfresser. Kleine wirbellose Wassertiere, beispielsweise Insektenlarven (lebend oder tiefgefroren), aber auch Flocken- und Grünfutter, etwa Algen und Erbsen
Wasserwerte Temperatur 18–28 °C; pH 7,0–8,5; dH 12–30°
Wasserregion Mittlerer Bereich
Zucht Lebend gebärend

Auch vom Spitzmaulkärpfling oder Wildmolly gibt es zahlreiche Zuchtformen wie Leierschwanz-, Ballon- oder Black Molly, die in der Regel höhere Temperaturen benötigen als die Wildform und etwas anfälliger gegen Krankheiten sind, wobei sich das Risiko durch Zugabe von etwas Salz (0,1%) oft verringern lässt. Die Tiere lassen sich problemlos in gut bepflanzten Gesellschaftsbecken mit hartem Wasser und zahlreichen Verstecken halten, wobei darauf zu achten ist, dass die übrigen Beckenbewohner diese Bedingungen ebenfalls tolerieren. Spitzmaulkärpflinge sind sehr fruchtbar und leicht zu züchten, wobei die Geschlechter gut zu unterscheiden sind, denn die Männchen haben ein Gonopodium und längere Flossen. Zur Vermehrung sollte man ein separates Becken verwenden.

Zuchtbecken für Lebendgebärende siehe S. 245

Segelkärpfling *Poecilia velifera*

Familie Poeciliidae
Verbreitung Mexiko
Größe Männchen 12 cm; Weibchen 18 cm; bleiben normalerweise kleiner
Futter Allesfresser. Die Tiere müssen unbedingt pflanzliche Kost, besonders Algen, bekommen; feines Lebend-, Gefrier- und Flockenfutter wird ebenfalls genommen
Wasserwerte Temperatur 25–28 °C; pH 7,5–8,5; dH 20–35°
Wasserregion Mittlerer Bereich
Zucht Lebend gebärend

Diese Art wird oft mit dem Breitflossenkärpfling *(Poecilia latipinna)* verwechselt, der aber nur 14 Rückenflossenstrahlen hat, während der Spitzmaulkärpfling 18–19 besitzt. Im Handel sind zahlreiche Farbschläge erhältlich, von denen viele als Kreuzungen der beiden genannten Arten gelten. Segelkärpflinge sind vergleichsweise große Fische, die hartes, sauberes Wasser mit einer kräftigen Strömung bevorzugen; außerdem sind sie etwas wärmebedürftig und benötigen zur Entwicklung der schönen, große Rückenflosse der Männchen ein geräumiges Becken mit viel freiem Schwimmraum. Zur Vermehrung, bei der bis zu 100 Junge geworfen werden, ist eine optimale Wasserqualität notwendig; die Jungfische werden mit Algen und feinem Lebendfutter, etwa Salinenkrebschen aufgezogen.

Zuchtbecken für Lebendgebärende siehe S. 245

Schwertträger *Xiphophorus helleri*

Familie Poeciliidae
Verbreitung Mittelamerika
Größe Männchen 10 cm;
Weibchen 12 cm

Futter Allesfresser. Kleine
wirbellose Wasserorganismen
(lebend oder tiefgefroren); nimmt
auch Flocken- und Grünfutter

Wasserwerte Temperatur
20–26 °C; pH 7,0–8,0; dH 10–30°
Wasserregion Mittlerer Bereich
Zucht Lebend gebärend

Schwertträgermännchen und -weibchen

Marmorierte Schwertträger (Pärchen)

Gelber Schwertträger
(Männchen)

Schwertartige
Verlängerung der
Schwanzflosse beim
Männchen

Roter Lyratail-
Schwertträger
(Weibchen)

Doppeltes
Schwert an der
Schwanzflosse

Der sehr beliebte Schwertträger ist in vielen Farben
erhältlich, etwa Rot, Schwarz oder gefleckt, aber
auch mit besonderen Flossen, z. B. mit einer zu
einem doppelten Schwert ausgezogenen Schwanzflosse (Lyratail-Schwertträger), wobei beide Merkmale auch kombiniert sein können. Leider sind die
stark überzüchteten Formen aber oft anfällig für
Krankheiten, wogegen „normale" Schwertträger,
gleich welcher Farbe, problemlos zu halten sind.
Die Art eignet sich auch für ein Gesellschaftsaquarium, wenngleich die Männchen untereinander
oft etwas zänkisch sind oder sogar andere kleine

Fische belästigen. Schwertträger benötigen ein
geräumiges Becken mit hartem Wasser und zahlreichen Pflanzen, zwischen denen sich vom Männchen verfolgte Weibchen oder auch kleinere Fische
verstecken können, aber auch ausreichend freien
Schwimmraum, da die Tiere sehr aktiv sind. Die
Männchen unterscheiden sich von den Weibchen
durch das Gonopodium; ein einziger Wurf kann
oft bis zu 80 Jungtiere umfassen.

Tropisches Süßwasserbecken siehe S. 184/185
Zuchtbecken für Lebendgebärende siehe S. 245

Platy *Xiphophorus maculatus*

Familie Poeciliidae	**Größe** Männchen 3,5 cm;	**Wasserwerte** Temperatur
Verbreitung Mexiko, Guatemala	Weibchen 6 cm	20–26 °C; pH 7,0–8,0; dH 10–30°
(Atlantik-Seite) sowie nördliches	**Futter** Allesfresser. Feines Lebend-	**Wasserregion** Mittlerer Bereich
Honduras	und Gefrier-, Flocken- und Grünfutter	**Zucht** Lebend gebärend

Roter Simpson-Platy mit lang ausgezogener Rückenflosse

Goldener Platy (Weibchen)

Platys, von denen es ebenfalls zahlreiche Zuchtformen wie Korallenplaty, Mondplaty oder Wagtail-Platy gibt, eignen sich gut für ein Gesellschafts-aquarium, in dem man sie jedoch nur zusammen mit kleinen, friedlichen Fischen halten sollte. Aber auch von der Wildform gibt es – abhängig von der Herkunft – unterschiedlich gefärbte Rassen. Solche Tiere sind allerdings etwas schwieriger zu halten als Zuchtformen, denn die Wasserwerte

müssen genau stimmen, und die Tiere benötigen außerdem recht hohe Temperaturen (mindestens 28°C). Die Männchen der Platys haben ein Gonopodium und sind kleiner als die Weibchen, die nach einer Tragzeit von 3–4 Wochen bis zu 80 Junge werfen können.

Tropisches Süßwasserbecken siehe S. 184/185
Zuchtbecken für Lebendgebärende siehe S. 245

Papageienplaty *Xiphophorus variatus*

Familie Poeciliidae
Verbreitung Südliches Mexiko
Größe Männchen 5,5 cm;
Weibchen 7 cm
Futter Allesfresser. Feines
Lebend-, Gefrier-, Flocken- und
Grünfutter; Platys brauchen
abwechslungsreiche Kost um
gesund zu bleiben; alle Arten
fressen Pflanzen, besonders
Algen
Wasserwerte Temperatur
15–25°C; pH 7,0–8,0;
dH 10–30°
Wasserregion Mittlerer Bereich
Zucht Lebend gebärend

Wie von *Xiphophorus maculatus,* so gibt es auch vom Papageienplaty zahlreiche Zuchtformen mit abweichender Färbung oder verlängerten Flossen. Alle Zuchtformen können problemlos in einem Ge-sellschaftsaquarium gehalten werden, sofern die übrigen Fische ebenfalls friedlich sind. Das Becken sollte dicht bepflanzt sein und eine gleichbleibend gute Wasserqualität aufweisen. Platys bevorzugen hartes Wasser und sind relativ unempfindlich ge-

genüber den Bedingungen in einem neu eingerich-teten Aquarium, sodass sie sich gut als Erstbesatz eignen. Die Männchen haben ein Gonopodium; bei trächtigen Weibchen ist ein Trächtigkeitsfleck zu erkennen. Da in einem Gesellschaftsbecken nur wenige Jungfische überleben, empfiehlt es sich, ein spezielles Zuchtbecken zu verwenden.

Zuchtbecken für Lebendgebärende siehe S. 245

Regenbogenfische

Die allgemein als Regenbogenfische bezeichneten Arten gehören zu den Familien Melanotaeniidae, Pseudomugilidae und Telmatheriniidae. Sie kommen in Ost- und Nordaustralien sowie auf Papua-Neuguinea, Sulawesi und einigen benachbarten Inseln vor, wo sie normalerweise im Süßwasser leben (einige Arten gehen zeitweise auch ins Brackwasser). Die meisten Regenbogenfische haben ein sehr eingeschränktes Verbreitungsgebiet, kommen also beispielsweise nur in einem bestimmten See oder Fluss vor. Da sie sich leicht vermehren lassen, sind sie aber dennoch regelmäßig im Handel zu finden.

Die ersten Regenbogenfische kamen in den 30-er Jahren des 20. Jahrhunderts aus Australien nach Europa, wo sie sich rasch einer größeren Beliebtheit erfreuten. Im Allgemeinen handelt es sich um kleine, im Alter oft hochrückige, friedliche, sehr attraktive Fische, deren umgangssprachlicher Name sich auf die leuchtenden Farben bezieht, die vor allem die Männchen während der Laichzeit zeigen.

Die in der Regel sehr aktiven Regenbogenfische benötigen ein großes, dicht bepflanztes Becken, wobei viele auch für ein Gesellschaftsaquarium geeignet sind. Die meisten Arten sind im Allgemeinen recht robust, reagieren aber oft empfindlich auf eine Verschlechterung der Wasserqualität und halten sich dann mit eingeklemmten Flossen in Bodennähe auf.

Lachsroter Regenbogenfisch *Glossolepis incisus* 🐟

Familie Melanotaeniidae	Weibchen 10 cm	24–26 °C; pH 6,8–7,2; dH bis 15°
Verbreitung Neuguinea: Sentani-See und Umgebung	**Futter** Allesfresser. Flockenfutter und kleine Wirbellose (lebend oder gefroren)	**Wasserregion** Mittlerer bis oberer Bereich
Größe Männchen 12 cm;	**Wasserwerte** Temperatur	**Zucht** Haftlaicher

Diese robuste Art gehört zu den bekanntesten Regenbogenfischen. Die Männchen sind schön lachsrot gefärbt, wobei die leuchtende Farbe aber schnell verblasst, wenn sich keine der relativ unscheinbaren, silbernen Weibchen im Becken befinden (häufig ist der Grund aber auch, dass die Tiere nicht ausreichend Lebend- oder Gefrierfutter erhalten). Die sehr lebhaften Fische benötigen ein gut gefiltertes Becken mit einer leichten Strömung und viel freiem Schwimmraum. Die Zucht bereitet normalerweise keine Probleme; als Laichsubstrat verwendet man Javamoos oder Laichmopps. Die Jungen sind winzig und benötigen sehr feines Futter (z. B. *Paramecium*, gefolgt von Salinenkrebschen).

Zuchtbecken für Haftlaicher siehe S. 241

Prachtregenbogenfisch *Iriatherina werneri*

Familie Melanotaeniidae	Weibchen 3 cm	24–27 °C; pH 5,5–6,5; dH bis 10°
Verbreitung Neuguinea und Australien	**Futter** Allesfresser. Feines Lebend- oder Gefrier- sowie Flockenfutter	**Wasserregion** Mittlerer bis oberer Bereich
Größe Männchen 3,5 cm;	**Wasserwerte** Temperatur	**Zucht** Haftlaicher

Diese Art kann selbst für erfahrenere Aquarianer zu einer Herausforderung werden, denn die Wasserqualität muss genau stimmen, weil die Tiere sonst anfällig gegenüber Infektionen sind. Man hält die Tiere vorzugsweise in einem Artenaquarium mit leichter Strömung, da die lang fadenförmig ausgezogenen Rücken- und Afterflossen der Männchen sonst leicht von anderen Fischen angenagt werden. Das Ablaichen in Javamoos oder Laichmopps kann sich bei gut genährten Tieren über einen längeren Zeitraum erstrecken, wobei es sich empfiehlt, die Laichhilfen regelmäßig auszutauschen und die Eier in einem separaten kleinen Becken schlüpfen zu lassen.

Zuchtbecken für Haftlaicher siehe S. 241

Boesemans Regenbogenfisch *Melanotaenia boesemani*

Familie Melanotaeniidae
Verbreitung Neuguinea: in den Ajamaru-Seen von Irian Jaya
Größe Männchen 9 cm; Weibchen 7 cm
Futter Allesfresser. Kleine wirbellose Wassertiere (lebend oder tiefgefroren); nimmt zumeist auch Flockenfutter
Wasserwerte Temperatur 27–30 °C; pH 6,5–7,0; dH bis 10°
Wasserregion Mittlerer bis oberer Bereich
Zucht Haftlaicher

Exemplare dieser Art sind ein Blickfang für jedes größere Aquarium. Die Männchen sind zweifarbig, wobei der Vorderkörper blaugrau ist und der hintere Teil goldgelb. Die Pflege der Fische, die man stets in einem gemischten Schwarm halten sollte (Männchen sind stärker gefärbt und etwas größer und hochrückiger), bereitet kaum Probleme, vorausgesetzt die Wasserqualität stimmt und es ist ein starker Filter vorhanden, der für eine leichte Strömung sorgt.

Aber auch die Zucht ist normalerweise nicht schwierig. Die Eier werden an Pflanzen oder Laichmopps abgelegt und sollten zum Ausschlüpfen in ein separates Becken überführt werden. Für die Aufzucht der winzigen Jungfische benötigt man sehr feines Futter wie Infusorien und Salinenkrebschen.

Tropisches Süßwasserbecken siehe S. 184/185
Zuchtbecken für Haftlaicher siehe S. 241

Kaltwasserfische

Der Ausdruck Kaltwasserfische bürgerte sich erst ein, als tropische Aquarien in Mode kamen, denn zuvor hielt man ja nur Fische aus kühleren Gewässern, so dass eine Trennung unnötig war. Allerdings muss man den Begriff nicht allzu wörtlich nehmen, denn man kann viele Karpfen, Forellen oder Barsche aus nördlichen Klimazonen durchaus an wärmere Bedingungen gewöhnen, sofern dies langsam geschieht. Bei einigen der seit langem von Menschen gehaltenen Zuchtformen des Goldfisches, der eigentlich aus kälteren Regionen Chinas stammt, hat das sogar dazu geführt, dass die Tiere heute gar nicht mehr unter ihren angestammten Bedingungen leben könnten.

Aber natürlich haben auch Kaltwasserfische einen optimalen Temperaturbereich, der deutlich niedriger liegt als bei Warmwasserarten. Daher leben Forellen aus kühleren europäischen Gewässern, die man in den Tropen aussetzte, dort nur in relativ kühlen, sauerstoffreichen Gebirgsbächen.

Viele Aquarianer können einem Kaltwasseraquarium nicht viel abgewinnen, denn im Vergleich zu den meist sehr viel exotischeren Tropenfischen kommen ihnen die vertrauten, einheimischen Arten nicht besonders reizvoll vor. Und da sie kaum weitergezüchtet wurden, zeigen die meisten von ihnen auch immer noch ihre natürliche, unauffällige Färbung. Dennoch können auch Kaltwasserfische, wenn man sie richtig hält, sehr interessant und attraktiv sein.

Scheibenbarsch *Enneacanthus chaetodon*

Familie Centrachidae
Vorkommen USA: Maryland, New Jersey, New York
Größe 10 cm
Futter Fleischfresser. Feines Lebendfutter aller Art, etwa Salinenkrebschen, *Tubifex* und Mückenlarven; Gefrier- und Flockenfutter wird normalerweise nicht genommen
Wasserwerte Temperatur 15–20 °C; pH 6,8–7,4; dH 8–20°
Wasserregion Mittlerer bis unterer Bereich
Zucht Haftlaicher

Diese Art benötigt sauberes, sauerstoffreiches Wasser; außerdem ist sie sehr empfindlich gegenüber Chemikalien, schnellen Temperaturänderungen und übermäßigen Wasserwechseln. Dazu kommt, dass die Tiere nur selten Gefrier- oder Flockenfutter nehmen, also ausschließlich mit Lebendfutter versorgt werden müssen. Das Becken sollte bepflanzt sein, weichen Bodengrund besitzen sowie Steine und Wurzeln enthalten, mit deren Hilfe die Tiere ein Revier abgrenzen und die sie als Verstecke nutzen können. Vor der Paarung fächelt das Männchen eine kleine Laichgrube aus und bewacht anschließend sowohl Eier als auch Jungfische. Eine Vergesellschaftung mit anderen kleinen, friedlichen Fischen ist möglich.

Kaltwasserbecken siehe S. 190/191
Zuchtbecken für Haftlaicher siehe S. 241

Steinbeißer *Cobitis taenia*

Familie Cobitidae
Vorkommen Europa
Größe 12 cm
Futter Fleischfresser. Feines Lebendfutter (Salinenkrebschen, *Tubifex*, Mückenlarven etc.) wird bevorzugt; manchmal nehmen die Tiere auch gefrorene Nahrung, Flockenfutter dagegen praktisch nie
Wasserwerte Temperatur 14–18°C; pH 5,5–6,5; dH bis 10°
Wasserregion Bodenbewohner
Zucht Freilaicher

Steinbeißer benötigen ein gut bepflanztes Becken mit sauberem, sauerstoffreichem, kühlem Wasser, wobei die Temperatur keinesfalls über 20°C ansteigen darf. Der Bodengrund sollte aus feinem Material bestehen, damit die empfindlichen Barteln der Tiere nicht beschädigt werden, und die Strömung im Becken darf nicht zu stark sein, weil sich die Tiere sonst nicht am Boden halten können. Als Futter kommt normalerweise nur lebende Nahrung in Frage, wobei die nachtaktiven Tiere erst nach dem Ausschalten der Aquarienbeleuchtung gefüttert werden. Die Männchen sind nicht nur kleiner als die Weibchen, sondern haben zudem einen verdickten zweiten Brustflossenstrahl. Die Eier werden im Frühjahr oder Frühsommer wahllos ins Wasser abgegeben und sich selbst überlassen.

Zuchtbecken für Freilaicher siehe S. 240

Mühlkoppe *Cottus gobio*

Familie Cottidae
Vorkommen Europa
Größe 15 cm
Futter Fleischfresser. Kleine Wirbellose (lebend oder gefroren); ausgewachsene Exemplare nehmen normalerweise auch Trockenfutter oder Futtertabletten
Wasserwerte Temperatur 10–20 °C; pH 6,8–7,5; dH bis 10°
Wasserregion Bodenbewohner; die Fische haben eine ganz typische Fortbewegungsweise
Zucht Haftlaicher

Die Mühlkoppe kommt in schnell fließenden, sauerstoffreichen Gewässern mit steinigem Untergrund vor, und im Aquarium sollten die Tiere ähnliche Bedingungen vorfinden, also einen Bodengrund aus Kies, ein paar flache Steine und einige Pflanzen. Besonders wichtig ist aber klares, kühles und vor allem sauerstoffreiches Wasser mit einer kräftigen Strömung. Die Tiere gewöhnen sich gut an die Haltung im Aquarium, aber die Zucht ist nicht ganz einfach. Es empfiehlt sich, die Tiere im Winter kühler zu halten, damit es im Frühjahr oder Sommer leichter zur Fortpflanzung kommt. Die Eier werden unter einem überhängenden Stein abgelegt; die Jungfische nehmen anfangs nur Lebendfutter, gewöhnen sich aber später oft auch an andere Nahrung.

Kaltwasserbecken siehe S. 190/191
Zuchtbecken für Haftlaicher siehe S. 241

Goldfisch *Carassius auratus*

Familie Cyprinidae	gefriergetrocknetes Futter sowie	**Wasserwerte** Temperatur
Vorkommen China	zusätzlich etwas Lebend-, Gefrier-	10–20 °C; pH 6,5–7,5; dH bis 15°
Größe 25 cm; gewöhnlich kleiner	und vor allem Grünfutter, weil sonst	**Wasserregion** Alle Bereiche
Futter Allesfresser. Flocken- und	oft Pflanzen abgefressen werden	**Zucht** Freilaicher

Rückenflosse mit breiter Basis

Metallisch orange-rote Färbung

Tief eingeschnittene Schwanzflosse

Gut erkennbare Seitenlinie

Goldfisch

Goldfische werden schon seit Hunderten von Jahren in menschlicher Obhut gehalten (älteste literarische Erwähnungen stammen aus der Zeit um 800 n. Chr.). Ursprünglich in China heimisch, gelangten die Tiere später auch nach Japan und in andere Länder des Fernen Ostens; in Europa tauchten sie im 17. oder 18. Jahrhundert auf.

Bei der Wildform von *Carassius auratus* handelt es sich eigentlich um ziemlich unscheinbare, braune Fische, deren Färbung und Aussehen, etwa Flossen- oder Körpermerkmale, durch intensive Zucht aber stark verändert wurden. Grundsätzlich lassen sich Goldfische in zwei Gruppen einteilen: eine mit einfachen Schwanzflossen (Singletails), die andere mit paarigen Schwanzflossen (Twintails). Singletails sind relativ robust, sodass man sie nicht nur im Aquarium sondern auch ganzjährig in einem Gartenteich halten kann, während Twintails nur während des Sommers im Freien bleiben sollten.

Twintails zeichnen sich aber nicht nur durch die paarigen Schwanz- und Afterflossen aus, sondern auch durch einen zumeist eiförmigen Körper. Sie werden hauptsächlich im Fernen Osten und in Florida gezüchtet, von wo regelmäßig neue Formen in den Handel kommen. Einige von ihnen haben kaum noch Ähnlichkeit mit der Ursprungsform, etwa das Blasenauge, bei dem die Augen auf sehr empfindlichen, großen, blasenartigen Aussackungen sitzen. Festge-

legt werden die jeweiligen Standards (Größe, Körperform, Zahl und Länge der Flossen, Art der Beschuppung etc.) von verschiedenen Züchterorganisationen.

Oft wird angenommen, Goldfische könnten praktisch unter allen Bedingungen leben, aber das ist ein Trugschluss. Wie jede andere Art brauchen auch diese Tiere eine sorgfältige Pflege, damit sie gesund bleiben. So benötigen Goldfischbecken unbedingt eine sehr gute Filterung und regelmäßige Teilwasserwechsel (etwa 25 %), denn die Fische wühlen auf der Suche nach Futter fast ständig im Bodengrund und wirbeln dabei viel Schmutz auf.

Goldfische lassen sich normalerweise gut vermehren. Die Unterscheidung der Geschlechter ist nicht weiter schwierig, denn die Männchen bekommen zur Laichzeit einen so genannten Laichausschlag (kleine weiße Pünktchen auf den Kiemendeckeln und am Kopf). Ein weiteres Merkmal ist die Afterpartie, die bei den Weibchen konvex, bei den Männchen dagegen konkav ist. Ein Weibchen kann über 1000 Eier ablegen, aus denen nach etwa fünf Tagen die Jungen schlüpfen, die sich problemlos mit feinem Lebendfutter aufziehen lassen. Die Umfärbung der anfangs einfarbig grünlich bis braunen Tiere erfolgt erst nach etwa acht Monaten.

Kaltwasserbecken siehe S. 190/191
Zuchtbecken für Freilaicher siehe S. 240

Kometenschweif

Diese schlanken, eleganten Fische haben eine tief gegabelte Schwanzflosse, die nicht selten bis zu drei Viertel der Körperlänge ausmacht. Die Grundfärbung der Tiere ist normalerweise orangerot, die Schuppen haben einen metallischen Glanz.

Fächerschwanz

*Besonders
auffällige
Schwanzflosse*

Der Fächerschwanz, von dem es auch Formen mit vorgestülpten Augen gibt, kann sowohl metallisch glänzende als auch perlmuttfarbene Schuppen haben. Die aufgestellte Rückenflosse sollte etwa halb so hoch sein wie der Körper.

Schwarzer Teleskop

Diese Zuchtform kann mit frühen Automodellen der Marke Ford verglichen werden, denn die Tiere sollten stets vollkommen schwarz sein (silberne Schattierungen führen auf Ausstellungen zu Punktabzug). Temperaturen unterhalb von 13 °C werden nur schlecht vertragen.

Oranda

Bei diesem, normalerweise orangerot gefärbten Fisch wird besonderer Wert auf die himbeerartigen Auswüchse am Kopf gelegt. Die spitzen Flossen sind sehr lang und zart, die Schuppen metallisch glänzend. Außerdem gibt es eine silbern gefärbte Form mit einer roten „Kappe" (Tancho-Oranda).

Perlschupper

Dieser Fisch hat einen gedrungenen Körper mit kurzem Schwanzstiel, einen Schleierschwanz und aufgewölbte, perlenartige Schuppen, denen er seinen Namen verdankt. Wie andere Zuchtformen mit eiförmigem Körper schwimmt er nicht so gut wie etwa der Gemeine Goldfisch.

Shubunkin

Diese Zuchtform hat einen kürzeren Körper als der normale Goldfisch und eine weiße oder bläuliche Grundfärbung mit schwarzen, roten, braunen, violetten oder gelben Flecken. Die Schuppen sind entweder perlmuttartig oder matt. Weiter unterscheiden lassen sich Bristol und Londoner Shubunkin.

Amerikanische Rotflossenorfe *Notropis lutrensis*

Familie Cyprinidae
Vorkommen Mittlerer Westen der USA, von Illinois und Kansas bis zum Rio Grande
Größe 8 cm
Futter Allesfresser. Kleine Wirbellose (lebend oder tiefgefroren) und Flockenfutter; die Tiere nehmen zumeist auch pflanzliche Kost
Wasserwerte Temperatur 15–25 °C; pH 6,8–7,5; dH 8–20°
Wasserregion Mittlerer bis oberer Bereich
Zucht Die Art legt Eier (Details sind unbekannt)

Diesen hübschen Kaltwasserfisch hält man am besten schwarmweise in einem lang gestreckten Aquarium mit viel freiem Schwimmraum. Das gut gefilterte Wasser sollte sehr sauerstoffreich sein; außerdem sind häufige Wasserwechsel (ungefähr 25 Prozent pro Woche) erforderlich. Wird die Art zu warm gehalten, verkürzt sich die Lebenserwartung beträchtlich. Als Dekoration für das Becken, in dem eine kräftige Strömung herrschen sollte, sind Steine zu empfehlen; außerdem sollten einige Pflanzen vorhanden sein, zwischen denen die Tiere sich verstecken können. Die Männchen sind zur Laichzeit farbiger als die Weibchen und zeigen einen Laichausschlag an der Schnauze. Außerhalb der Laichzeit erkennt man die Weibchen an ihrem etwas volleren Körper.

Kaltwasserbecken siehe S. 190/191

Bitterling *Rhodeus* spp.

Familie Cyprinidae
Vorkommen Europa und Ferner Osten
Größe Je nach Art 6–12 cm
Futter Allesfresser. Kleine Wirbellose wie Mücken- und andere Insektenlarven (lebend oder tiefgefroren); die Tiere nehmen zumeist auch Flockenfutter
Wasserwerte Temperatur 15–24 °C; pH 6,5–7,4; dH bis 10°
Wasserregion Mittlerer bis unterer Bereich
Zucht Haftlaicher

Blaues Längsband, das in einem dunklen Fleck endet.

Gut entwickelte, im Licht oft bläulich schimmernde Schuppen

Bitterlinge hält man in einem gut gefilterten Kaltwasseraquarium mit feinem Kies oder Sand und ein bis zwei großen Teichmuscheln, in die die Eier abgelegt werden können. Die Vermehrung ist nicht ganz einfach, wobei die Schwierigkeit hauptsächlich in der Haltung der Teichmuscheln liegt. Befindet sich ein Paar (Männchen sind zur Laichzeit farbiger und haben einen Laichausschlag) zusammen mit einer Teichmuschel in einem Becken, geraten die Fische zumeist schnell in Laichstimmung, und das Weibchen legt die Eier mit Hilfe ihrer Legeröhre in die Muschel, während das Männchen sein Sperma ins Wasser abgibt, das dann von der Muschel mit dem Atemwasser eingesaugt wird. Die Jungen entwickeln sich in der Kiemenhöhle der Muschel.

Kaltwasserbecken siehe S. 190/191

Dreistachliger Stichling   *Gasterosteus aculeatus*

Familie Gasterosteidae
Vorkommen Europa, Nordasien, Grönland, Island, Nordamerika, Algerien
Größe 10 cm
Futter Fleischfresser. Feines Lebendfutter; manchmal wird auch Gefrierfutter genommen, Flockenfutter dagegen fast nie; die Jungfische benötigen winzige Futtertiere
Wasserwerte Temperatur 10–20 °C; pH 6,0–7,4; dH bis 10°
Wasserregion Alle Bereiche
Zucht Nestbauer

Den kleinen, lebhaften Stichling hält man am besten schwarmweise (mehr Weibchen als Männchen) in einem gut durchlüfteten Aquarium mit sandigem Bodengrund, sauberem Wasser und sowohl Pflanzendickichten, in denen sich die Fische verstecken können, als auch offenem Schwimmraum. Stichlinge fressen anfangs nur Lebendfutter, können aber oft auch an gefrorene Nahrung gewöhnt werden; Flockenfutter wird fast nie genommen. Zur Fort-

pflanzung hält man die Tiere im Winter vergleichsweise kühl und erhöht dann die Temperatur, um die Laichbereitschaft anzuregen. Das schlankere und farbigere Männchen baut ein Nest aus Pflanzenteilen, in das es nacheinander mehrere Weibchen zur Eiablage lockt. Später bewacht es die bis zu 50 Eier und die Jungfische.

Kaltwasserbecken siehe S. 190/191

Kaulbarsch   *Gymnocephalus cernuus*

Familie Percidae
Vorkommen Europa, Asien
Größe 25 cm
Futter Fleischfresser. Lebendfutter (Insektenlarven, Flohkrebse, kleine Fische) wird bevorzugt, oft nehmen die Tiere auch geschnittenen Fisch oder gar Gefrierfutter; Trockenfutter wird fast immer verschmäht
Wasserwerte Temperatur 10–20 °C; pH 6,5–7,5; dH bis 15°
Wasserregion Mittlerer bis oberer Bereich
Zucht Haftlaicher

Dieser gesellig lebende, aktive Bodenfisch kann zumeist problemlos an ein Leben im Aquarium gewöhnt werden, benötigt aber ein sehr gut durchlüftetes Becken. Die Fütterung ist nicht ganz einfach, denn Kaulbarsche fressen zwar Lebendfutter aller Art und zumeist auch Fleischbrocken, gewöhnen sich aber so gut wie nie an Flockenfutter oder Futtertabletten. In der Fischereiwirtschaft sind Kaulbarsche als Laichräuber nicht gern gesehen; im Aquari-

um kann es zu einem Problem werden, dass die Tiere praktisch alles fressen, was sich bewegt und in ihr Maul passt. sodass man die Art nur mit nicht zu kleinen Fischen vergesellschaften darf. Ein Zuchtbecken sollte Steine und Pflanzen zum Ablaichen enthalten.

Kaltwasserbecken siehe S. 190/191
Zuchtbecken für Haftlaicher siehe S. 241

Brackwasserfische

Die meisten Fische sind entweder optimal an Salzwasser (Meere) oder Süßwasser (Flüsse und Seen) angepasst. Daneben gibt es aber auch noch Fische, die in Brackwasserzonen leben können (also dort, wo Flüsse ins Meer münden und sich Süß- und Salzwasser mischen), weil sie sich im Laufe ihrer Entwicklung an die täglichen Schwankungen im Salzgehalt, der durch die Gezeiten oder die unterschiedlich hohen Wasserstände der Flüsse zustande kommt, angepasst haben. Typisch für solche Lebensräume sind Grundeln, Argusfische oder das Silberflossenblatt.

Viele dieser Arten benötigen sogar die wechselnden Bedingungen ihrer Umwelt und gehen ein, wenn sie unter gleichbleibenden Verhältnissen leben müssen. Deshalb brauchen Brackwasserfische in einem Aquarium auch sehr viel Aufmerksamkeit. Besonders wichtig ist der jeweils angegebene Temperaturbereich, der unbedingt eingehalten werden muss, während die übrigen Wasserwerte durchaus schwanken können – oder sogar sollten.

Leider werden Brackwasserfische selten gehalten, da sie nicht so farbenprächtig sind wie viele ihrer Verwandten aus dem Süß- und Salzwasser. Dieses Manko gleichen die meisten aber durch ihr oft ungewöhnliches Erscheinungsbild und ihre faszinierende Lebensweise wieder aus, sodass Brackwasserfische stets eine lohnende Herausforderung für erfahrene Aquarianer sind (zu beachten ist, dass nicht alle hier erwähnten Arten auch zusammen gehalten werden können).

Vierauge *Anableps* spp. ✈ ✈ ✈

Familie Anablepidae	**Futter** Fleischfresser. Feines	24–28 °C; pH 7,6–7,8; dH bis 15°;
Verbreitung Mittelamerika,	Lebend- und Gefrierfutter; nimmt	SG 1,002–1,007
nördliches Südamerika	aber zumeist auch Flockenfutter	**Wasserregion** Oberflächenfisch
Größe 30 cm; gewöhnlich kleiner	**Wasserwerte** Temperatur	**Zucht** Lebend gebärend

Das Vierauge ist ein interessanter Fisch für Spezialisten. Die Augen der Tiere sind geteilt, sodass sie sowohl über als auch unter der Wasseroberfläche sehen können. Man hält sie möglichst in einem Becken mit niedrigem Wasserstand und einer gut schließenden Abdeckung, damit oberhalb der Wasseroberfläche eine hohe Luftfeuchtigkeit herrscht. Das warme, gut gefilterte Aquarium sollte einen Strandbereich haben, auf dem die Fische sich ausruhen können, sowie offenen Schwimmraum. Eventuell eingesetzte Pflanzen müssen salzverträglich sein; scharfkantige Objekte sollten im Becken nicht vorhanden sein, damit die Fische sich nicht die großen Augen verletzen. Nach Möglichkeit hält man 6 bis 8 Tiere, unter denen sich Paare finden können (Männchen erkennt man am Gonopodium).

Zuchtbecken für Lebendgebärende siehe S. 245

Westamerikanischer Kreuzwels *Arius seemani*

Familie Ariidae	**Futter** Allesfresser. Fleisch sowie	SG 1,002–1,007
Verbreitung Pazifikküste zwischen	Futtertabletten und Flockenfutter	**Wasserregion** Mittlerer bis
Kalifornien und Kolumbien	**Wasserwerte** Temperatur	unterer Bereich
Größe 30 cm	22–28 °C; pH 7,0–8,0; dH bis 20°;	**Zucht** Maulbrüter

Diese gesellige, tagaktive Art benötigt ein großes Becken mit viel freiem Schwimmraum; außerdem muss die Wasserqualität stimmen und eine starke Strömung herrschen. Die sehr aktiven, manchmal auch „Minihai" genannten Fische sind – ähnlich wie ihre gefürchteten, großen Namensvettern – fast unaufhörlich auf der Suche nach Beute, zu der auch kleinere Fische gehören, sodass man sie nur mit größeren Arten vergesellschaften sollte. Damit die Tiere sich den schuppenlosen Körper nicht verletzen, dürfen sich keine scharfkantigen Gegenstände im Aquarium befinden. Die Geschlechtsunterschiede sind gering; über Zuchterfolge in menschlicher Obhut ist nichts bekannt. Bei der Handhabung der Fische muss man sich vor ihren kräftigen Stacheln hüten.

Brackwasserbecken siehe S. 194/195

Celebes Sonnenstrahlfisch *Telmatherina ladigesi*

Familie Telmatherinidae
Verbreitung Indonesien: auf Celebes (Sulawesi)
Größe 7,5 cm
Futter Allesfresser. Benötigt für eine schöne Färbung und gutes Wachstum kleine Wirbellose wie Mückenlarven oder Salinenkrebschen (lebend oder tiefgefroren); nimmt auch Flockenfutter
Wasserwerte Temperatur 22–28 °C; pH 7,0–7,6; dH 12–15°; SG 1,002–1,007
Wasserregion Mittlerer Bereich
Zucht Haftlaicher

Diese hübsche, kleine Art sollte man unbedingt schwarmweise in einem mäßig bepflanzten Becken mit viel freiem Schwimmraum halten. Außerdem muss man die übrigen Fische des Aquariums sorgfältig aussuchen, damit keine darunter sind, die an den ausgezogenen Flossen der männlichen Sonnenstrahlfische zupfen, und man sollte berücksichtigen, dass die Art empfindlich auf plötzliche Veränderungen der Wasserqualität reagiert. Das Zuchtbecken darf nicht zu klein sein und muss einige feinblättrige Pflanzen zum Ablegen der Eier enthalten. Nach dem Ablaichen werden die Laich räubernden Eltern herausgefangen. Die Jungen, die nach sieben bis zehn Tagen schlüpfen, werden mit Salinenkrebschen oder Daphnien gefüttert.

Brackwasserbecken siehe S. 194/195
Zuchtbecken für Haftlaicher siehe S. 241

Indischer Glasbarsch *Chanda ranga*

Familie Chandidae	lose (lebend oder tiefgefroren);	20–30 °C; pH 7,6–7,8; dH bis 15°;
Verbreitung Thailand, Indien, Burma	nimmt auch Flockenfutter und	SG 1,002–1,007
Größe 8 cm	Futtertabletten	**Wasserregion** Mittlerer Bereich
Futter Allesfresser. Kleine Wirbel-	**Wasserwerte** Temperatur	**Zucht** Haftlaicher

Bei dieser Art handelt es sich um fast durchsichtige, kleine, Revier bildende Fische, die man mit anderen friedlichen Begleitern in dicht bepflanzten Becken halten kann. Die Männchen erkennt man an der blau gesäumten Rücken- und Afterflosse, außerdem ist ihre gut sichtbare Schwimmblase hinten zugespitzt. Glasbarsche bevorzugen Lebendfutter, nehmen aber zumeist auch gefrorene Nahrung (Flockenfutter allein reicht nicht). Die Eier, die zwischen feinblättrigen Pflanzen abgelegt werden, verpilzen leicht, sodass man eventuell ein Fungizid einsetzen muss. Die Laich räuberischen Elterntiere müssen nach der Eiablage herausgefangen werden; die Aufzucht der Jungen ist schwierig.

Brackwasserbecken siehe S. 194/195
Zuchtbecken für Haftlaicher siehe S. 241

Goldringelgrundel *Brachygobius xanthozona*

Familie Gobiidae	**Futter** Fleischfresser. Kleine Wir-	25–30 °C; pH 7,6–8,5; dH bis 15°;
Verbreitung Südostasien,	bellose (lebend oder tiefgefroren);	SG 1,002–1,007
Thailand, Südvietnam	Flockenfutter nur ausnahmsweise	**Wasserregion** Bodenbewohner
Größe 4,5 cm	**Wasserwerte** Temperatur	**Zucht** Haftlaicher

Die kleine, Boden bewohnende Goldringelgrundel hält man vorzugsweise in einem Artenbecken oder vergesellschaftet sie höchstens mit Fischen, die in mittleren Bereichen oder an der Oberfläche leben, da es sonst zu Streitigkeiten um die Reviere kommt. Außerdem sollte das bepflanzte Becken viele Verstecke aus Steinen oder Holz enthalten sowie einige Höhlen. Die Tiere ernähren sich vorzugsweise von Lebendfutter, etwa Enchyträen oder *Tubifex*, gewöhnen sich aber oft auch an Gefrierfutter, z. B. Mückenlarven oder Daphnien. Die Eier werden unter flachen Steinen oder in Höhlen abgelegt. Das Männchen bewacht die Jungen, die zunächst noch frei schwimmen und erst später zur Boden bewohnenden Lebensweise übergehen.

Brackwasserbecken siehe S. 194/195
Zuchtbecken für Haftlaicher siehe S. 241

Schlammspringer *Periophthalmus* spp.

Familie Gobiidae
Verbreitung Von Afrika über Südostasien bis nach Australien
Größe 15 cm
Futter Fleischfresser. Kleine Wirbellose, besonders Würmer, aber auch Grillen und Fliegen, vorzugsweise lebend; die Tiere nehmen aber zumeist auch Gefrier- und Flockenfutter
Wasserwerte Temperatur 25–30 °C; pH 8,0–8,5; dH bis 15°; SG 1,002–1,007
Wasserregion Bodenfisch
Zucht Die Art legt Eier (Details sind unbekannt)

Schlammspringer leben hauptsächlich in Mangrovensümpfen. Dort kann man sie häufig im flachen Wasser sitzen sehen, aus dem dann nur die Augen herausschauen. Die Tiere benötigen ein geräumiges Becken mit einer Strandzone sowie Steinen und Wurzeln, auf die sie kriechen können. Die abwechslungsreiche Nahrung sollte fleischreich sein und regelmäßig Lebendfutter enthalten. Das Aquarium muss gut abgedeckt werden, damit die Luftfeuchtigkeit hoch bleibt; zudem sollte die Lufttemperatur nicht viel geringer sein als die des Wassers, das gut gefiltert sein muss, denn Sauberkeit ist von höchster Wichtigkeit, weil es sonst schnell zu bakteriellen Infektionen kommt. Schlammspringer können recht zutraulich werden, aber wenn Sie die Tiere mit der Hand füttern, sollten Sie eine Pinzette verwenden, da die Tiere ziemlich spitze Zähne haben!

Gefleckte Grundel *Stigmatogobius sadanundio*

Familie Gobiidae
Verbreitung Philippinen, Java, Borneo, Sumatra, Südostasien
Größe 8,5 cm
Futter Allesfresser. Kleine Wirbellose, etwa Rote oder Weiße Mückenlarven (lebend oder tiefgefroren); frisst zumeist auch im Becken wachsende Algen
Wasserwerte Temperatur 20–28 °C; pH 7,6–8,0; dH bis 15°; SG 1,002–1,007
Wasserregion Mittlerer bis unterer Bereich
Zucht Haftlaicher

Diese ruhige Art kann man auch in einem gut bepflanzten Gesellschaftsbecken halten. Allerdings sollten dann die übrigen Fische möglichst aus mittleren Wasserregionen stammen, weil die Grundel zur Laichzeit ein Revier am Boden verteidigt. Wichtig sind außerdem zahlreiche Versteckmöglichkeiten in Form von Höhlen, die oft auch zum Ablaichen verwendet werden. Die Temperatur sollte möglichst nicht konstant gehalten werden, sondern tagsüber etwas wärmer sein als nachts. Die Männchen haben längere Flossen als die normalerweise kleineren Weibchen. Die bis zu 1000 Eier werden an Höhlendächern abgelegt und ebenso wie Jungfische, die man mit Salinenkrebschen aufzieht, von beiden Eltern bewacht.

Brackwasserbecken siehe S. 194/195
Zuchtbecken für Haftlaicher siehe S. 241

Hechtköpfiger Halbschnäbler *Dermogenys pusillus*

Familie Hemirhamphidae	**Futter** Fleischfresser. Kleine	18–30 °C; pH 7,6–7,8; dH bis 15°;
Verbreitung Südostasien,	Wassertiere und Fliegen; manchmal	SG 1,002–1,007
Malaysia, Thailand, Indonesien	auch Gefrier- oder Flockenfutter	**Wasserregion** Oberer Bereich
Größe 7 cm	**Wasserwerte** Temperatur	**Zucht** Lebend gebärend

Verlängerter Unterkiefer für die Nahrungssuche im Boden

Blau gefleckte Flanken

Schlanker Körper mit goldener Längsbinde

Diese ungewöhnlichen Fische hält man am besten in einem Artenaquarium mit niedrigem Wasserstand. Das Becken sollte nicht zu dicht bepflanzt sein, damit noch viel freier Schwimmraum bleibt; außerdem benötigt man 1 bis 2 Schwimmpflanzen, auf denen sich Futterinsekten ablegen lassen, sowie eine gut schließende Abdeckscheibe. Die Männchen sind untereinander sehr streitsüchtig und können sich bei Kämpfen böse verletzen, sodass es sich empfiehlt, ein Männchen mit 2 oder 3 Weibchen zu halten (die Männchen sind kleiner, und die Afterflosse ist zu einem Begattungsorgan umgewandelt). Die Vermehrung im Aquarium ist schwierig. Gelingt sie, bringen die Weibchen nach 3 bis 8 Wochen zwischen 10 und 30 Junge zur Welt; bei späteren Würfen sind die Nachkommen häufig nicht mehr lebensfähig.

Zuchtbecken für Lebendgebärende siehe S. 245

Silberflossenblatt *Monodactylus argenteus*

Familie Monodactylidae	**Futter** Allesfresser. Lebend-,	SG 1,002–1,007
Verbreitung Ostküste Afrikas bis	Gefrier-, Flocken- und Grünfutter	**Wasserregion** Mittlerer Bereich
Indonesien	**Wasserwerte** Temperatur	**Zucht** Die Art legt Eier
Größe 25 cm	24–28 °C; pH 7,6–7,8; dH bis 15°;	(Details sind unbekannt)

Dunkle Querbinde über dem Auge

Stark ausgebogene Seitenlinie

Dunkel gesäumte Afterflosse

Dieser attraktive, stark abgeplattete Schwarmfisch, dessen Schwarz- und Gelbfärbung mit zunehmendem Alter immer mehr verblasst, ist leider oft etwas scheu, vor allem, wenn man ihn mit sehr lebhaften Arten vergesellschaftet. Auch bezüglich der Wasserqualität sind die Tiere recht empfindlich, sodass man für eine sehr effiziente Filterung, eine gute Durchlüftung, regelmäßige Wasserwechsel und unter Umständen auch für einen Eiweißabschäumer sorgen muss. Man hält am besten einen Schwarm von 4 bis 6 Tieren in einem bepflanzten Becken mit Wurzeln, Steinen und viel freiem Schwimmraum. Da Silberflossenblätter sehr gefräßig sind (zu ihrer Beute gehören auch kleine Fische), darf man sie nicht überfüttern.

Zuchtbecken für Lebendgebärende siehe S. 245

Breitflossenkärpfling *Poecilia latipinna*

Familie Poeciliidae
Verbreitung Süden der USA
Größe Männchen 10 cm;
Weibchen 12 cm
Futter Allesfresser. Pflanzliche
Kost, darunter auch Algen,
außerdem Flocken-, Gefrier- und
Lebendfutter, darunter besonders
Daphnien und Weiße sowie Rote
Mückenlarven
Wasserwerte Temperatur
20–28 °C; pH 7,5–8,5;
dH bis 20°; SG 1,002–1,007
Wasserregion Mittlerer bis
oberer Bereich
Zucht Lebend gebärend

Von Breitflossenkärpflingen, die in vielen Ländern im großen Maßstab für den Handel vermehrt werden, gibt es zahlreiche Farbschläge. Die Art, deren Männchen man am Gonopodium und der größeren Rückenflosse erkennt, eignet sich gut für ein Brackwasseraquarium, wo sie sich oft auch fortpflanzt. Die Fische nagen zwar gern an Pflanzen, richten dabei aber kaum Schaden an; vorsichtshalber kann man aber Erbsen oder andere pflanzliche Kost anbieten (gefüttert wird möglichst mehrmals täglich). Zur Vermehrung verwendet man am besten ein spezielles Zuchtbecken, oder man fängt die Jungen möglichst schnell nach der Geburt heraus und zieht sie getrennt auf. Unter optimalen Bedingungen können monatlich 40 oder mehr Junge geboren werden.

Brackwasserbecken siehe S. 194/195
Zuchtbecken für Lebendgebärende siehe S. 245

Gemeiner Argusfisch *Scatophagus argus*

Familie Scatophagidae
Verbreitung Indischer Ozean
und Pazifik: Indonesien, Philippinen und östlich bis Tahiti
Größe 30 cm
Futter Allesfresser. Von Lebend- und Gefrierfutter über pflanzliche Kost bis hin zu Flockenfutter und rohen Haferflocken
Wasserwerte Temperatur
20–28 °C; pH 7,6–7,8;
dH bis 15°; SG 1,002–1,007
Wasserregion Mittlerer
Bereich
Zucht Die Art legt Eier
(Details sind unbekannt)

Argusfische fressen mit Vorliebe Pflanzen, sodass es wenig Zweck hat, sie in ein bepflanztes Becken zu setzen (sogar der unverwüstliche Javafarn wird abgenagt). Man hält am besten einen Schwarm von 3 bis 4 Tieren in einem sehr gut gefilterten Becken mit Stein- oder Holzdekoration sowie viel freiem Schwimmraum und überprüft regelmäßig die Wasserqualität, da besonders junge Exemplare kein Nitrit vertragen. Je älter die Fische werden, umso salziger sollte das Wasser sein (alte Tiere hält man am besten in Meerwasser). Interessant ist auch die Entwicklung vom Jungtier zum ausgewachsenen Fisch, denn es gibt eine Art „Larvenstadium" mit großen Köpfen und mächtigen Knochenplatten (die Tiere ähneln dann Falterfischen). Im Laufe der Zeit bildet sich diese Kopfpanzerung aber zurück.

Brackwasserbecken siehe S. 194/195

Australische Süßwasserseezunge *Brachirus salinarum* ❧❧

Familie Soleidae	Wirbellose (lebend oder gefroren);	SG 1,002–1,007
Verbreitung Australien	manchmal Futtertabletten	**Wasserregion** Bodenfisch
Größe 15 cm	**Wasserwerte** Temperatur	**Zucht** Die Art legt Eier
Futter Fleischfresser. Kleine	22–30 °C; pH 7,6–8,0; dH bis 15°;	(Details sind unbekannt)

Bei dieser Art, die in der Natur flache Brackwasser-biotope bewohnt, handelt es sich um nachtaktive Bodenfische, die sich, wenn ein sandiger Bodengrund vorhanden ist, während des Tages oft eingraben. Man kann die friedlichen Tiere mit anderen kleinen, ruhigen Arten in einem bepflanzten Becken mit Holzdekoration und flachen Steinen zum Ausruhen vergesellschaften, wobei das Aquarium einen leistungsfähigen Filter besitzen sollte, der mit dem anfallenden Schmutz fertig wird und gleichzeitig eine leichte Strömung erzeugt. Die Fütterung erfolgt erst kurz vor dem Ausschalten der Beleuchtung. Dabei sollte man darauf achten, dass die Futtertiere, vorzugsweise kleine Würmer, etwa Enchyträen, auf den Boden sinken, da die Tiere selbst zum Fressen nicht in mittlere oder obere Bereiche des Beckens schwimmen. Über die Fortpflanzung der Art ist nichts bekannt.

Grüner Kugelfisch *Chelonodon nigroviridis* ❧❧❧

Familie Tetraodontidae	**Futter** Allesfresser. Schnecken,	24–28 °C; pH 7,6–8,0; dH bis 15°;
Verbreitung Von Indien über	Krebsfleisch und Würmer sowie	SG 1,002–1,007
Südostasien bis zu den Philippinen	Grünfutter und Futtertabletten	**Wasserregion** Mittlerer Bereich
Größe 17 cm	**Wasserwerte** Temperatur	**Zucht** Haftlaicher

Der recht aggressive Grüne Kugelfisch verträgt sich weder mit Artgenossen noch mit anderen Fischen, sodass eigentlich nur eine Einzelhaltung in einem bepflanzten Becken mit viel freiem Schwimmraum empfohlen werden kann (die Pflanzen müssen ebenfalls sehr robust sein, weil der Kugelfisch sich auch an ihnen vergreift). Bei Gefahr können die Tiere ihren Körper aufblasen, um größer zu wirken. Jungtiere sind leichter einzugewöhnen und normalerweise auch noch weniger aggressiv als ausgewachsene Exemplare; die Ernährung sollte sehr abwechslungsreich sein. Die Nachzucht im Aquarium ist möglich, wobei die am Boden abgelegten Eier und auch die Jungfische vom Männchen bewacht werden. Das Fleisch des Grünen Kugelfisches ist für Menschen und Tiere äußerst giftig!

Schützenfisch *Toxotes jaculatrix*

Familie Toxotidae
Verbreitung Von Indien über Südostasien bis Nordaustralien
Größe 24 cm; bleibt im Aquarium zumeist kleiner
Futter Fleischfresser. Lebendfutter, vorzugsweise Fliegen; gut eingewöhnte Exemplare nehmen manchmal auch Gefrierfutter
Wasserwerte Temperatur 25–30 °C; pH 7,6–8,0; dH bis 15°; SG 1,002–1,007
Wasserregion Oberflächenfisch
Zucht Die Art legt Eier (Details sind unbekannt)

Das Lieblingsfutter dieser höchst interessanten Fische sind Insekten, die sie sich häufig mit einem kräftigen Wasserstrahl treffsicher von außerhalb des Wassers wachsenden Pflanzen „herabschießen". Man hält Schützenfische am besten in einem geräumigen Becken mit viel freiem Schwimmraum, wobei besonders die Temperatur genau überwacht werden muss, denn die wärmebedürftigen Schützenfische gehen schnell ein, wenn das Wasser zu kalt wird.

Da sich die eigentlich friedlichen Tiere gegenüber kleineren Artgenossen manchmal etwas aggressiv verhalten, sollte man, wenn mehrere Schützenfische in einem Becken gehalten werden, darauf achten, dass alle Tiere etwa gleich groß sind. Die meisten Exemplare fressen ausschließlich Lebendfutter (Fliegen, Schaben, Heuschrecken, Heimchen); an Gefrieroder gar Trockenfutter lassen sich die Tiere nur selten gewöhnen.

„Abschuss" eines Insektes

Nach einem Insekt springender Schützenfisch

Wenn man Schützenfische in einem halb vollen Becken mit über der Wasseroberfläche angebrachten Pflanzen hält, kann man beobachten, wie sie mit Hilfe eines kräftigen Wasserstrahls zielgenau Insekten von einem Blatt „herabschießen". Da die Tiere häufig auch nach Beute springen, sollte das Becken zudem eine gute Abdeckung besitzen. Sowohl *Toxotes chatareus* als auch die etwas schlankere Art *T. chatareus* nehmen ihre Nahrung nur von der Oberfläche.

Süßwasser-pflanzen

Den Pflanzen in einem Aquarium wird oft viel zu wenig Beachtung geschenkt. Dabei dienen sie nicht nur der Verschönerung des Beckens, sondern haben auch sehr wichtige Aufgaben zu erfüllen. So sorgen sie dafür, dass unerwünschtes Nitrat aus dem Wasser entfernt wird, bieten den Fischen Versteckmöglichkeiten und verhindern häufig auch, dass sich unerwünschte Algen übermäßig ausbreiten. Ein üppiges Pflanzenwachstum bekommt man allerdings nur, wenn man auch Arten auswählt, die für die im Becken herrschenden Bedingungen geeignet sind und wenn man für eine gute Beleuchtung sorgt. Außerdem sollte man schon beim Kauf darauf achten, dass die Pflanzen gesund aussehen, also nicht etwa welke Blätter haben. Auf den folgenden Seiten werden Pflanzen in den unterschiedlichsten Farben, Formen und Größen vorgestellt, die für tropische Süßwasser- oder auch Kalt- bzw. Brackwasseraquarien geeignet sind.

Üppiges Pflanzenwachstum in einem Süßwasseraquarium.

Pflanzen mit Rhizom

Zu den sehr beliebten Aquarienpflanzen mit Rhizomen gehören die Wasserähren *(Aponogeton),* die nach Phasen kräftigen Wachstums immer wieder mehrmonatige Ruhezeiten einlegen (leider kann sich das Rhizom in dieser Zeit manchmal zersetzen und die Pflanze absterben). Hat man Rhizome erworben, steckt man diese in den Bodengrund des Aquariums und lässt sie austreiben; normalerweise werden im Handel aber Pflanzen angeboten, die bereits Blätter besitzen, sodass man sicher sein kann, auch tatsächlich gesunde Exemplare gekauft zu haben.

Wasserähren wachsen etwa acht Monate lang, bevor die Blätter, die bei einigen Arten über 50 cm lang sein können, für eine Ruhephase eingezogen werden. Ist das geschehen, sollte man das Rhizom etwa acht Wochen in kühlerem Wasser aufbewahren, um es dann im Becken wieder austreiben zu lassen. Manche Arten blühen auch im Aquarium und bilden sogar Samen, die man auskeimen lassen kann, um neue Pflanzen heranzuziehen.

Die zu den Seerosengewächsen gehörenden Gattungen *Barclaya* und *Nymphaea* bilden ebenfalls Rhizome (ihre Blätter sind allerdings zarter, sodass sie oft von Schnecken gefressen werden). Eine sehr beliebte Aquarienpflanze ist die Langblättrige Barclaya *(Barclaya longiofolia)* mit ihren hübschen, lanzettlichen Blättern. Die Art blüht regelmäßig und bildet auch Samen. Seerosen-Arten *(Nymphaea)* bilden zunächst eine grundständige Rosette aus roten oder grünen Blättern, aus denen sich später die typischen, auf der Wasseroberfläche treibenden Seerosenblätter entwickeln. Diese sollte man im Aquarium allerdings sofort abschneiden, weil sonst die Unterwasserblätter absterben. Das gilt jedoch nicht, wenn die Pflanze blühen und Samen bilden soll, wobei es aber einfacher ist, die Art durch Ausläufer zu vermehren.

Lederblättrige Wasserähre

Aponogeton rigidiflorius

Wasserähren benötigen weiches Wasser und einen gesunden Bodengrund, damit die Rhizome nicht verfaulen. Sie haben einen mäßigen bis durchschnittlichen Lichtbedarf; die Blätter sollten regelmäßig von Algen befreit werden.

Langblättrige Barclaya

Barclaya longifolia

Diese Art, die einen durchschnittlichen Lichtbedarf hat, ist in zwei Formen erhältlich: einmal mit kurz gestielten, dunkelroten, zum anderen mit etwas längeren olivgrünen Blättern. Beide können im Aquarium blühen und Samen bilden.

Weitere Empfehlungen

Aponogeton boivinianus (Bucklige Wasserähre)
Aponogeton crispus (Krause Wasserähre)
Aponogeton madagascariensis (Gitterpflanze)
Aponogeton ulvaceus (Ulvablättrige Wasserähre)

Aponogeton undulatus (Gewelltblättrige Wasserähre)
Nymphaea lotus (Grüner Tigerlotus)
Nymphaea stellata (Sternseerose)

Schwimmpflanzen

Schwimmpflanzen sind für viele Aquarien äußerst nützlich, denn sie können als Laichsubstrat und Zufluchtsort für Jungfische dienen, man kann mit ihnen aber auch schattige Bereiche gestalten, in die sich scheuere Arten zurückziehen können. Das Besondere an Schwimmpflanzen ist, dass sie mit ihren Wurzeln nicht im Boden verankert werden müssen, sondern frei auf der Wasseroberfläche treiben können. Einige von ihnen, etwa Javamoos und *Riccia*-Arten, setzen sich oft selbst an Holz- oder Steindekorationen fest, und den sehr anpassungsfähigen Sumatrafarn kann man sogar entweder in den Bodengrund einpflanzen oder als frei treibende Schwimmpflanze nutzen. Eine sehr beliebte Pflanze für Kaltwasserbecken ist das Hornkraut, dessen lange Triebe in Nähe der Wasseroberfläche dichte Matten bilden können.

Schwimmpflanzen sind zumeist recht robust und anspruchslos. Unbedingt nötig sind aber regelmäßige Wasserwechsel und ausreichend Licht. Außerdem darf die Strömung im Becken nicht so stark sein, dass die Pflanzen an die Seitenwände gedrückt werden, und man sollte auch sicherstellen, dass sich kein Kondenswasser an der Abdeckscheibe bildet und dann ständig auf die Blätter der Schwimmpflanzen tropft, weil diese sonst leicht verfaulen oder bei stärkerer Beleuchtung durch den Brennglaseffekt geschädigt werden.

Sehr ungern gesehene Schwimmpflanzen sind Wasserlinsen *(Lemna* ssp.), die sich häufig so stark vermehren, dass sie den Filter verstopfen. Leider bleiben die kleinen Pflänzchen leicht an Netzen oder auch Händen und Armen hängen und werden dann unabsichtlich in ein anderes Becken übertragen. Versuchen Sie auf jeden Fall, ein Einschleppen dieser Pflanzen zu verhindern, es sei denn, sie haben Fische, die gern Wasserlinsen fressen.

Muschelblume
Pistia stratiotes

Diese hübsche, aber wuchernde Schwimmpflanze muss ständig ausgelichtet werden. Die dichten Wurzelbüschel sind ein gutes Versteck für Jungfische.

Weitere Empfehlungen

Ceratopteris thalictroides (Sumatra- oder Filigranfarn)
Ceratophyllum spp. (Hornkraut)

Kleinohriger Schwimmfarn
Salvinia auriculata

Salvinia-Arten haben rundliche, behaarte Blätter, unter denen sich Fische gut verstecken können. Sie brauchen ziemlich viel Licht und mittelhartes Wasser.

Riccia fluitans (Teichlebermoos)
Vesicularia dubyana (Javamoos)

Pflanzen mit herkömmlichen Wurzeln

Da viele Aquarienpflanzen nach dem Einpflanzen oft schnell einen kräftigen Wurzelballen bilden, sollte man sich vor dem Bepflanzen des Beckens einen genauen Plan machen, denn wenn die Wurzeln den Boden erst stärker durchdrungen haben, ist ein Umpflanzen einzelner Exemplare kaum möglich, ohne dass andere Pflanzen in Mitleidenschaft gezogen werden.

Die meisten der im größeren Maßstab für den Handel kultivierten Pflanzen werden in kleinen, durchbrochenen Kunststofftöpfen angeboten. Diese kann man mit einpflanzen, vorausgesetzt man hält keine Fische, die die etwas unansehnlichen Töpfe ständig freilegen. Befinden sich mehrere Pflanzen in einem Topf, sollte man sie allerdings trennen und einzeln einpflanzen, damit die Wurzeln mehr Platz haben.

Oft lässt es sich nicht vermeiden, dass beim Einpflanzen ein Teil der Wurzeln zerstört wird und als Folge davon einige Blätter absterben. Aber in der Regel erholen sich die Pflanzen schon nach kurzer Zeit und bilden neue Wurzeln und Blätter. Wenn die Pflanzen richtig eingewachsen sind, sollte man sie alle 3 bis 4 Monate düngen (entsprechende Präparate sind im Handel erhältlich). Ein zu üppiges Wachstum kann man verhindern, indem man große Pflanzen an der Basis ergreift und sie etwas aus dem Boden zieht, damit ein Teil der Wurzeln abreißt.

Bei Javafarn, Zwergspeerblatt und Wasserfarn *(Bolbitis)* bindet man den kriechend wachsenden Spross auf eine Unterlage aus Holz oder Stein, damit die Pflanzen dort festwachsen können. Dadurch kann man einer Dekoration nicht nur Höhe verleihen, sondern die Pflanzen werden auch nicht ständig von wühlenden Fischen entwurzelt.

Zwergspeerblatt
Anubias nana

Lederartige, grüne, elliptische Blätter.

Anubias-Arten sind in der Wuchsform sehr variabel. Die größeren lassen sich gut als hohe Hintergrundpflanzen einsetzen, während sich das Zwergspeerblatt als Bodendecker für den Vordergrund eines Beckens eignet.

Wendts Wasserkelch
Cryptocoryne wendtii

Die lanzettlichen Blätter können in Form und Farbe etwas variieren.

Wasserkelche verbreiten sich durch Ausläufer, wobei das Wachstum allerdings langsamer und besser unter Kontrolle zu halten ist als bei Vallisnerien. Die Pflanzen bevorzugen weiches Wasser und eine schwache bis durchschnittliche Beleuchtung.

Breite Amazonaspflanze

Echinodorus bleheri

Die gestielten, lanzettlichen Blätter können bis zu 50 cm lang werden.

Diese große Art lässt sich als Solitärpflanze oder auch gruppenweise im Hintergrund eines hellen Beckens mit weichem Wasser einsetzen. Bei mehreren Pflanzen muss das Aquarium sehr geräumig sein, denn die Wurzeln kräftiger Amazonaspflanzen können den Boden eines 60 × 30 cm großen Beckens vollständig durchwuchern.

Gewöhnliche Wasserschraube

Vallisneria spiralis

Sehr lange, grasartige Blätter; die ähnliche Schraubenvallisnerie hat etwas kürzere Blätter.

Diese große Vallisnerie besiedelt durch ihre Ausläufer schnell große Teile des Beckens. Die Pflanzen bevorzugen helles Licht und hartes Wasser.

Zwergamazonaspflanze

Echinodorus tenellus

Diese zwergwüchsige Art, die sich durch Ausläufer rasenartig ausbreitet, eignet sich gut für kleine Aquarien oder als Vordergrundpflanze in größeren Becken. Sie braucht viel Licht und bevorzugt weiches Wasser sowie nicht zu hohe Temperaturen (15 °C).

Javafarn

Microsorium pteropus

Die Wedel können in hartem Wasser bis zu 20 cm lang werden.

Der Javafarn wächst nicht im Boden, sondern setzt sich mit seinen langen Haftwurzeln auf Holz oder Steinen fest. Die schwachwüchsige Art hat einen geringen Lichtbedarf und bevorzugt hartes Wasser.

Weitere Empfehlungen

Bolbitis heudelctii (Kongo-Wasserfarn)
Cryptocoryne affinis (Haetelscher Wasserkelch)
Cryptocoryne balansae (Genoppter Wasserkelch)
Cryptocoryne ciliata (Gewimperter Wasserkelch)
Cryptocoryne parva (Zwergwasserkelch)
Echinodorus amazonicus (Amazonas-schwertpflanze)
Echinodorus cordifolius (Herzblättrige Amazonaspflanze)
Echinodorus major (Gewelltblättrige Amazonaspflanze)
Sagittaria graminea (Breitblättriges Pfeilkraut)
Sagittaria subulata (Flutendes Pfeilkraut)
Vallisneria asiatica (Schraubenvallisnerie)

Stecklinge

Viele Aquarienpflanzen werden im Handel als Stecklinge angeboten, also als abgeschnittene Triebspitzen einer Pflanze, die man zum Bewurzeln in den Boden steckt. Verwenden lassen sich Stecklinge zur Hinter- oder auch Vordergrundbepflanzung (sofern man sie regelmäßig zurückschneidet). Stecklinge gibt es in einer breiten Palette von Farben und Formen, sodass sich mit ihnen sehr hübsche Kontraste erzielen lassen. Im Allgemeinen sind Arten mit grünen Blättern leichter zu kultivieren als rotblättrige, da Letztgenannte mehr Licht brauchen; für Haarnixen *(Cabomba)* und ähnliche Pflanzen benötigt man sehr sauberes Wasser, damit die fein zerteilten Blätter sich nicht mit Schmutzteilen zusetzen.

Von vorn betrachtet ähneln im Boden verwurzelte Stecklinge einer dichten grünen Wand. Hüten Sie sich aber davor, die Pflanzen zu eng zu setzen, weil die unteren Blätter sonst kein Licht bekommen und absterben. Aber auch wenn Sie die Stecklinge, etwa um Zeit zu sparen, bündelweise in den Boden stecken, werden Sie wenig Freude mit den Pflanzen haben, da die Stängel schnell verrotten. Ganz besonders gilt das für zarte Pflanzen wie den Rotweiderich *(Rotala macandra)*.

Viele Aquarienpflanzen können sowohl über Wasser (emers) als auch unter Wasser (submers) wachsen. Da es leichter ist, außerhalb des Wassers wachsende Pflanzenteile zu ernten, findet man im Handel nicht selten emers gewachsene, verholzte Stecklinge, deren Blätter häufig anders aussehen als die submerser Pflanzenteile. Setzt man solche Stecklinge in ein Aquarium, fallen die Blätter häufig erst einmal ab. Nehmen Sie die Stängel in einem solchen Fall aber nicht heraus, sondern warten Sie einige Wochen bis sich neue Blätter gebildet haben. Hat sich ein Sprossabschnitt stark verlängert, schneidet man ihn ab und nutzt ihn als Steckling; das verholzte Original wird entfernt, sobald die neue Pflanze gut eingewachsen ist. Wird eine Pflanze zu hoch, kann man den oberen Teil abschneiden und als Steckling verwenden. Oft bildet der untere Abschnitt danach schnell neue Seitentriebe, aus denen sich weitere Stecklinge gewinnen lassen.

Für Kalt- und Brackwasseraquarien braucht man Pflanzen, die kühle Temperaturen vertragen bzw. salztolerant sind. Süßwasserarten kann man in solchen Becken nicht verwenden, sodass man sich vor dem Kauf gut über die Bedürfnisse einzelner Pflanzen informieren sollte. Eine Reihe von Vorschlägen für solche Becken finden Sie auf der nächsten Seite.

Empfehlungen

Alternanthera reineckii (Rotes Papageienblatt)
Ammania senegalensis (Afrik. Kognakpflanze)
Ceratophyllum spp. (Hornkraut)
Didiplis diandra (Wasserportulak)
Egeria densa (Argentinische Wasserpest)
Elodea canadensis (Kanadische Wasserpest)
Heteranthera zosterifolia (Trugkölbchen)

Hygrophila polysperma (Indischer Wasserfreund)
Hygrophila salicifolia (Weidenblättriger Wasserfreund)
Limnophila aquatica (Riesensumpffreund)
Ludwigia palustris x *repens* (Bastardludwigie)
Ludwigia repens (Kriechende Ludwigie)
Myriophyllum hippuroides (Rotstengliges Tausendblatt)
Synnema triflorum (Indischer Wasserstern)

Großes Fettblatt *Bacopa caroliniana*

Das schnellwüchsige Große Fettblatt besitzt gegenständige, ungestielte, hellgrüne, etwa 2,5 cm lange Blätter. Es hat einen hohen Lichtbedarf und eignet sich gut zur Hintergrundbepflanzung.

Carolina-Haarnixe
Cabomba caroliniana

Gegenständig
angeordnete
Blätter.

Diese beliebte Stengelpflanze mit ihren fein zerteilten Blättern ist nicht ganz leicht zu kultivieren. Sie benötigt viel Licht und weiches Wasser; bei unzureichender Filterung verschmutzen die Blätter sehr leicht.

Riesenwasserfreund
Nomaphila corymbosa

Die breiten
Blätter können
zur Eiablage
benutzt werden.

Die großen Blätter dieser Art, die auch als Kirschblattpflanze bezeichnet wird, bieten Fischen eine gute Versteckmöglichkeit. Die Pflanzen haben einen hohen Lichtbedarf und bevorzugen härteres Wasser.

Rotweiderich
Rotala macandra

Die schmalen, lanzettlichen Blätter dieser etwas empfindlichen Art verlieren schnell ihre rote Färbung, wenn das Becken nicht ausreichend beleuchtet ist.

Brackwasserpflanzen

Ceratophyllum spp. (Hornkraut)
Cryptocoryne ciliata (Bewimperter Wasserkelch)
Elodea canadensis (Kanadische Wasserpest)
Hygrophila polysperma (Indischer Wasserfreund)
Microsorium pteropus (Javafarn)

Sagittaria graminea (Breitblättriges Pfeilkraut)
Sagittaria subulata (Flutendes Pfeilkraut)
Vallisneria spirallis (Gewöhnliche Wasserschraube)
Vallisneria asiatica (Schraubenvallisnerie)
Vesicularia dubyana (Javamoos)

Kaltwasserpflanzen

Ceratophyllum demersum (Gemeines Hornkraut)
Echinodorus tenellus (Zwergamazonaspflanze)

Egeria densa (Argentinische Wasserpest)
Elodea canadensis (Kanadische Wasserpest)

Das Meerwasser-aquarium

Meeresfische und wirbellose Meerestiere

Die Meeresaquaristik gilt als höchste Form der Zierfischhaltung, denn Meeresfische bieten eine unvergleichliche Formen- und Farbvielfalt, ganz abgesehen von der reizvollen Herausforderung, ein Korallenriff in Ausschnitten nachzubilden, einschließlich der sehr interessanten wirbellosen Lebewesen. Allerdings sind Meeresorganismen nicht ganz einfach in einem Aquarium zu halten. Viele stellen spezielle Ansprüche an das Futter; aber auch bezüglich der Wasserqualität sind Meereslebewesen sehr viel empfindlicher als die meisten Süßwasserfische, und sie benötigen in der Regel auch deutlich mehr Platz. Außerdem sind viele stets hungrige Raubfische, die ein Riffaquarium innerhalb kürzester Zeit verwaist aussehen lassen. Noch schwieriger als viele Meeresfische sind aber wirbellose Meerestiere zu halten, sodass deren Pflege nur dem sehr erfahrenen Aquarianer empfohlen werden kann.

Ausschnitt aus einem Meerwassergesellschaftsbecken.

Anemonenfische

Die Familie Pomacentridae besteht aus zwei großen Gruppen: den Anemonenfischen und den Riffbarschen. Sie sind bei Aquarianern gleichermaßen beliebt, und viele Anfänger auf dem Gebiet der Meeresaquaristik sammeln ihre ersten Erfahrungen mit Fischen aus dieser Familie.

Bekannt sind diese Fische, die man wegen ihrer unbeholfenen, manchmal komisch wirkenden Schwimmweise und ihrer kontrastreichen Zeichnung auch Clownfische nennt, vor allem durch ihre Symbiose mit Anemonen, von denen die meisten zu den Gattungen *Stoichactis* und *Heteractis* gehören. Diese Lebensgemeinschaft wird dadurch möglich, dass die Fische sich unbehelligt zwischen den nesselbewehrten Tentakeln der Anemonen, mit denen diese sich vor

Gefahren schützen und die sie zum Beutefang einsetzen, aufhalten können, denn ihr Körper ist durch eine Schleimschicht vor dem Nesselgift der Anemone geschützt (die Fische verteidigen die Anemone im Gegenzug gegen spezialisierte Fressfeinde).

Anemonenfische sind Revier bildend, sodass man nur ein Paar pro Anemone halten sollte (Anemonenfische brauchen aber nicht unbedingt eine Anemone und Anemonen nicht unbedingt einen Anemonenfisch). Einige Arten vermehren sich auch im Aquarium. Man kann ein Paar oder zwei Männchen kaufen, von denen sich eines schon bald in ein Weibchen umwandeln wird. Die nicht leicht aufzuziehenden Jungen benötigen als erste Nahrung Rädertierchen.

Schwarzer Dreibinden-Anemonenfisch *Amphiprion clarkii*

Familie Pomacentridae	tenes Fleisch, beispielsweise Fisch,	24–26 °C; pH 8,3–8,4;
Verbreitung Indo-Pazifik	dazu pflanzliche Kost; manchmal	SG 1,023–1,027
Größe 5 cm	wird auch Flockenfutter genommen	**Wasserregion** Bodenfisch
Futter Allesfresser. Fein geschnit-	**Wasserwerte** Temperatur	**Zucht** Haftlaicher

Die Färbung dieser weit verbreiteten Art kann je nach Herkunft etwas variieren. Die Fische sind normalerweise dunkelbraun mit zwei hellen Querbändern; bei Jungfischen ist noch ein drittes Band vorhanden. Der vordere Teil des Kopfes, der Bauch sowie Schwanz-, After- und Brustflossen sind gelb; die Rückenflosse ist braun. Es handelt sich um friedliche, recht aktive Fische, die auch für ein Gesellschaftsaquarium geeignet sind. Sie benötigen feine Fleischnahrung, aber auch pflanzliche Kost, beispielsweise Algen. Die Art wird in großer Zahl für den Handel gezüchtet, lässt sich aber auch im Aquarium vermehren. Eier und Jungfische werden vom Männchen betreut.

Tropisches Meerwasserbecken siehe S. 196/197

Orangeringelfisch *Amphiprion ocellaris*

Familie Pomacentridae
Verbreitung Indo-Pazifik
Größe 5 cm
Futter Allesfresser. Hauptsächlich Fleischnahrung, etwa klein geschnittene Stücke von Fischen, Krebsen, Muscheln und anderen Weichtieren; für den Handel gezüchtete Exemplare nehmen zumeist auch Flockenfutter
Wasserwerte Temperatur 24–26 °C; pH 8,3–8,4; SG 1,023–1,027
Wasserregion Mittlerer bis oberer Bereich
Zucht Haftlaicher

Nach vorn ausgebuchtete Querbinde

Rundliche Kopfpartie

Abgerundete Flossen

Diese Art, die man als den typischen Anemonenfisch bezeichnen könnte, sollte in keinem Meeresaquarium fehlen, nicht zuletzt, weil die Tiere relativ leicht zu pflegen, zu ernähren und zu züchten sind. Es handelt sich um weit verbreitete, normalerweise leuchtend orange gefärbte Fische mit weißen Querbinden und dunkel gesäumten Flossen; allerdings kann die Färbung innerhalb des Verbreitungsgebietes etwas variieren. Im Handel findet man sowohl gezüchtete Exemplare als auch Wildfänge. Für die Zucht benötigen die Paare eine geeignete Anemone. Vor dem Ablaichen putzen die Tiere einen Stein in der Nähe des Anemonenfußes und legen darauf die Eier ab. Diese werden vom Männchen bewacht, bis die Jungen nach etwa 7 bis 10 Tagen schlüpfen.

Riffaquarium siehe S. 198/199

Samt-Anemonenfisch *Premnas biaculeatus*

Familie Pomacentridae
Verbreitung Indo-Pazifik, von Madagaskar über die Philippinen und Australien bis zu den Salomon-Inseln
Größe 10 cm
Futter Fleischfresser. Klein geschnittenes Fleisch von Fischen oder Weichtieren; unter Umständen lassen sich die Tiere auch an Flockenfutter gewöhnen
Wasserwerte Temperatur 24–26 °C; pH 8,3–8,4; SG 1,023–1,027
Wasserregion Mittlerer bis unterer Bereich
Zucht Haftlaicher

Diese Art ist deutlich größer und kräftiger als andere Anemonenfische; außerdem haben die Tiere zwei typische lange Dornen unterhalb der Augen (den Arten der Gattung *Amphiprion* fehlt dieses Merkmal, dafür haben sie Stacheln auf den Kiemendeckelrändern). Ihre dunkelrote, von weißen Querbinden unterbrochene Färbung macht die Tiere zu beliebten Zierfischen, die allerdings gegen Artgenossen und auch andere Fische recht aggressiv sein können, sodass man sie nur mit etwa gleich großen Arten vergesellschaften sollte. Hat sich erst einmal ein Paar gefunden, leben die Tiere jedoch friedlich zusammen, und gegenüber Wirbellosen verhalten sich die Samt-Anemonenfische eigentlich nie aggressiv. Die Fütterung bereitet zumeist wenig Probleme; eine Vermehrung im Aquarium ist möglich.

Riffaquarium siehe S. 198/199

Riffbarsche

Riffbarsche gelten als relativ robust und werden daher oft als Erstbesatz für neu eingerichtete Becken oder für Anfänger empfohlen. Dies bedeutet allerdings nicht, dass man die Tiere in schlecht gepflegten Becken halten oder sie hohen Nitrit- und Ammoniakkonzentrationen aussetzen kann. Wie bei allen anderen Fischen führt auch bei den Riffbarschen eine schlechte Wasserqualität oder übermäßiger Stress zu einer erhöhten Infektionsanfälligkeit. Außerdem gibt es einige Arten, die man nicht in ein neues Becken einsetzen darf, sodass man sich vor dem Kauf genau über die Bedürfnisse der Tiere informieren sollte.

Riffbarsche sind aktive, kleine Fische, von denen viele im Meer ein zwischen Korallen in Besitz genommenes Revier verteidigen. Damit dies auch im Aquarium möglich ist, sollte ausreichend Platz und die nötige Dekoration zur Verfügung stehen. Viele Arten sind leuchtend gefärbt, wobei die Farben aber schnell verblassen, wenn die Tiere unter Stress stehen.

Die Fütterung von Riffbarschen bereitet zumeist keine Probleme. Die Tiere nehmen fast jede Nahrung, sollten aber abwechslungsreich mit Lebend-, Gefrier-, Flocken- und Grünfutter ernährt werden. Die Zucht im Aquarium ist möglich. Die Geschlechter lassen sich oft nur schwer unterscheiden. In vielen Fällen ist das Weibchen zur Laichzeit an der etwas größeren Leibesfülle zu erkennen. Die Eier werden auf einem flachen Stein oder einer Muschel abgelegt.

Neon-Demosielle *Paraglyphidodon oxyodon*

Familie Pomacentridae
Verbreitung Westpazifik
Größe 7,5 cm
Futter Allesfresser. Kleine Wirbellose wie Glas- und Salinenkrebschen (lebend- oder gefroren) sowie Flockenfutter; aber auch etwas pflanzliche Kost, darunter Algen
Wasserwerte Temperatur 24–26 °C; pH 8,3–8,4; SG 1,023–1,027
Wasserregion Mittlerer Bereich
Zucht Haftlaicher

Jungfische mit leuchtend blauen Streifen

Diese Art gehört zu den Riffbarschen, die nicht ganz einfach zu halten sind. So ist schon die Eingewöhnung ziemlich schwierig, vor allem wenn die Wasserbedingungen nicht ganz optimal sind; außerdem verhalten sich besonders ältere Tiere recht rauflustig und aggressiv, sodass sie ein geräumiges Becken mit ausreichend Platz für ihr Revier benötigen. Die dunkelblau bis schwärzlich gefärbten Jungfische haben ein weißes oder gelbes Querband, das zwischen der Rückenflosse und den Brustflossen verläuft, eine helle Kehle sowie einige leuchtend hellblaue Streifen, hauptsächlich im Kopf- und Rückenbereich. Mit zunehmendem Alter verblassen die Farben, sodass ausgewachsene Exemplare fast einfarbig dunkelgrau aussehen. Die Fütterung bereitet wenig Probleme, da zumeist auch handelsübliches Futter gefressen wird. Eine Vergesellschaftung mit Wirbellosen ist möglich.

Blaues Schwalbenschwänzchen   *Chromis cyanea*

Familie Pomacentridae	Fischen, Krebsen, Muscheln oder	24–26 °C; pH 8,3–8,4;
Verbreitung Westatlantik	Schnecken; die Tiere fressen aber	SG 1,023–1,027
Größe 5 cm	auch Flocken- und Grünfutter	**Wasserregion** Mittlerer Bereich
Futter Allesfresser. Fleisch von	**Wasserwerte** Temperatur	**Zucht** Haftlaicher

Farblose
Flossensäume

Diesen friedlichen Schwarmfisch sollte man unbedingt zusammen mit einigen Artgenossen halten. Die schwarzen Flecken und Punkte, die sich bis in die Flossen ausdehnen, bilden einen hübschen Kontrast zur leuchtend blauen Grundfärbung; die tief eingeschnittene Schwanzflosse und die waagerechten dunklen Längsbinden verleihen den Tieren ein stromlinienförmiges Aussehen, das gut zu ihrer aktiven Lebensweise passt. Man hält die Art am besten in einem Riffaquarium, in dem sich auch Wirbellose befinden können. Außerdem benötigen die Tiere gut durchlüftetes Wasser und viel freien Schwimmraum. Zur Zucht sollte man eine gemischte Gruppe halten; die Männchen erkennt man daran, dass das schwarze Längsband zur Laichzeit breiter wird.

Riffaquarium siehe S. 198/199

Goldschwanz-Demoiselle   *Chrysiptera parasema*

Familie Pomacentridae
Verbreitung In der gesamten indopazifischen Region weit verbreitet (auch im Roten Meer)
Größe 5 cm
Futter Allesfresser. Klein geschnittenes Fisch-, Krebs- und Muschelfleisch, ergänzt durch Granulat- und etwas Grünfutter
Wasserwerte Temperatur 24–26 °C; pH 8,3–8,4; SG 1,023–1,027
Wasserregion Mittlerer Bereich
Zucht Haftlaicher

Dunkler
Augenstrich

Dieser robuste Riffbarsch ist eine ausgezeichnete Art für Anfänger, denn die Tiere lassen sich relativ leicht ernähren, da sie auch handelsübliches Futter sowie pflanzliche Kost nehmen. Gleichzeitig sind sie mit ihrem leuchtend blauen Körper, dem goldgelben Schwanzstil und der teilweise ebenfalls goldgelben Schwanzflosse (der hintere Saum ist farblos, ebenso wie die äußeren Bereiche der anderen unpaaren Flossen) aber auch noch außerordentlich attraktiv (gegen andere Fische, die in ihr Revier eindringen, können sie allerdings etwas aggressiv sein). Die Schuppen haben eine dunkel gefärbte Mitte; über das Auge verläuft ein dunkler Augenstrich. Der vordere, stachlige Teil der Rückenflosse wirkt ein wenig bedrohlich, was aber recht gut zum manchmal aggressiven Verhalten dieses Riffbarsches passt. Mit Wirbellosen lässt sich die Art normalerweise problemlos vergesellschaften.

Dreibinden-Preußenfisch   *Dascyllus aruanus*

Familie Pomacentridae	Fischen, Krebsen, Muscheln oder	24–26 °C; pH 8,3–8,4;
Verbreitung Indo-Pazifik	Schnecken; die Tiere fressen aber	SG 1,023–1,027
Größe 7,5 cm	auch Flocken- und Grünfutter	**Wasserregion** Mittlerer Bereich
Futter Allesfresser. Fleisch von	**Wasserwerte** Temperatur	**Zucht** Haftlaicher

Diese Art wird besonders wegen ihrer auffälligen, schwarz-weißen Färbung gern gehalten. Sie eignet sich auch für Anfänger auf dem Gebiet der Meeresaquaristik, da die Tiere selbst mit den Bedingungen in neu eingerichteten Becken gut zurechtkommen. Doch auch wenn es sich um einen der robustesten Riffbarsche handelt, so benötigen die Fische doch gut kontrollierte Bedingungen und ein Becken mit zahlreichen Versteckmöglichkeiten in einem nachgebildeten Korallenriff. Die Revier bildenden Tiere sind gegenüber Artgenossen oft recht aggressiv; Wirbellose bleiben zumeist unbehelligt. Der ähnlich aussehende Vierbinden-Preußenfisch *(Dascyllus melanurus)* unterscheidet sich durch die teilweise schwarze Schwanzflosse.

Riffaquarium siehe S. 198/199

Weißschwanz-Preußenfisch   *Dascyllus carneus*

Familie Pomacentridae	Fischen, Krebsen oder Weichtieren;	24–26 °C; pH 8,3–8,4;
Verbreitung Indo-Pazifik	oft wird auch Flocken- und	SG 1,023–1,027
Größe 7,5 cm	Grünfutter genommen	**Wasserregion** Mittlerer Bereich
Futter Allesfresser. Fleisch von	**Wasserwerte** Temperatur	**Zucht** Haftlaicher

Hinterer Teil der Rückenflosse ist farblos.

Diese Art ähnelt in Form und Größe dem Dreibinden-Preußenfisch, ist aber nicht so robust und auch etwas weniger auffällig gefärbt. Der vordere Teil des Körpers und ein Teil der Flossen sind dunkelbraun, der restliche Fisch ist, bis auf die ungefärbte Schwanzflosse und den ebenfalls farblosen hinteren Saum der Rückenflosse, cremefarben; die einzelnen Schuppen weisen einen blauen Fleck auf. Manchmal findet man aber auch Exemplare, die eher graubraun gefärbt sind und einen auffälligen weißen Fleck unterhalb des vorderen Teils der Rückenflosse haben. Gegenüber Artgenossen sind die Tiere oft etwas aggressiv, sodass man nur etwa gleich große Tiere zusammen halten sollte; andere Fische und Wirbellose werden dagegen nicht belästigt.

Dreifleck-Preußenfisch *Dascyllus trimaculatus*

Familie Pomacentridae
Verbreitung Indo-Pazifik, auch Rotes Meer
Größe 7,5 cm
Futter Allesfresser. Klein geschnittenes Fleisch von Fischen, Krebsen, Muscheln oder Schnecken; die Tiere gewöhnen sich aber zumeist auch an Flocken- und Grünfutter
Wasserwerte Temperatur 24–26 °C; pH 8,3–8,4; SG 1,023–1,027
Wasserregion Mittlerer Bereich
Zucht Haftlaicher

Auffällige weiße Flecken

Abgerundete Afterflosse

Kennzeichen dieser Art sind die drei großen weißen Flecken: je einer auf den Flanken unter der Rückenflosse, der dritte auf der Stirn. Diese Zeichnung verblasst mit zunehmendem Alter, sodass der gesamte Körper dann samtig schwarz gefärbt ist. Wenn die Tiere unter Stress stehen, verändert sich ihre Farbe zu einem blassen Grau, und die dunkel gerandeten Schuppen werden sichtbar. Geschieht das, sollte man sofort die Wasserqualität überprüfen und gegebenenfalls in Ordnung bringen. Die Haltung des Dreifleck-Preußenfisches, der regelmäßig im Handel erhältlich ist, bereitet normalerweise wenig Probleme, vorausgesetzt es stehen ausreichend Felsverstecke zur Verfügung. Gegenüber Artgenossen (und manchmal auch anderen Fischen) können die Tiere aber aggressiv sein, sodass es sicherer ist, sie nur mit Wirbellosen in einem Becken zu halten.

Blauer Riffbarsch *Pomacentrus coeruleus*

Familie Pomacentridae
Verbreitung Indo-Pazifik
Größe 5 cm
Futter Allesfresser. Klein geschnittenes Fleisch von Fischen, Krebsen, Muscheln oder Schnecken, außerdem Glas- und Salinenkrebschen (lebend oder gefroren) sowie Flocken- und Grünfutter
Wasserwerte Temperatur 24–26 °C; pH 8,3–8,4; SG 1,023–1,027
Wasserregion Mittlerer Bereich
Zucht Haftlaicher

Schwarzer Fleck am hinteren Ende der Rückenflosse

Farblose Schwanzflosse

Jungfische dieser Art zeigen noch ein ausgeprägtes Sozialverhalten und fühlen sich in Gegenwart von Artgenossen ausgesprochen wohl. Mit zunehmendem Alter werden die Tiere aber immer intoleranter und verhalten sich dann oft nicht nur gegenüber ihresgleichen, sondern auch gegenüber anderen Fischen aggressiv. Daher sollte man die Art nur mit etwa gleich großen Tieren vergesellschaften. Ungeachtet ihrer unverträglichen Natur sind diese Riffbarsche, die man am besten in einem geräumigen Becken mit zahlreichen Verstecken hält, dennoch sehr beliebt, nicht zuletzt wegen ihrer leuchtend blauen Färbung und des eleganten Körperbaus. Die Mitte jeder Schuppe weist eine gelblich weiße Zeichnung auf, und über das Auge und die Schnauze verläuft normalerweise ein schwarzes Band (die Zeichnung kann bei einzelnen Exemplaren allerdings stark variieren).

Kaiserfische

Kaiserfische sind besonders wegen ihrer attraktiven Färbung sehr beliebt, wobei dies gleichermaßen für die größeren wie auch die kleineren Arten gilt. Anfänger sollten sich allerdings nicht gleich an den schwierigeren großen Arten versuchen, denn diese sind oft heikle Fresser und werden schnell apathisch oder krank, wenn sich die Wasserqualität verschlechtert. Außerdem verteidigen sie ihr Revier sehr aggressiv, sodass man am besten einzelne Exemplare hält.

Zwergkaiserfische (Gattung *Centropyge*) sind für die Aquarienhaltung besser geeignet. Sie werden selten über 10 cm groß, sind friedlich – auch gegenüber Artgenossen –, lassen sich im Allgemeinen problemlos ernähren und können in den meisten Fällen auch zusammen mit Wirbellosen gehalten werden.

Kaiserfische brauchen ein Becken mit einer Riffdekoration, in der reichlich Spalten und Löcher zum Verstecken vorhanden sind. In der Natur fressen die Fische u. a. Korallenpolypen, Schwämme und Algen; im Aquarium versorgt man sie mit abwechslungsreichem Lebend- und Gefrierfutter, etwa Glas- und Salinenkrebschen, Garnelen und Miesmuscheln oder aus Schwämmen hergestellter Nahrung sowie Algen. Ausgewachsene Wildfänge sind oft nicht ganz einfach an das für sie neue Futter zu gewöhnen. Daher sollte man sich schon beim Kauf davon überzeugen, dass die Fische handelsübliche Nahrung fressen.

Felsenschönheit *Holacanthus tricolor*   🐟🐟🐟

Familie Pomacanthidae
Verbreitung Indo-Pazifik
Größe Im Aquarium bis 30 cm; in der Natur bis 38 cm
Futter Allesfresser. Benötigt aus Schwämmen hergestelltes Spezialfutter; zusätzlich kann man Algen und Fleisch von Weichtieren sowie Glas- und Salinenkrebschen (lebend oder gefroren) anbieten
Wasserwerte Temperatur 24–26 °C; pH 8,3–8,4; SG 1,023–1,027
Wasserregion Nicht festgelegt
Zucht Freilaicher

Rundliche, ruderartige Afterflosse

Die Felsenschönheit ist keine ganz einfache Art, besonders weil die Eingewöhnung recht schwierig sein kann, selbst bei Jungtieren. Der Hauptgrund dafür sind die ungewöhnlichen Nahrungsansprüche, denn die Tiere benötigen spezielles, aus Schwämmen hergestelltes Futter. Aber selbst wenn sie daran gewöhnt werden konnten, sieht man oft immer noch Exemplare, die kümmern. Jungfische sind überwiegend gelb mit einem dunklen Fleck im hinteren Teil des Körpers, der sich bei ausgewachsenen Tieren stark vergrößert. Diese bilden ein Revier und sind dann oft sehr aggressiv gegenüber Artgenossen, sodass man in einem Gesellschaftsbecken nur ein Exemplar halten sollte. Die Tiere benötigen ein geräumiges Aquarium mit sehr guter Wasserqualität; Wirbellose sollten sich möglichst nicht darin befinden, da sich die Fische oft an ihnen vergreifen.

Ringkaiserfisch *Pomacanthus annularis*

Familie Pomacanthidae
Verbreitung Indo-Pazifik
Größe Im Aquarium bis 25 cm;
in der Natur bis 40 cm
Futter Allesfresser. Fleisch
von Krebsen, Muscheln und
Schnecken, außerdem Glas- und
Salinenkrebschen (möglichst
lebend); wichtig sind aber auch
größere Mengen an Algen
Wasserwerte Temperatur
24–26 °C; pH 8,3–8,4;
SG 1,023–1,027
Wasserregion Nicht festgelegt
Zucht Freilaicher

Bei dieser ausgesprochen hübschen, aber etwas empfindlichen Art haben die Jungfische einen dunkelblauen Körper mit dünnen weißen und blauen Querbinden, während ausgewachsene Exemplare kupferfarben sind und breitere, hellblaue, abknickende Längsstreifen zeigen, die im hinteren Teil der Rückenflosse zusammenlaufen. Ringkaiserfische (der Name geht auf den blauen Ring im Kopfbereich zurück) bilden ein Revier, das sehr aggressiv verteidigt wird. Daher sollte man stets Einzeltiere halten und diese nur mit ähnlich großen Arten vergesellschaften; eine gemeinsame Haltung mit Wirbellosen ist nicht zu empfehlen. Jungfische gewöhnen sich normalerweise besser ein, aber auch sie sind bei der Ernährung sehr anspruchsvoll und brauchen unbedingt regelmäßig größere Mengen Algen. Außerdem sollte man viel Fleisch füttern, wobei Lebendfutter bevorzugt wird.

Koran-Kaiserfisch *Pomacanthus semicirculatus*

Familie Pomacanthidae
Verbreitung Indo-Pazifik
Größe Im Aquarium bis 38 cm;
in der Natur bis 40 cm
Futter Allesfresser. Fleisch von
Muscheln und Schnecken sowie
Glas- und Salinenkrebschen; die
Tiere fressen zumeist auch Algen
Wasserwerte Temperatur
24–26 °C; pH 8,3–8,4;
SG 1,023–1,027
Wasserregion Nicht festgelegt
Zucht Freilaicher (wie bei allen
Kaiserfischen werden die Eier frei
ins Wasser abgelegt)

Bei dieser sehr beliebten Art haben Jungfische und ausgewachsene Tiere praktisch keine Ähnlichkeit miteinander. Junge Exemplare, wie das hier abgebildete, sind dunkelblau mit teilweise halbkreisförmigen, weißen und hellblaue Streifen, die zu ihrem wissenschaftlichen Artennamen geführt haben. Mit zunehmendem Alter verschwinden diese Streifen; dafür bekommen die Tiere eine sehr typische Zeichnung auf der Schwanzflosse, die ein wenig an arabische Schriftzeichen erinnert und denen die Fische ihren umgangsprachlichen Namen verdanken. Koran-Kaiserfische verteidigen ihr Revier gegen andere Fische sehr aggressiv, sodass man bei einer Vergesellschaftung mit anderen Arten, aber auch Wirbellosen vorsichtig sein muss. Das Becken sollte sehr geräumig sein, denn die Tiere benötigen nicht nur viel freien Schwimmraum sondern auch eine Steindekoration mit zahlreichen Verstecken.

Blauer Zwergkaiserfisch   *Centropyge argi*

Familie Pomacanthidae	**Futter** Allesfresser. Fleischstücke	24–26 °C; pH 8,3–8,4;
Verbreitung Westatlantik, Karibik,	sowie Lebend-, Gefrier- und	SG 1,023–1,027
Golf von Mexiko	reichlich Grünfutter	**Wasserregion** Nicht festgelegt
Größe 7,5 cm	**Wasserwerte** Temperatur	**Zucht** Freilaicher

Breite
Rückenflosse

Hellblauer
Flossensaum

Diese Art ist nicht nur relativ leicht einzugewöhnen und problemlos zu ernähren,
sondern man kann sie auch zusammen
mit Wirbellosen halten. Die Tiere haben
eine prächtige dunkelblaue Färbung, abgesehen vom Kopf, der gelb ist, wobei die
Größe dieses Bereiches, je nach Herkunftsort, etwas unterschiedlich sein kann. In
der Natur leben die Tiere normalerweise
in Bodennähe, wo ihnen Korallenbruch
und -trümmer ausreichend Schutz bieten, und vergleichbare Bedingungen
sollten die Fische auch im Aquarium
vorfinden. Die Reviere sind recht
klein, sodass man, bei entsprechender Beckengröße, auch mehrere Tiere zusammen halten kann.
Die Paarbindung ist sehr fest, sodass man, wenn sich bereits beim
Händler Paare gebildet haben,
beide Tiere kaufen sollte.

Schwarzgelber Zwergkaiserfisch   *Centropyge bicolor*

Familie Pomacanthidae
Verbreitung Indo-Pazifik
(ausgenommen Hawaii)
Größe 12,5 cm
Futter Allesfresser. Klein ge-
schnittenes Fleisch von Muscheln
oder Schnecken sowie Glas- und
Salinenkrebschen (lebend oder
gefroren); außerdem reichlich
Grünfutter, darunter Algen
Wasserwerte Temperatur
24–26 °C; pH 8,3–8,4;
SG 1,023–1,027
Wasserregion Nicht festgelegt
Zucht Freilaicher

Der Name dieser Art deutet bereits an, dass es sich
um zweifarbige Tiere handelt, wobei der Vorderkörper gelb ist, der hintere Teil dunkelblau. Man setzt
die Fische möglichst in ein gut eingefahrenes Riffaquarium, in dem sich auch Wirbellose befinden können, die normalerweise unbehelligt bleiben. Wichtig
ist, dass im Becken ausreichend Versteckmöglichkeiten vorhanden sind, damit die Fische sich zurückziehen können. Das Futter sollte abwechslungsreich

sein und sowohl Fleischnahrung wie auch pflanzliche Kost umfassen; die Wasserqualität muss sehr
gut sein, da die Tiere sonst anfällig für Krankheiten
sind. Die Männchen halten sich normalerweise einen
Harem von mehreren Weibchen. Stirbt ein solches
Männchen oder wird es aus dem Becken genommen, ändert eines der Weibchen das Geschlecht
und nimmt seine Stelle ein.

Gestreifter Zwergkaiserfisch *Centropyge bispinosus*

Familie Pomacanthidae	**Futter** Allesfresser. Fleischstücke	24–26 °C; pH 8,3–8,4;
Verbreitung Indo-Pazifik,	sowie Glas- und Salinenkrebschen	SG 1,023–1,027
Südwestpazifik	(lebend oder gefroren); Algen	**Wasserregion** Nicht festgelegt
Größe 12 cm	**Wasserwerte** Temperatur	**Zucht** Freilaicher

Flanken mit Streifen- und Fleckenzeichnung

Beim Gestreiften Zwergkaiserfisch sehen nicht nur Jung- und Alttiere unterschiedl ch aus, sondern es gibt auch noch regionale Farbunterschiede.

Die Grundfärbung reicht von goldgelb bis rötlich, die Querstreifen und Flecken sind purpurfarben bis dunkelblau (ausgewachsene Exemplare haben oft mehr goldgelbe Farbtöne; Fische von den Philippinen sind oft rötlicher gefärbt als solche aus dem Südwestpazifik). Man hält die recht ruhigen Tiere am besten paarweise oder als kleine Gruppe; wenn zu wenig Versteckmöglichkeiten im Becken vorhanden sind, lassen sich die Tiere oft schlecht eingewöhnen.

Hellblauer Flossensaum

Riffaquarium siehe S. 198/199

Eibls Zwergkaiserfisch *Centropyge eibli*

Familie Pomacanthidae
Verbreitung Indo-Pazifik, Südwestpazifik
Größe 15 cm
Futter Allesfresser. Hauptsächlich kleine Fleischstücke, etwa von Krebsen oder Weichtieren, sowie Glas- und Salinenkrebschen (lebend- oder gefroren); außerdem werden zumeist auch im Becken wachsende Algen gefressen
Wasserwerte Temperatur 24–26 °C; pH 8,3–8,4; SG 1,023–1,027
Wasserregion Nicht festgelegt
Zucht Freilaicher

Die Hauptanziehungskraft dieser friedlichen Art geht vermutlich von der unaufdringlichen, zarten Färbung aus, die, je nach Herkunft, etwas unterschiedlich sein kann. Typisch sind allerdings die wellenförmigen Querbinden, die goldgelben Augenringe und die dunkle, hell gesäumte Rückenflosse. Die Art, die nach ihrem Entdecker benannt wurde, ist die größte unter den Zwergkaiserfischen und lebt zwischen Korallen in einer Tiefe bis 20 m. Die

Tiere sind relativ häufig im Handel zu finden und gewöhnen sich normalerweise gut ein. Man kann sie im Gesellschaftsbecken halten, in dem sich auch Wirbellose befinden können; wichtig ist allerdings, dass – ähnlich wie in einem Korallenriff – ausreichend Verstecke vorhanden sind. Die Fütterung ist nicht besonders schwierig, wobei auch Algen im Becken abgegrast werden. Über die Fortpflanzung ist wenig bekannt.

Falterfische

Falterfische leben in Korallenriffen, wo ihnen ihre prächtige Färbung als Tarnung dient. Die Tiere haben eine gewisse Ähnlichkeit mit Kaiserfischen, allerdings fehlen die typischen Stacheln auf den Kiemendeckeln. Der seitlich zusammengedrückte Körper ermöglicht es den Fischen, zwischen Korallenästen umherzuschwimmen und mit ihrer langen, spitzen Schnauze in Spalten nach Futter zu suchen, das aus Algen, Korallen und Schwämmen aber auch Plankton besteht.

Da Falterfische eine gleichbleibend gute Wasserqualität brauchen und zudem ihre Ernährung nicht ganz einfach ist, sind sie für Anfänger ungeeignet (in jedem Fall sollte man sich beim Kauf eines Fisches demonstrieren lassen, dass er auch frisst). Die Tiere brauchen abwechslungsreiches Futter, darunter auch aus Schwämmen hergestellte Nahrung sowie lebende Glas- und Salinenkrebschen. Ausgewachsene Exemplare sind zumeist schwieriger einzugewöhnen als Jungfische.

Bei der Auswahl von Fischen für ein Gesellschaftsbecken sollte man darauf achten, dass die jeweilige Art nicht aggressiv gegenüber anderen Fischen ist. Außerdem empfiehlt es sich nicht, Falterfische zusammen mit Seeanemonen oder lebenden Korallen zu halten, da diese gefressen werden. Die Tiere sind Freilaicher, geben also Eier und Sperma gleichzeitig ins Wasser ab und überlassen den Nachwuchs dann sich selbst; über Zuchterfolge in menschlicher Obhut ist wenig bekannt.

Augenfleck-Falterfisch *Chaetodon auriga* 🐟🐟

Familie Chaetodontidae
Verbreitung Indo-Pazifik, Rotes Meer
Größe In der Natur bis 20 cm; bleibt im Aquarium zumeist kleiner
Futter Allesfresser. Korallenpolypen, Krebse und Algen; die Tiere nehmen manchmal auch feines Lebend- oder Gefrierfutter, etwa Glas- oder Salinenkrebschen
Wasserwerte Temperatur 24–26 °C; pH 8,3–8,4; SG 1,023–1,027
Wasserregion Mittlerer Bereich
Zucht Freilaicher

Augenfleck

Zeichnung aus dunklen Streifen

Diese Art verdankt ihren Namen dem auffälligen Augenfleck am Hinterkörper (das echte Auge ist durch eine schwarze Querbinde maskiert). Es handelt sich um recht friedliche Tiere, die leicht scheu werden, wenn es im Becken nicht genug Versteckmöglichkeiten gibt. Wirbellose sollten sich nicht im Aquarium befinden, da diese häufig gefressen werden. Das Vorderende der Tiere ist normalerweise weiß mit rechtwinklig zueinander angeordneten Diagonalstreifen, im hinteren Teil sind die Fische gelb. Allerdings kann die Färbung, je nach Herkunft, etwas variieren (beispielsweise verschwindet der Augenfleck bei Exemplaren aus dem Roten Meer mit zunehmendem Alter). Handelsübliches Futter wird anfangs oft verweigert, sodass man bei der Eingewöhnung manchmal viel Geduld aufbringen muss (nicht selten werden die Tiere aber auch nur durch weniger scheue Fische gestört).

Perlenschuppiger Falterfisch *Chaetodon chrysurus*

Familie Chaetodontidae
Verbreitung Indo-Pazifik
Größe In der Natur bis 15 cm;
bleibt im Aquarium zumeist
kleiner
Futter Allesfresser. Korallen-
polypen und kleine Wirbellose,
etwa Glas- oder Salinenkrebs-
chen (lebend oder gefroren);
außerdem reichlich pflanzliche
Kost, darunter Algen
Wasserwerte Temperatur
24–26 °C; pH 8,3–8,4;
SG 1,023–1,027
Wasserregion Mittlerer Bereich
Zucht Freilaicher

Diese Art ist besonders wegen ihrer hübschen Färbung recht beliebt. Der Körper ist größtenteils von
einem dunklen Netzmuster bedeckt, das den Eindruck von großen, perlmuttartigen Schuppen entstehen lässt und zum umgangssprachlichen Namen der
Fische geführt hat. Es handelt sich um recht ruhige
und friedliche Tiere, die allerdings nicht zusammen
mit Wirbellosen gehalten werden können. Die natürliche Verbreitung der Art konnte noch nicht genau
festgestellt werden, man nimmt aber an, dass die
Tiere nicht überall im Indo-Pazifik vorkommen, sondern hauptsächlich entlang der afrikanischen Küste
sowie vor Mauritius und den Seychellen. Man kann
die Art manchma an tiefgefrorene Nahrung gewöhnen, bevorzugt wird aber Lebendfutter, etwa Glas-
und Salinenkrebschen.

Tropisches Meerwasserbecken siehe S. 196/197

Rotschwanz-Schmetterlingsfisch *Chaetodon collare*

Familie Chaetodontidae
Verbreitung Indischer Ozean
Größe In der Natur bis 15 cm;
bleibt im Aquarium zumeist kleiner
Futter Allesfresser. Grün-, Lebend-
und Gefrierfutter, etwa Glas- oder
Salinenkrebschen
Wasserwerte Temperatur
24–26 °C; pH 8,3–8,4;
SG 1,023–1,027
Wasserregion Mittlerer Bereich
Zucht Freilaicher

Diese Art ist bei Aquarianern wegen ihrer
auffälligen Färbung ebenfalls sehr beliebt,
gehört aber zu den Falterfischen, die nicht
ganz leicht zu halten sind, besonders weil
sie oft das Futter verweigern; außerdem
sind die Tiere gegenüber Artgenossen, aber
auch anderen Fischen häufig recht aggressiv. In der Natur leben nicht alle Tiere in
Koralenriffen, sondern es gibt auch bestimmte Gruppen, die man hauptsächlich
in Felsbiotopen findet, wobei sich solche
Exemplare im Aquarium ein wenig leichter
halten lassen, da sie bezüglich des Futters
nicht ganz so heikel sind. Allerdings muss
man auch bei ihnen erst einmal herausfinden, was sie am liebsten fressen, denn
Tiere unterschiedlicher Herkunft haben oft
recht verschiedene Nahrungsgewohnheiten.
Zusammen mit Wirbellosen sollte man die
Art nicht halten.

Melanotus-Schmetterlingsfisch *Chaetodon melanotus*

Familie Chaetodontidae
Verbreitung Indo-Pazifik
Größe In der Natur bis 15 cm;
bleibt im Aquarium zumeist
kleiner
Futter Allesfresser. Kleine Wirbellose, etwa Glas- oder Salinenkrebschen (lebend oder gefroren);
außerdem pflanzliche Kost,
darunter Algen
Wasserwerte Temperatur
24–26 °C; pH 8,3–8,4;
SG 1,023–1,027
Wasserregion Mittlerer Bereich
Zucht Freilaicher

Der Melanotus-Schmetterlingsfisch ist zwar hübsch
gefärbt und ziemlich friedlich, aber leider auch sehr
schwer zu halten, sodass man ihn nur Aquarianern
empfehlen kann, die bereits Erfahrung mit anderen
Mitgliedern aus der Familie Chaetodontidae gesammelt haben. Das Wichtigste bei der Eingewöhnung
dieser Art ist das Futter. Daher sollte man sich schon
beim Kauf erkundigen, welche Nahrung das Tier
beim Händler bekommen hat, und es zunächst damit
versuchen (wenn die Fische gut eingewöhnt wurden,
ist die spätere Pflege etwas einfacher). Die Tiere
können während der Dunkelheit oder wenn sie in
Angst versetzt werden ihre Färbung völlig verändern
(der obere Teil des Körpers wird dann – von zwei
weißen Flecken abgesehen – völlig schwarz). Wirbellose sollte man nicht mit dem Melanotus-Schmetterlingsfisch vergesellschaften, da diese oft gefressen
werden.

Gebänderter Pinzettfisch *Chelmon rostratus*

Familie Chaetodontidae
Verbreitung Indo-Pazifik,
Rotes Meer
Größe In der Natur bis 17 cm;
bleibt im Aquarium zumeist
kleiner
Futter Allesfresser. Kleine Wir-
bellose, etwa Glas- oder Salinen-
krebschen (lebend oder gefroren);
außerdem pflanzliche Kost,
darunter Algen
Wasserwerte Temperatur
24–26 °C; pH 8,3–8,4;
SG 1,023–1,027
Wasserregion Mittlerer Bereich
Zucht Freilaicher

Augenfleck zur
Täuschung von
Feinden

Lange
Schnauze

Diese Art, die man an der hübschen Färbung
(orangefarbene Streifen auf einem silbernen Grund),
dem typischen Augenfleck und der langen Schnauze
erkennt, ist leider ebenfalls nicht leicht zu halten.
In diesem Fall muss allerdings die Wasserqualität
genau stimmen, da jede Verschlechterung schnell
Krankheiten verursacht oder die Tiere sogar eingehen lässt; außerdem benötigen sie unbedingt Futter
in der richtigen Größe. In der Natur verwenden die
Fische ihre lange, dünne Schnauze, um zwischen
Korallenpolypen oder in Spalten nach Weichtieren
und Algen zu suchen. Im Aquarium sollte man es mit
feinem Lebendfutter probieren; später nehmen die
Tiere dann oft auch handelsübliches Gefrierfutter.
Zusammen mit Wirbellosen kann man die Tiere nicht
halten, aber auch gegenüber Artgenossen und anderen Fischen verhält sich der Gebänderte Pinzettfisch
nicht immer friedlich.

Punktierter Pinzettfisch   *Forcipiger longirostris*

Familie Chaetodontidae
Verbreitung Indo-Pazifik: Großes
Barriere-Riff, Neuguinea, Hawaii
Größe In der Natur bis 20 cm;
bleibt im Aquarium zumeist
kleiner
Futter Allesfresser. Kleine Wir-
bellose, etwa Glas- oder Salinen-
krebschen (lebend oder gefroren);
außerdem pflanzliche Kost,
darunter Algen
Wasserwerte Temperatur
24–26 °C; pH 8,3–8,4;
SG 1,023–1,027
Wasserregion Mittlerer Bereich
Zucht Freilaicher

Der Punktierte Pinzettfisch hat in etwa die gleichen Nahrungsansprüche wie der Gebänderte Pinzett-fisch, ist aber insgesamt etwas einfacher zu halten, da er nicht nur weniger aggressiv ist, sondern auch leichter an handelsübliches Futter gewöhnt werden kann. Allerdings sollte man auf feines Lebendfutter wie Glas- und Salinenkrebschen keinesfalls verzich-ten. Genau wie der Gebänderte Pinzettfisch hat auch diese Art einen Augenfleck im hinteren Bereich des Körpers, um Feinde zu verwirren (aller-dings auf der After- und nicht auf der Rückenflos-se). Dies gelingt besonders dann recht gut, wenn die Fische kopfüber zwischen Korallen oder in Spalten nach Futter suchen. Ein Angreifer, der nach dem Kopf des Opfers schnappen will, erwischt nur etwas Flossengewebe, während der Punk-tierte Pinzettfisch die Überraschung ausnutzt und flieht.

Wimpelfisch   *Heniochus acuminatus*

Familie Chaetodontidae
Verbreitung Indo-Pazifik,
Rotes Meer
Größe In der Natur bis 18 cm;
bleibt im Aquarium zumeist
kleiner
Futter Allesfresser. Kleine Wir-
bellose, etwa Glas- oder Salinen-
krebschen (lebend oder gefroren);
außerdem pflanzliche Kost,
darunter Algen
Wasserwerte Temperatur
24–26 °C; pH 8,3–8,4;
SG 1,023–1,027
Wasserregion Mittlerer Bereich
Zucht Freilaicher

Diese Art fällt besonders durch die ausgezogene, sich allerdings erst im Alter entwickelnde Rücken-flosse auf, die die Tiere noch höher wirken lässt als andere Falterfische. Die Fische sind friedlich, sodass man sie problemlos mit Artgenossen vergesellschaf-ten kann und auch sollte, denn ein kleiner Schwarm dieser Fische in einem geräumigen Aquarium wirkt besonders beeindruckend. Dabei muss man aber unbedingt darauf achten, dass man das Becken nicht überfüllt, denn die Tiere benötigen viel freien Schwimmraum. Die Fütterung bereitet wenig Proble-me, da die Fische zumeist Gefrierfutter nehmen und außerdem gern Algen abgrasen. Achten sollte man aber auf eine gute Wasserqualität und darauf, die Art nicht zusammen mit Wirbellosen zu halten, da diese sich in Anwesenheit von Wimpelfischen kaum entwickeln können.

Doktorfische

Die Arten der Familie Acanthuridae sind besonders durch ihren seitlich zusammengedrückten, eiförmigen Körper, lange Rücken- und Afterflossen sowie die steil abfallende Stirn charakterisiert. Ihren Namen verdanken die Tiere den skalpellartigen, aufklappbaren Stacheln an der muskulösen Wurzel ihrer Schwanzflosse. Eingesetzt werden diese „Skalpelle" normalerweise bei der Revierverteidigung, aber nicht selten kommt es durch die Stacheln auch zu schmerzhaften Verletzungen bei unachtsamen Aquarianern.

Doktorfische sind Pflanzenfresser, sodass im Becken möglichst Algen wachsen sollten, die die Tiere abgrasen können. Als weiteres Futter eignen sich Salat oder Spinat; einige Arten nehmen aber auch feines Lebend- und Gefrierfutter sowie bestimmtes Flockenfutter. Jungfische müssen mehrmals am Tag gefüttert werden.

Wenn Ihr Becken nicht sehr groß ist, sollten Sie nur einzelne Exemplare halten. Zwar bilden Doktorfische in der Natur häufig Schwärme, aber in der relativen Enge eines Aquariums kommt es in einer Gruppe dennoch oft zu Streitigkeiten. Besonders neu eingesetzte Tiere werden von schon länger in einem Becken lebenden Exemplaren häufig tyrannisiert, aber auch Wirbellose bleiben von Doktorfischen zumeist nicht verschont. Wichtig ist es, den großen und aktiven Tieren ausreichend Schwimmraum zur Verfügung zu stellen und für eine gute Wasserqualität zu sorgen, da es sonst leicht zu Parasitenbefall kommt.

Weißkehl-Doktorfisch *Acanthurus leucosternon*

Familie Acanthuridae
Verbreitung Indo-Pazifik
Größe 20 cm
Futter Allesfresser. Kleine Wirbellose, etwa Glas- oder Salinenkrebschen (lebend oder gefroren); außerdem klein geschnittenes Fleisch von Weichtieren und reichlich pflanzliche Kost, darunter Algen
Wasserwerte Temperatur 24–26 °C; pH 8,3–8,4; SG 1,023–1,027
Wasserregion Mittlerer Bereich
Zucht Freilaicher

Diese Art, die durch ihre leuchtenden Farben besticht, sollte nicht mit Artgenossen vergesellschaftet werden, da es sonst leicht zu Kämpfen kommt (aber auch andere blau gefärbte Fische ähnlicher Größe werden oft angegriffen). Wenig Chancen zur Entwicklung haben auch Wirbellose, sodass man auf eine gemeinsame Haltung mit dem Weißkehl-Doktorfisch verzichten sollte. Die Tiere, die in der Natur bis zu 25 cm groß werden können, benötigen ausreichend freien Schwimmraum und eine ausgezeichnete Wasserqualität; außerdem sollten im Becken Algen wachsen. Ist das nicht der Fall, muss man zusätzlich Grünfutter, etwa Salat und Spinat, anbieten. Junge Doktorfische sollten mehrmals täglich kleinere Futtermengen bekommen, da sie sich sonst leicht überfressen. Die Geschlechtsunterschiede sind gering (oft sind die Männchen etwas größer).

Paletten-Doktorfisch *Paracanthurus hepatus*

Familie Acanthuridae	große Mengen an Algen und	24–26 °C; pH 8,3–8,4;
Verbreitung Indo-Pazifik	zusätzlich weiteres Grünfutter, etwa	SG 1,023–1,027
Größe 15 cm	Salat, Spinat und Erbsen	**Wasserregion** Mittlerer Bereich
Futter Pflanzenfresser. Benötigt	**Wasserwerte** Temperatur	**Zucht** Freilaicher

Diese Art, die sich gut an ihrem dunkelblauen Körper mit der auffälligen schwarzen Zeichnung und der gelben Schwanzflosse erkennen lässt, ist eine optische Bereicherung für jedes Meeresaquarium. Außerdem gehört sie zu den wenigen Doktorfischen, von denen man auch einen Schwarm halten kann, vorausgesetzt, das Becken bietet ausreichend Schwimmraum und die Fische werden schon als Jungtiere aneinander gewöhnt. Eine wichtige Voraussetzung für die Haltung sind größere Mengen an Algen im Becken, die der Paletten-Doktorfisch abweiden kann. Daneben sollte aber noch weiteres Grünfutter angeboten werden, damit eine gesunde Ernährung sichergestellt ist. Wirbellose dürfen sich nicht im Aquarium befinden.

Tropisches Meerwasserbecken siehe S. 196/197

Zitronen-Segelflossen-Doktorfisch *Zebrasoma flavescens*

Familie Acanthuridae	anderes Grünfutter, etwa Erbsen und	24–26 °C; pH 8,3–8,4;
Verbreitung Pazifik	Spinat sowie aus Pflanzen herge-	SG 1,023–1,027
Größe 15 cm	stelltes Gefrier- und Flockenfutter	**Wasserregion** Mittlerer Bereich
Futter Pflanzenfresser. Algen und	**Wasserwerte** Temperatur	**Zucht** Haftlaicher

Die großen Flossen lassen die Art scheibenförmig aussehen.

Wenn Sie ein großes Aquarium haben (Beckenlänge mindestens 150 cm), ist es möglich, eine Gruppe von sechs oder mehr dieser leuchtend gelben Fische zu halten, die Sie allerdings schon als Jungtiere aneinander gewöhnen müssen. Aber auch gegenüber anderen Fischen zeigt sich die Art wenig aggressiv, und normalerweise ist auch eine gemeinsame Haltung mit Wirbellosen möglich. Den größten Teil des Tages sind Zitronen-Segelflossen-Doktorfische damit beschäftigt, Fadenalgen vom Substrat abzuweiden. Sind davon nicht genug vorhanden, muss man Algen auf Steinen vorziehen und diese dann ins Becken legen. Zusätzlich sollte man den Tieren aber noch weiteres Grünfutter anbieten.

Tropisches Meerwasserbecken siehe S. 196/197

Drückerfische

Ein typisches Merkmal der Drückerfische ist die aus drei kräftigen Stacheln bestehende vordere Rückenflosse, die aufgeklappt und mit einem Sperrmechanismus verriegelt werden kann. Dadurch ist es den Tieren möglich, sich während der nächtlichen Ruhephasen in einer Spalte zu verkeilen, sodass Fressfeinde sie nicht herausziehen können (außerdem scheuen sich viele Raubfische auch so davor, die stachelbewehrte Beute zu verschlingen). In der Natur bilden Drückerfische ein oft recht großes Revier, in dem zumeist mehrere Weibchen eigene Reviere für die Eiablage in selbst gegrabenen Nestmulden abgrenzen.

Beliebt sind die Tiere wegen ihres merkwürdig eiförmigen Körpers und der oft ungewöhnlichen Färbung. Allerdings empfiehlt es sich, nur einzelne Exemplare zu halten, da es sonst schnell zu Streitigkeiten kommt (auch auf Wirbellose sollte man verzichten). Wichtig sind außerdem zahlreiche Felsspalten oder Höhlen, in denen sich die Tiere nachts verstecken können. Drückerfische sind schlechte Schwimmer, die sich normalerweise durch wellenförmige Bewegungen der zweiten Rücken- und der Afterflosse vorwärts bewegen; bei Gefahr setzen die Fische zusätzlich ihre kräftige Schwanzflosse ein.

Drückerfische haben starke Kiefer und Zähne, die sie zum Fressen von Schnecken, Seeigeln und Krebsen auch benötigen. Einige Arten ernähren sich aber auch von Plankton und Algen; im Aquarium wird häufig auch Gefrierfutter genommen.

Leopard-Drückerfisch *Balistoides conspicillum*

Familie Balistidae
Verbreitung Indo-Pazifik
Größe 25 cm; in der Natur können die Tiere bis zu 50 cm groß werden
Futter Fleischfresser. Krebse und Weichtiere; kann mit klein geschnittenem Muschelfleisch gefüttert und dabei sogar handzahm werden (vorsicht vor den Zähnen der Fische)
Wasserwerte Temperatur 24–26 °C; pH 8,3–8,4; SG 1,023–1,027
Wasserregion Nicht festgelegt
Zucht Freilaicher

Diese Art wird vor allem wegen ihrer ungewöhnlichen Färbung gern gehalten, die ihr in tropischen Korallenriffen, in denen sie heimisch ist, als Tarnung dient. Besonders auffällig sind die zahlreichen weißen Flecken auf der Körperunterseite, eine Art Sattel mit Leopardenmuster unterhalb der Rückenflosse, und das wie mit einem Lippenstift geschminkt wirkende Maul. Der Leopard-Drückerfisch kann ziemlich groß werden und benötigt daher ein geräumiges Aquarium mit vielen Felsspalten und Höhlen, in denen er sich verstecken kann. Jungtiere sind oft schwerer einzugewöhnen als ausgewachsene Exemplare; Letztere nehmen häufig sogar Gefrierfutter. Gegenüber Artgenossen aber auch anderen Fischen kommt es nicht selten zu aggressiven Übergriffen, sodass man diesen Drückerfisch nicht mit zu kleinen Arten (und auch nicht mit Wirbellosen) vergesellschaften sollte.

Rotzahn-Drückerfisch *Odonus niger*

Familie Balistidae
Verbreitung Indo-Pazifik,
Rotes Meer
Größe 25 cm; in der Natur
können die Tiere bis zu 50 cm
groß werden
Futter Fleischfresser. Krebse
und Weichtiere; im Aquarium
kann man mit Schnecken-,
Muschel- und Krebsfleisch füttern
Wasserwerte Temperatur
24–26 °C; pH 8,3–8,4;
SG 1,023–1,027
Wasserregion Nicht festgelegt
Zucht Freilaicher

Diese hübsche Art, deren Körper nicht so eckig wirkt wie bei anderen Drückerfischen, zeigt unaufdringliche blaue, grüne, purpurne oder braune Schattierungen, wobei die Färbung regional etwas unterschiedlich sein kann; außerdem können sich die Farben der Tiere auch noch je nach Stimmung verändern. Ein unverkennbares Merkmal sind dagegen die leierförmige Schwanzflosse, die roten Zähne, die zum umgangssprachlichen Namen der Art geführt haben, sowie die rautenförmige Körperzeichnung. Für Drückerfische sind die Tiere recht friedlich – sogar gegenüber Artgenossen – und auch an ein Leben im Aquarium passen sich die Fische gut an. Wirbellose, vor allem Schwämme, von denen sich die Tiere in der Natur hauptsächlich ernähren, sollten sich nicht im Becken befinden. Achten Sie zudem auf eine gut schließende Abdeckung, da die Tiere gern springen.

Picasso-Drückerfisch *Rhinecanthus aculeatus*

Familie Balistidae
Verbreitung Indo-Pazifik
Größe 23 cm; in der Natur
können die Tiere bis zu 30 cm
groß werden
Futter Fleischfresser. Krebse und
Weichtiere; im Aquarium kann
man mit Schnecken-, Muschel-
und Krebsfleisch füttern (achten
Sie darauf, die Tier nicht zu
überfüttern)
Wasserwerte Temperatur
24–26 °C; pH 8,3–8,4;
SG 1,023–1,027
Wasserregion Nicht festgelegt
Zucht Freilaicher

Ähnlich wie beim Leopard-Drückerfisch liegt die Hauptanziehung dieser Art in der ungewöhnlichen Färbung und Zeichnung, der die Tiere auch ihren umgangssprachlichen Namen verdanken. Die Fische sind leicht zu ernähren, wobei sie oft auch handelsübliches Gefrierfutter für Meeresfische nehmen. Beim Einfangen können die Fische manchmal Geräusche von sich geben – ein normales Verhalten, über das man sich nicht wundern sollte. Erzeugt werden die Töne vermutlich mit verknöcherten Elementen des Brustbereiches oder auch des Schädels, wobei die Schwimmblase eventuell als Resonanzverstärker dient. Die Tiere sind zumeist recht aggressiv, sowohl gegenüber Artgenossen als auch anderen Fischen, selbst wenn diese eine ähnliche Größe haben, und auch mit Wirbellosen sollte man den Picasso-Drückerfisch nicht vergesellschaften, da viele zu seiner natürlichen Beute gehören.

Lippfische

Es gibt etwa 400 Lippfisch-Arten, von denen die meisten für ein Aquarium aber zu groß werden. Im Allgemeinen handelt es sich um stromlinienförmige Fische mit einer oft recht auffälligen Färbung, die sich bei der Entwicklung vom Jungtier zum ausgewachsenen Fisch völlig verändern kann.

Viele Lippfische vergraben sich tagsüber gern im Boden, sodass sie ein Becken mit feinem Sand bekommen sollten (einige hüllen sich während der Nacht auch in einen Schleimkokon). Häufig fungieren junge Exemplare als Putzerfische, entfernen also Parasiten von den Körpern größerer Fische.

Die Fütterung von Lippfischen ist zumeist problemlos. Gern gefressen wird Krebs- und Muschel- oder Schneckenfleisch, die Tiere nehmen aber nor-malerweise auch Gefrierfutter. Leider verändern viele Lippfische mit zunehmendem Alter ihr Verhalten und ruinieren dann nicht selten die Einrichtung eines Aquariums oder belästigen auch andere Beckenbewohner, sodass man ältere Exemplare, die sich als Jungtiere noch in einem Gesellschaftsbecken halten ließen, später umsetzen und einzeln halten muss.

Die meisten Lippfische sind zunächst weiblichen Geschlechts. Hält man diese in einer Gruppe, wandelt sich ein Weibchen in ein Männchen um, damit eine Fortpflanzung möglich wird. Das Laichverhalten ist recht unterschiedlich: Bei einigen Arten werden die Eier frei ins Wasser abgegeben, andere legen Laichgruben an oder bauen Nester aus Algen.

Clownjunker *Coris gaimard*

Familie Labridae	Futter Fleischfresser. Fleisch von	24–26 °C; pH 8,3–8,4;
Verbreitung Indo-Pazifik	Fischen, Krebsen, Muscheln oder	SG 1,023–1,027
Größe In der Natur bis 30 cm;	anderen Weichtieren	Wasserregion Bodenbewohner
bleibt im Aquarium zumeist kleiner	Wasserwerte Temperatur	Zucht Freilaicher

Obwohl nur die Rücken- und Afterflossen ausgewachsener Exemplare deutlich rot gefärbt sind, nennt man diese Art auch Roter Clown-Lippfisch. Besonders geschlechtsreife Tiere können gegenüber Artgenossen recht zänkisch sein, sodass man sie einzeln halten sollte, und da sie außerdem dazu neigen, die Einrichtung des Beckens zu zerstören, empfiehlt es sich, für ein Gesellschaftsaquarium nur Jungtiere anzuschaffen. Diese sind hellorange mit weißen Flecken; ausgewachsene Exemplare haben eine dunkle Grundfärbung mit zahlreichen Tupfen, einen orangefarbenen bis roten Kopf, eine rote Rücken- und Afterflosse sowie eine leuchtend gelb gefärbte Schwanzflosse. Jungfische werden oft mit *Coris frerei* verwechselt, obwohl bei ihnen der vordere weiße Querstreifen weiter als bis zum Auge reicht.

Tropisches Meerwasserbecken siehe S. 196/197

Vogel-Lippfisch *Gomphosus varius*

Familie Labridae
Verbreitung Indo-Pazifik
Größe In der Natur bis 25 cm;
bleibt im Aquarium meist kleiner
Futter Fleischfresser. Klein ge-
schnittenes Fleisch von Fischen,
Krebsen, Muscheln oder anderen
Weichtieren sowie Glas- und
Salinenkrebschen (lebend oder
gefroren); frisst auch im Becken
wachsende Algen
Wasserwerte Temperatur
24–26 °C; pH 8,3–8,4;
SG 1,023–1,027
Wasserregion
Wasseroberfläche
Zucht Freilaicher

Vor allem die schönen, blau-grün gefärbten Männchen machen diese Art zu beliebten Zierfischen
(Jungtiere und Weibchen zeigen unauffälligere,
bräunliche Farben). Ihre lange, vogelschnabelartige
Schnauze eignet sich gut, in Ritzen und Spalten
eines Korallenriffs versteckte Nahrung zu erbeuten;
im Aquarium müssen die Tiere die Nahrungsauf-
nahme aus dem Wasser erst erlernen. Als unermüd-
liche Schwimmer gehen die friedlichen Vogel-Lipp-
fische anderen Beckenbewohnern leicht auf die
Nerven, und mit Wirbellosen sollte man auch nur
Jungtiere halten, denn besonders ausgewachsene
Tiere haben fast immer Hunger und fressen bei ihrer
unermüdlichen Nahrungssuche nicht selten auch
Wirbellose. Jungtiere betätigen sich manchmal als
Putzerfische.

Tropisches Meerwasserbecken siehe S. 196/197

Gemeiner Putzerfisch *Labroides dimidiatus*

Familie Labridae
Verbreitung Indo-Pazifik
Größe In der Natur bis 10 cm
Futter Fleischfresser. Klein

geschnittenes Fleisch von Fischen,
Krebsen, Muscheln oder anderen
Weichtieren
Wasserwerte Temperatur

24–26 °C; pH 8,3–8,4;
SG 1,023–1,027
Wasserregion Nicht festgelegt
Zucht Freilaicher

Der friedliche Gemeine Putzerfisch ist
sicher der bekannteste aller Lippfische.
Der Grund dafür ist seine ungewöhnliche
„Putzetätigkeit", die dazu dient, andere
Fische von Parasiten zu befreien. Dabei
verhalten sich die oft sehr viele größeren
und häufig auch räuberisch lebenden
„Kunden" nicht nur ganz friedlich, sondern sie nehmen manchmal sogar eine
blassere Färbung an, damit die Parasiten
besser sichtbar werden. Beim Kauf des
Gemeinen Putzerfisches muss man darauf achten, dass man ihn nicht mit dem
sehr ähnlichen Schleimfisch *Aspidontus
taeniatus* verwechselt, der anderen
Fischen Stücke aus der Haut oder den
Flossen beißt (erkennen lässt sich diese
Art an ihrem unterständigen Maul).

*Tropisches Meerwasserbecken siehe
S. 196/197*

Weitere tropische Meerwasserfische

Es gibt noch eine ganze Anzahl anderer tropischer Meeresfische aus den unterschiedlichsten Familien, die sich ebenfalls in einem Aquarium halten lassen. Dazu gehören beispielsweise die räuberisch lebenden Mirakelbarsche sowie die Fahnenbarsche, von denen besonders kleine bis mittelgroße Arten und unter Umständen auch Jungtiere von großen Arten für ein Meerwasseraquarium geeignet sind. Viele dieser Barsche sind Zwitter, können also das Geschlecht wechseln. Nimmt man zum Beispiel aus einem „Harem", also einer Gruppe mit einem Männchen und mehreren Weibchen, das Männchen heraus, wandelt sich bald darauf eines der Weibchen zu einem Männchen um. Mirakel- und Fahnenbarsche, die ein sehr geräumiges Becken benötigen, sollte man nur mit Fischen vergesellschaften, die groß genug sind, um nicht gefressen zu werden.

Andere, in diesem Abschnitt vorgestellte Arten sind Seepferdchen und Rotfeuerfisch. Beide sind allerdings nicht leicht zu halten, denn sie haben nicht nur besondere Nahrungsansprüche, sondern, wie im Falle des Rotfeuerfisches, auch gefährliche Giftstacheln, die man auf keinen Fall berühren darf.

Daneben gibt es aber auch noch zahlreiche kleine und harmlose Arten aus den verschiedensten Gruppen, die eine Bereicherung für viele Gesellschaftsaquarien sein können, wobei es sich sowohl um Becken handeln kann, in denen nur Fische gehalten werden, als auch um Aquarien mit Wirbellosen.

Echter Mirakelbarsch *Calloplesiops altivelis*

Familie Plesiopidae
Verbreitung Indo-Pazifik
Größe In der Natur bis 15 cm; bleibt im Aquarium meist kleiner
Futter Fleischfresser. Lebendfutter (Kleinkrebse und kleine Fische) wird bevorzugt, zumeist nehmen die Tiere aber auch klein geschnittenes Fleisch von Fischen, Krebsen, Muscheln oder anderen Weichtieren
Wasserwerte Temperatur 24–26 °C; pH 8,3–8,4; SG 1,023–1,027
Wasserregion Mittlerer bis oberer Bereich
Zucht Haftlaicher

Diese Raubfische, die gern mit etwas abgesenktem Kopf durchs Wasser treibend auf Beute lauern, sollte man auf keinen Fall mit zu kleinen Fischen vergesellschaften. Damit die Barsche nicht selbst Opfer größerer Räuber werden, besitzen sie eine Tarnfärbung, die das richtige Auge fast unsichtbar macht. Dadurch erfolgt ein möglicher Angriff zumeist am Hinterende – mit dem Ergebnis, dass der Mirakelbarsch oft noch entkommt. Die Art kann normaler-weise mit verschiedenen Fleischsorten gefüttert werden; neu erworbene Exemplare akzeptieren anfangs oft nur lebende Nahrung. Besonders während der Eingewöhnung brauchen die Tiere zahlreiche Verstecke in Form von Felsspalten oder Höhlen. Eine gemeinsame Haltung mit Wirbellosen ist problemlos.

Tropisches Meerwasserbecken siehe S. 196/197

Juwelenfahnenbarsch *Anthias squamipinnis*

Familie Serrandiae
Verbreitung Indo-Pazifik
Größe In der Natur bis 12,5 cm;
bleibt im Aquarium meist kleiner
Futter Fleischfresser. Lebendfutter wird bevorzugt, aber
zumeist können die Tiere auch an
andere Nahrung gewöhnt werden,
etwa klein geschnittenes Fleisch
von Fischen, Krebsen, Muscheln
oder anderen Weichtieren
Wasserwerte Temperatur
24–26 °C; pH 8,3–8,4;
SG 1,023–1,027
Wasserregion Nicht festgelegt
Zucht Freilaicher

Der Juwelenfahnenbarsch ist eine sehr beliebte Meerwasserart. Die Tiere sind leuchtend orangegelb gefärbt und haben eine tief eingeschnittene, leierförmige Schwanzflosse sowie lange Bauchflossen. Da es sich um Schwarmfische handelt, sollte man unbedingt eine Gruppe von mindestens 3 bis 4 Fischen halten. Ein solcher „Harem" wird zumeist von einem dominierenden Männchen angeführt, das man am lang ausgezogenen dritten Strahl der Rückenflosse erkennt (außerdem sind die Männchen zumeist etwas kräftiger gefärbt als die Weibchen). Die Barsche bevorzugen Lebendfutter, können aber oft auch an Fleischstückchen gewöhnt werden, vor allem, wenn man diese in den Filterstrahl fallen lässt, sodass sie sich zu bewegen scheinen. Die Art ist friedlich, auch gegenüber Wirbellosen.

Tropisches Meerwasserbecken siehe S. 196/197

Pantherfisch *Chromileptis altivelis*

Familie Serranidae
Verbreitung Indo-Pazifik
Größe In der Natur bis 50 cm;
bleibt im Aquarium meist kleiner
Futter Fleischfresser. Fische,
Krebse, Muscheln oder andere
Weichtiere; Lebendfutter wird
bevorzugt, aber zumeist können
die Tiere auch an Fleischstückchen
gewöhnt werden
Wasserwerte Temperatur
24–26 °C; pH 8,3–8,4;
SG 1,023–1,027
Wasserregion Nicht festgelegt
Zucht Die Art legt Eier
(Details sind unbekannt)

Der Pantherfisch ist ein sehr gefräßiger Räuber, der auf alles Jagd macht, was irgendwie in sein recht großes Maul hineinpasst. Daher werden sich Aquarianer, die vor dem Kauf eines Exemplars dieser sehr attraktiven Art ihre Hausaufgaben nicht gemacht haben, sehr bald fragen, warum die kleineren Fische nach und nach aus dem Becken verschwinden. Die Tiere nehmen aber normalerweise auch Fleischstückchen und fressen oft sogar aus der Hand. Die zahlreichen dunklen Punkte auf dem Körper, die bei kleineren Fischen vergleichsweise groß und bei großen Exemplaren kleiner und dafür zahlreicher vorhanden sind, dienen dazu, die Körperumrisse bei der Jagd aufzulösen. Wenn der Pantherfisch nicht mit zu kleinen Arten gehalten wird, kann man viel Freude an diesen hübschen Tieren haben, die mit Hilfe ihrer großen Brustflossen fast pausenlos das Becken durchstreifen.

Pyjamabarsch   *Sphaeramia nematoptera*

Familie Apogonidae
Verbreitung Indo-Pazifik
Größe 7,5 cm
Futter Fleischfresser. Kleine Wirbellose wie Glas- und Salinenkrebschen, anfangs unbedingt lebend; nach der Eingewöhnung nehmen die Tiere zumeist auch Gefrierfutter, während Flockenfutter praktisch immer verschmäht wird
Wasserwerte Temperatur 24–26 °C; pH 8,3–8,4; SG 1,023–1,027
Wasserregion Mittlerer Bereich
Zucht Maulbrüter

Diese Kardinalbarschart erkennt man – genau wie den ebenfalls häufig erhältlichen Flammen-Kardinalbarsch *(Apogon maculatus)* – an der zusätzlichen Rückenflosse und den großen Augen. Es handelt sich um robuste, friedliche Fische, die man nur mit ruhigen Arten in einem Becken mit zahlreichen Verstecken vergesellschaften sollte. Da die Tiere nachtaktiv sind, brauchen neu eingesetzte Exemplare einige Zeit, um sich an ein hell erleuchtetes Aquarium zu gewöhnen. Außerdem empfiehlt es sich, zunächst abends zu füttern; später kommen die Barsche dann auch tagsüber zum Fressen heraus. Normalerweise nehmen die Tiere anfangs nur Lebendfutter, später akzeptieren sie aber zumeist auch Gefrierfutter, während sie Flockenfutter fast immer ablehnen, selbst wenn sie am verhungern sind.

Riffaquarium siehe S. 198/199

Goldener Schleimfisch   *Ecsenius midas*

Familie Blenniidae
Verbreitung Indischer Ozean, Rotes Meer
Größe 10 cm
Futter Allesfresser. Kleine Wirbellose wie Glas- und Salinenkrebse (lebend oder gefroren); außerdem gewöhnen sich die Tiere schnell an Flockenfutter und weiden die im Becken wachsenden Algen ab
Wasserwerte Temperatur 24–26 °C; pH 8,3–8,4; SG 1,023–1,027
Wasserregion Bodenfisch
Zucht Haftlaicher

Diese hübsche, friedliche, kleine Art eignet sich auch für Anfänger. Es handelt sich um Bodenfische, die ihren Kopf gern auf Steinen abstützen, damit sie ihr Revier besser übersehen können. Über den Augen der Tiere erkennt man normalerweise zwei kleine, haarartige Tentakel, deren Funktion unbekannt ist. Die Art passt sich gut an ein Leben im Aquarium an, sofern dort ausreichend Schlupflöcher vorhanden sind, in die sich die Fische zurückziehen können. Da es sich um einzelgängerische Tiere handelt, werden sie zumeist in einem Artenbecken gehalten; bei einer Vergesellschaftung müssen die anderen Arten ebenfalls sehr friedlich sein. Als Futter dienen Algen und kleine Wirbellose; oft wird zusätzlich Gefrier- oder Flockenfutter genommen. Die Männchen sind normalerweise größer als die Weibchen und zur Laichzeit etwas heller gefärbt. Die Eier werden in Höhlen abgelegt; sonst ist über die Fortpflanzung wenig bekannt.

Glänzender Mandarinfisch *Synchiropus splendidus*

Familie Callionymidae	und Gefrierfutter, besonders winzige	SG 1,023–1,027
Verbreitung Pazifik	Krebse, aber auch Algen	**Wasserregion** Bodenbewohner
Größe 10 cm	**Wasserwerte** Temperatur	**Zucht** Freilaicher
Futter Allesfresser. Feines Lebend-	24–26 °C; pH 8,3–8,4;	

Diese farbenprächtigen Fische kann man in einem Becken mit Sandboden, Steinen zum Verstecken und friedlichen Arten ähnlicher Größe halten. Einmal eingewöhnt, sieht man die Tiere häufig auf den Steinen liegen; werden sie erschreckt, verstecken sie sich in einer Spalte oder graben sich im Sand ein. Männliche Tiere sind untereinander sehr aggressiv, sodass man die Art nur einzeln oder paarweise halten sollte (die Männchen lassen sich am verlängerten ersten Strahl der vorderen Rückenflosse erkennen); die gemeinsame Haltung mit Wirbellosen ist möglich. Bei der Handhabung der Tiere muss man vorsichtig sein, denn ihr Körperschleim gilt als giftig. Über die Fortpflanzung ist wenig bekannt.

Riffaquarium siehe S. 198/199

Langschnauzen Büschelbarsch *Oxycirrhites typus*

Familie Cirrhitidae	Lebendfutter, etwa Salinenkrebs-	24–26 °C; pH 8,3–8,4;
Verbreitung Indischer Ozean	chen, aber auch „Planktonersatz" in	SG 1,023–1,027
Größe 10 cm	gefriergetrockneter Form	**Wasserregion** Bodenfisch
Futter Fleischfresser. Feines	**Wasserwerte** Temperatur	**Zucht** Haftlaicher

Vom Langschnauzen Büschelbarsch kann man in einem nicht zu kleinen, gut eingefahrenen Becken mit sehr klarem, sauerstoffreichem Wasser auch mehrere Exemplare halten. Die räuberisch lebenden Tiere verbringen die meiste Zeit in Bodennähe; manchmal sieht man sie aber auch auf höheren Steinen lauern oder zwischen Korallen in oberen Wasserregionen nach Beute suchen. Als Futter eignen sich Kleinkrebse und andere kleine Wirbellose; oft lassen sich die Tiere aber auch an gefriergetrocknete Nahrung oder Gefrierfutter gewöhnen. Das auffälligste Kennzeichen der Art ist die lange Schnauze, die sich gut zur Nahrungssuche in Spalten und Ritzen eignet; außerdem erkennt man an jedem Rückenflossenstachel ein kleines Büschel fadenartiger Anhänge. Die Männchen sind kleiner als die Weibchen und haben dunkel gesäumte Bauch- und Schwanzflossen sowie einen stärker rot gefärbten Unterkiefer.

Blaustreifengrundel *Lythrypnus dalli*

Familie Gobiidae	Lebend- und Gefrierfutter, aber auch	20–22 °C; pH 8,3–8,4;
Verbreitung Pazifikküste der USA	klein geschnittenes Fleisch von	SG 1,023–1,027
Größe 6 cm	Krebsen oder sogar Futtertabletten	**Wasserregion** Bodenbewohner
Futter Fleischfresser. Sehr feines	**Wasserwerte** Temperatur	**Zucht** Haftlaicher

Diese kleine, leuchtend rot und blau gefärbte Art benötigt kühleres Wasser als die meisten anderen tropischen Meerwasserfische. Man kann sie zusammen mit kleinen, ruhigen Arten halten, vorausgesetzt, diese vertragen die recht niedrigen Temperaturen. Das Becken sollte einen Bodengrund aus grobem Sand besitzen, in den die Tiere Höhlen graben können; außerdem empfiehlt es sich, einige fertige Höhlen (Muschelschalen oder Kunststoffröhren) als Verstecke und zum Ablaichen einzubringen. Die Ernährung bereitet zumeist wenig Probleme, vorausgesetzt das Futter ist nicht zu groß. Die Art ist recht kurzlebig, lässt sich aber leicht vermehren. Zur Zucht empfiehlt sich die Haltung in einem Artenbecken, in das man mehrere, gut gefütterte Tiere setzt. Die Eier werden in Höhlen abgelegt und dann vom Männchen bewacht. Die Aufzucht der winzigen Jungfische ist schwierig.

Königs-Feenbarsch *Gramma loreto*

Familie Grammidae
Verbreitung Westatlantik, Karibische Inseln
Größe 12,5 cm
Futter Allesfresser. Feines Lebend- und Gefrierfutter, außerdem für Meeresfische geeignetes Flockenfutter und Futtertabletten; wichtig ist außerdem ausreichend pflanzliche Kost, darunter auch immer wieder Algen
Wasserwerte Temperatur 24–26 °C; pH 8,3–8,4; SG 1,023–1,027
Wasserregion Mittlerer Bereich
Zucht Haftlaicher

Diese leuchtend gefärbten Fische leben normalerweise in Riffen mit dunklen Höhlen und Spalten, und eine vergleichbare Umgebung sollte man auch im Aquarium schaffen, denn nur dann fühlen sich Feenbarsche einigermaßen sicher und wagen sich auch bei heller Beleuchtung aus ihren Verstecken heraus. Wenn das Becken groß genug ist, kann man auch zwei Exemplare halten; da die Tiere untereinander aber sehr aggressiv sind, sollte man sich im Zweifelsfall lieber auf ein Exemplar beschränken. Einmal eingewöhnt, bereitet die Haltung kaum Probleme. Die Art wird inzwischen für den Handel nachgezüchtet, und auch in normalen Aquarien kommt es immer wieder zur Fortpflanzung. Vor der Eiablage reinigen die Tiere eine Höhle und legen sie mit Algen (*Caulerpa*) aus. Anschließend wird der Eingang durch einen Steinwall fast völlig verschlossen und bewacht. Die Jungen brauchen sehr feines Futter.

Pracht-Schwertgrundel   *Nemateleotris magnifica*

Familie Microdesmidae
Verbreitung Indo-Pazifik
Größe 6 cm
Futter Allesfresser. Feines Lebend-

und Gefrierfutter sowie Flockenfutter
Wasserwerte Temperatur
24–26 °C; pH 8,3–8,4;

SG 1,023–1,027
Wasserregion Bodenbewohner
Zucht Die Art legt Eier (Details
sind unbekannt

Auch diese kleine Art zieht sich bei Gefahr gern in Spalten und Höhlen zurück, sodass ihr Becken zahlreiche Verstecke und einen tiefen Sandboden besitzen sollte, in den den die Tiere sich eingraben können. Außerdem darf man sie nicht mit zu lebhaften oder großen Fischen vergesellschaften, da sie sich sonst nie richtig eingewöhnen oder so scheu werden, dass sie sich nicht aus ihren Verstecken wagen. Anfangs nehmen die Tiere häufig nur Lebendfutter, aber nach einiger Zeit kann man auch Gefrierfutter anbieten, das sie am liebsten erst dann fressen, wenn es zu Boden gesunken ist. Gegenüber anderen Männchen sind die Tiere oft aggressiv, sodass man nur einzelne Exemplare oder ein Paar halten sollte. Wichtig ist aber auch eine gute Abdeckung, da die Fische gern springen.

Goldstirn-Kieferfisch   *Opistognathus aurifrons*

Familie Opistognathidae
Verbreitung Westatlantik
Größe 12,5 cm
Futter Fleischfresser. Kleine
Stücke von Fischen, Krebsen oder
Weichtieren (Krebse werden am
liebsten gefressen); meist nehmen
die Tiere auch Lebend- oder
zerhacktes Gefrierfutter, und sie
fressen auch Eier oder Jungfische,
wenn sich die Gelegenheit ergibt
Wasserwerte Temperatur
24–26 °C; pH 8,3–8,4;
SG 1,023–1,027
Wasserregion Bodenfisch
Zucht Maulbrüter

Von diesem Fisch sieht man normalerweise nur den aus seinem Bau herausschauenden Kopf, denn die Tiere verlassen ihr Versteck nur sehr ungern, selbst wenn Futter in der Nähe vorbeischwimmt. Trifft man sie tatsächlich einmal außerhalb des Baus an, kann man verfolgen, wie sie beim ersten Anzeichen einer Gefahr mit halsbrecherischer Geschwindigkeit – Schwanz voran – in ihrem Versteck verschwinden, und manchmal wird der Eingang auch noch mit

einem Stein oder einer Muschelschale verschlossen. Eine gemeinsame Haltung mit Artgenossen ist möglich (wenn genug Platz für mehrere Reviere vorhanden ist), ebenso wie eine Vergesellschaftung mit anderen Fischen und Wirbellosen. Beim Herausfangen eines Tieres sollte man das Becken nie ganz abdecken, da Kiefernfische ausgezeichnet springen.

Riffaquarium siehe S. 198/199

Kuhfisch *Lactoria cornuta*

Familie Ostraciidae
Verbreitung Indo-Pazifik
Größe 40 cm
Futter Allesfresser. Feines
Lebend- und Gefrierfutter sowie
Algen; da die Fische sich sehr
langsam bewegen, bekommen sie
in einem Gesellschaftsbecken oft
nicht genug Futter, sodass man
auf Zeichen von Nahrungsmangel
achten sollte
Wasserwerte Temperatur
24–26 °C; pH 8,3–8,4;
SG 1,023–1,027
Wasserregion Mittlerer Bereich
Zucht Die Art legt Eier
(Details sind unbekannt)

Typisch für den unverkennbaren Kuhfisch sind die knöchernen Anhänge am Kopf und am Schwanz, wobei er den beiden charakteristischen „Hörnern" auf dem Kopf auch seinen Namen verdankt. Der rechteckige Körper ist vollständig von mit einer dünnen Haut überzogenen Knochenplatten vor Feinden geschützt, sodass praktisch nur die Flossen beweglich sind, mit denen die Tiere langsam durchs Wasser gleiten. Zusammen mit Putzerfischen sollte man die Art nicht halten, da diese leicht die zarte Haut der Kuhfische verletzen. Das Fleisch der Art ist giftig, und wenn die Tiere sich bedroht fühlen, geben sie manchmal auch Toxine ins Wasser ab, die nicht nur für andere Beckenbewohner giftig sein können, sondern auch für den Kuhfisch selbst. Eine gemeinsame Haltung mit Wirbellosen ist problemlos, lediglich Federwürmer können manchmal angeknabbert werden.

Rotfeuerfisch *Pterois volitans*

Familie Scorpaenidae
Verbreitung Indo-Pazifik
Größe 35 cm
Futter Fleischfresser. Lebend- und

Gefrierfutter, außerdem klein
geschnittenes Fleisch von Fischen
und Krebsen
Wasserwerte Temperatur

24–26 °C; pH 8,3–8,4;
SG 1,023–1,027
Wasserregion Mittlerer Bereich
Zucht Die Art legt Eier

Lange Rücken-
flossenstrahlen

Vergrößerte
Brustflossen

Rotfeuerfische sind wegen ihres ungewöhnlichen Aussehens und der auffallenden Färbung (die stark variieren kann) begehrte Fische für Meerwasseraquarien. Allerdings ist ihre Haltung nicht ganz problemlos. Der Hauptgrund dafür ist, dass die Tiere zu giftigen Stacheln umgewandelte Flossenstrahlen besitzen, die schmerzhafte und gefährliche Verletzungen verursachen können, sodass man die Tiere keinesfalls berühren darf (waschen Sie im Falle einer Verletzung die Wunde sofort mit sehr heißem Wasser aus, um die Wirkung des Giftes herabzusetzen, und suchen Sie einen Arzt auf). Dazu kommt, dass Rotfeuerfische praktisch alles verschlingen, was irgendwie in ihr Maul hineinpasst, sodass man sie nicht mit kleineren Fischen vergesellschaften kann.

Fuchsgesicht   *Siganus vulpinus*

Familie Siganidae
Verbreitung Pazifik
Größe 25 cm
Futter Allesfresser. Feines Lebend-

und Gefrierfutter, außerdem pflanzliche Kost, darunter Algen
Wasserwerte Temperatur 24–26 °C; pH 8,3–8,4;

SG 1,023–1,027
Wasserregion Mittlerer Bereich
Zucht Die Art legt Eier (Details sind unbekannt)

Verlängerte Rückenflosse

Endständiges Maul

Diese Art, deren Kopfzeichnung eigentlich eher an einen Dachs erinnert, kann man einzeln oder paarweise (männliche Tiere sind untereinander sehr aggressiv) in einem Gesellschaftsaquarium halten, allerdings nur mit wehrhaften Arten ähnlicher Größe, etwa Doktorfischen. Es handelt sich um lebhafte Tiere, die viel freien Schwimmraum benötigen und die man am besten mit feinem Lebendfutter sowie viel pflanzlicher Kost ernährt. Gut geeignet sind Becken, in denen reichlich Algen wachsen, die gern abgeweidet werden. Da die Tiere giftige Flossenstacheln besitzen (an Rücken-, Bauch- und Afterflossen), sollte man sie keinesfalls mit der bloßen Hand anfassen. Von Nachzuchten in menschlicher Obhut ist nichts bekannt; Untersuchungen an anderen Arten aus dieser Familie lassen vermuten, dass sich der Laichvorgang durch Wasserwechsel anregen lässt.

Krönchen-Seepferdchen   *Hippocampus kuda*

Familie Syngnathidae
Verbreitung Indo-Pazifik
Größe 25 cm
Futter Fleischfresser. Feines

Lebendfutter, etwa Salinenkrebschen; sehr selten auch Gefrierfutter
Wasserwerte Temperatur 24–26 °C; pH 8,3–8,4;

SG 1,023–1,027
Wasserregion Mittlerer Bereich
Zucht Die Eier entwickeln sich in einer Bruttasche des Männchens

Seepferdchen üben aufgrund ihres ungewöhnlichen Aussehens und der interessanten Lebensweise eine starke Anziehung auf viele Aquarianer aus, sind aber nicht ganz leicht zu halten. Wenn man sich dennoch dazu entschließt, muss man viel Zeit in die Beschaffung von geeignetem Futter investieren. Wem das nicht möglich ist, der sollte unbedingt auf einen Kauf verzichten. Man hält die Tiere am besten in einem Artenbecken mit künstlichen Korallenzweigen, an denen sie sich festhalten können. Eine Nachzucht in Aquarien ist möglich. Dabei brütet das Männchen die Eier in einer Tasche am Schwanz aus und setzt die dort geschlüpften Jungen nach etwa vier Wochen frei. Seepferdchen haben ein sehr kleines Maul (das der Jungtiere ist sogar winzig), sodass sie sehr feines Futter benötigen.

Kaltwasserfische des Meeres

Verglichen mit tropischen Meerwasserfischen führen Kaltwasserarten aus diesem Lebensraum bei Aquarianern eher ein Schattendasein. Das liegt teilweise daran, dass Kaltwasserarten aus dem Meer viel unscheinbarer sind als die meisten ihrer tropischen Verwandten, hat aber auch damit zu tun, dass sie nicht oder nicht regelmäßig im Handel angeboten werden.

Wer in Küstennähe wohnt, kann sich die Tiere und Pflanzen möglicherweise selbst beschaffen, wobei allerdings die gültigen Naturschutzgesetze zu beachten sind, denn nicht alles, was man in der Natur findet, darf man auch mit nach Hause nehmen. Daher muss man solche Tiere und Pflanzen zunächst einmal genau bestimmen, wodurch sich gleichzeitig auch unliebsame Überraschungen ausschließen lassen, denn mancher hübsche, kleine Fisch, den man in einem Gezeitentümpel findet, wächst schnell aus einem normalen Aquarium heraus oder frisst alle anderen Beckenbewohner.

Für Meeres-Kaltwasserfische benötigt man eine ähnliche Ausrüstung wie für tropische Fische, nur dass man anstelle der Heizung ein Kühlsystem installieren muss. Und wenn auch Kaltwasserfische aus dem Meer nicht so farbenprächtig sind wie viele tropische Arten, so kann man mit diesen interessanten und auf ihre Weise auch attraktiven Tieren, ebenso wie mit Kaltwasser-Wirbellosen und -Pflanzen, durchaus schöne Biotopbecken gestalten.

Schan   *Lipophrys pholis*

Familie Blenniidae	**Größe** 16 cm	12–15 °C; pH 8,0–8,4;
Verbreitung Mittelmeer sowie Atlantikküste von Westafrika bis Schottland	**Futter** Fleischfresser. Feines Lebend- oder Gefrierfutter	SG 1,024–1,025
	Wasserwerte Temperatur	**Wasserregion** Bodenbewohner
		Zucht Haftlaicher

Kaltwasser-Schleimfische sind aktive, kleine Tiere, die Schlupflöcher in Bodennähe bewohnen. Das gilt auch für den Schan, der im Aquarium unbedingt ein oder zwei Verstecke benötigt. Geeignet sind große Muschelschalen, die von den meisten Tieren gern angenommen werden. Sorgen Sie nach Möglichkeit dafür, dass jeder Fisch mindestens eine Schale zur Verfügung hat, und gestalten Sie das Becken so, dass außerdem noch zahlreiche Verstecke in Form von Felsspalten und Höhlen zur Verfügung stehen. Schans sind sehr gesellig, sodass man unbedingt mehrere Tiere halten sollte. Manchmal kann man beobachten, wie sich die Fische an Steinen scheuern und sich dabei oft sogar etwas aus dem Wasser herausdrücken. Dieses Verhalten ist normal, auch wenn es etwas befremdlich wirkt. Die kleinen, für viele Schleimfische typischen Anhänge über den Augen sind beim Schan nicht vorhanden.

Gestreifter Schleimfisch *Parablennius gattorugine* 🐟🐟

Familie Blenniidae	**Futter** Fleischfresser. Stücke von	12–15 °C; pH 8,0–8,4;
Verbreitung Ostatlantikküste vom	Fischen, Krebsen sowie Muscheln	SG 1,024–1,025
Mittelmeer bis Nordschottland	und anderen Weichtieren	**Wasserregion** Bodenbewohner
Größe 20 cm	**Wasserwerte** Temperatur	**Zucht** Haftlaicher

Sehr breite Rücken-
flosse mit harten
und weichen
Strahlen

Der Gestreifte Schleimfisch kann bei der Verteidigung seines Reviers recht aggressiv sein, sodass kleinere Fische manchmal etwas unter ihm zu leiden haben (oft wird er aber auch selbst von größeren, wehrhaften Fischen attackiert). Um solche Probleme zu vermeiden, sollte man die Tiere in einem Artenbecken halten; ist das nicht möglich, müssen in dem Aquarium auf jeden Fall zahlreiche Steine und Höhlen zur Verfügung stehen, damit die Tiere ein Revier abgrenzen und sich verstecken können. Bei der Fütterung sollte man darauf achten, dass ausreichend Nahrung auf den Boden sinkt, weil die Tiere hauptsächlich dort fressen. Die Fische sind sehr neugierig und kommen, sobald sie sich eingewöhnt haben, regelmäßig aus ihrem Versteck heraus. Wie bei allen Schleimfischen ist der kräftige, zylindrische Körper nicht durch Schuppen, sondern durch eine dicke Haut geschützt.

Seestichling *Spinachia spinachia* 🐟🐟🐟

Familie Gasterosteidae	
Verbreitung Nordostatlantik	
vom Golf von Biskaya bis nach	
Norwegen	
Größe 20 cm	
Futter Fleischfresser. Feines	
Lebendfutter wie Glas- und	
Salinenkrebschen; Gefrierfutter	
wird oft nur widerwillig genommen, Flockenfutter so gut wie nie	
Wasserwerte Temperatur	
12–15 °C; pH 8,0–8,4;	
SG 1,024–1,025	
Wasserregion Mittlerer Bereich	
Zucht Baut ein Nest	

Dieser Fisch verdankt seinen Namen den 15 kurzen Stacheln auf dem Rücken. Die Tiere haben einen lang gestreckten Körper, der sich in Höhe des Schwanzstiels zu einem sehr dünnen Abschnitt verjüngt. Der Seestichling, übrigens die einzige Art aus der Familie Gasterosteidae, die im Meer lebt, kann wegen der Ernährung auch für erfahrenere Aquarianer zu einer Herausforderung werden. So benötigen die Tiere mehrmals täglich feines Lebendfutter, doch selbst unter optimalen Bedingungen werden die Fische oft nicht älter als zwei Jahre. Soll die Art in einem Gesellschaftsbecken gehalten werden, muss man die übrigen Fische sehr sorgfältig auswählen, denn der Seestichling zupft gern an Flossen. Bei optimaler Ernährung ist auch eine Zucht möglich, wobei die Tiere, genau wie ihre Verwandten aus dem Süßwasser, ein Nest aus Pflanzenmaterial bauen.

Grüner Ansauger *Lepadogaster candollei*

Familie Gobiesocidae	**Futter** Fleischfresser. Feines	12–15 °C; pH 8,0–8,4;
Verbreitung Ostatlantik,	Lebend- und Gefrierfutter sowie	SG 1,024–1,025
Mittelmeer, Schwarzes Meer	Fisch-, Krebs- und Muschelfleisch	**Wasserregion** Bodenbewohner
Größe 7,5 cm	**Wasserwerte** Temperatur	**Zucht** Haftlaicher

Diese versteckt lebende Art bewohnt Felsküsten, wo sie zwischen Steinen und Seegras leicht Unterschlupf findet. Damit die Tiere nicht von der Brandung fortgerissen werden, sind ihre Bauchflossen zu einem Saugnapf umgebildet, mit dem sie sich an Steinen oder Pflanzen festhalten können. Der Grüne Ansauger, dessen Augen etwas hervorstehen, hat keine Schuppen, dafür ist sein Körper aber durch eine dicke Haut geschützt. Die Farbe reicht von Grün bis rötlich Braun; an verschiedenen Stellen des Körpers sind dunkle Punkte oder Streifen zu erkennen, und geschlechtsreife Männchen haben oft große Kopfflecken. Die übrigen Fische eines Beckens, in dem man den Grünen Ansauger hält, müssen sehr sorgfältig ausgesucht werden, da die Tiere nicht nur Aas fressen, sondern sich nicht selten auch an kleineren Fischen vergreifen.

Schwarzgrundel *Gobius niger*

Familie Gobiidae	**Futter** Fleischfresser. Feines	12–15 °C; pH 8,0–8,4;
Verbreitung Ostatlantik,	Lebend- und Gefrierfutter sowie	SG 1,024–1,025
Mittelmeer, Schwarzes Meer	Fisch-, Krebs- und Muschelfleisch	**Wasserregion** Bodenbewohner
Größe 15 cm	**Wasserwerte** Temperatur	**Zucht** Haftlaicher

Bei dem großen Verbreitungsgebiet dieser Art überrascht es kaum, dass es farbliche Unterschiede bei Exemplaren verschiedener Herkunft gibt. Erstaunlicher scheint es da schon, dass auch Fische aus demselben Gebiet oft eine abweichende Färbung aufweisen. Die Erklärung ist, dass die Tiere farblich an ihre jeweilige Umgebung angepasst sind, um besser getarnt zu sein. Schwarze Tiere findet man ungeachtet des umgangssprachlichen und wissenschaftlichen Namens (*niger* bedeutet schwarz) aber nur sehr selten. Wer mehrere Schwarzgrundeln halten möchte, benötigt ein geräumiges Becken, da es bei den Revier bildenden Tieren sonst leicht zu Streitigkeiten kommt; außerdem müssen zahlreiche Verstecke vorhanden sein. Von den Schleimfischen lassen sich Meerwassergrundeln durch die zusätzliche Rückenflosse unterscheiden.

Meerjunker *Coris julis*

Familie Labridae	Gefrierfutter; kann an Ersatzfutter	SG 1,024–1,025
Verbreitung Ostatlantik, Mittelmeer	gewöhnt werden	**Wasserregion** Unterer bis
Größe 25 cm	**Wasserwerte** Temperatur	mittlerer Bereich
Futter Fleischfresser. Lebend- und	12–15 °C; pH 8,0–8,4;	**Zucht** Freilaicher

Trotz ihrer Größe sind Meerjunker friedliche, aber sehr aktive Fische, die ein großes Becken mit ausreichend Schwimmraum benötigen sowie eine dicke Sandschicht, da sie sich nachts gern im Boden vergraben (und dabei häufig Steine unterhöhlen). Die Färbung ist nicht nur nach Herkunft, Geschlecht und Alter etwas unterschiedlich, sondern verändert sich auch noch zur Laichzeit und manchmal sogar bei einem Stimmungsumschwung der Fische. Meerjunker sind Zwitter, sodass sich in einem Schwarm beim Tod eines Männchens eines der Weibchen in ein voll fortpflanzungsfähiges Männchen umwandeln kann. Das Ablaichen erfolgt in der Nähe der Wasseroberfläche, entweder im Schwarm oder auch paarweise. Die Eier treiben einige Zeit frei im Wasser, ebenso wie später die Larven. Die Fütterung der Meerjunker bereitet kaum Probleme.

Atlantischer Butterfisch *Pholis gunnellus*

Familie Pholididae
Verbreitung West- und Ostatlantik, Nordpazifikküste der USA, Ost- und Nordsee
Größe 25 cm
Futter Fleischfresser. Klein geschnittenes Fleisch von Fischen, Krebsen, Muscheln oder anderen Weichtieren; außerdem Glas- und Salinenkrebschen
Wasserwerte Temperatur 12–15 °C; pH 8,0–8,4; SG 1,024–1,025
Wasserregion Bodenbewohner
Zucht Haftlaicher

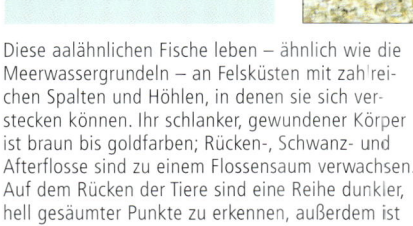

Diese aalähnlichen Fische leben – ähnlich wie die Meerwassergrundeln – an Felsküsten mit zahlreichen Spalten und Höhlen, in denen sie sich verstecken können. Ihr schlanker, gewundener Körper ist braun bis goldfarben; Rücken-, Schwanz- und Afterflosse sind zu einem Flossensaum verwachsen. Auf dem Rücken der Tiere sind eine Reihe dunkler, hell gesäumter Punkte zu erkennen, außerdem ist ein Augenstrich vorhanden. Jungfische haben zusätzliche dunkle Querbinden, die mit zunehmendem Alter allerdings verschwinden. Butterfische brauchen auch im Aquarium zahlreiche Verstecke; gefüttert wird mit Lebend- oder Gefrierfutter. Mit kleinen Wirbellosen sollte man die Art nicht vergesellschaften, da viele dieser Tiere zum natürlichen Nahrungsspektrum der Butterfische gehören. Die Eier werden in großen Klumpen unter Steinen abgelegt und von den Elterntieren bewacht.

Tropische Wirbellose

Wenn Aquarianer die Einrichtung eines tropischen Meerwasseraquariums planen, stellen sich die meisten die Nachbildung eines Korallenriffs vor, in dem eine vielfältige Gemeinschaft von Organismen in Harmonie zusammenlebt. Um ein solches Becken Realität werden zu lassen, benötigt man allerdings viel Geduld und Erfahrung, besonders wegen der Wirbellosen, die nicht nur empfindlicher sind als die meisten Fische, sondern auch eine optimale Wasserqualität und mehr Licht brauchen. Außerdem nehmen viele ausschließlich Lebendfutter oder benötigen spezielles Futter, und es gibt Arten, die man unbedingt mehrmals am Tag füttern muss. Daher sollte man ein solches Aquarium erst in Erwägung ziehen, wenn man ausreichend Erfahrung mit einem normalen Meerwasserbecken gesammelt hat.

Im Fachhandel ist eine Vielzahl wirbelloser Organismen für tropische Meerwasserbecken erhältlich, von denen einige der robusteren hier vorgestellt werden sollen. Gehen Sie bei der Auswahl sehr sorgfältig vor, denn selbst verwandte Arten können ganz verschiedene Ansprüche haben. So sind beispielsweise einige Meeresschnecken friedliche Pflanzenfresser, während andere räuberisch leben. Dazu kommt, dass zahlreiche Fische gern Wirbellose fressen, sodass man solche Arten nicht miteinander vergesellschaften kann. Wenn Sie Zweifel an der Verträglichkeit einzelner Organismen haben, sollten Sie Ihren Händler um Rat fragen.

Federwurm *Sabellastarte* spp. 🐟

Stamm Annelida	Lebendfutter, etwa Salinenkrebschen, Rädertierchen und Plankton	SG 1,020–1,024
Verbreitung Indo-Pazifik		**Fortpflanzung** Eine Vermehrung
Größe Je nach Art unterschiedlich	**Wasserwerte** Temperatur	im Aquarium ist möglich
Futter Fleischfresser. Sehr feines	24–26 °C; pH 8,2–8,4;	

Der Name dieser beliebten Organismen, die zumeist aus Singapur, Indonesien und Sri Lanka stammen, bezieht sich auf ihr auffälligstes Merkmal: die federartigen Tentakel. Der restliche Körper befindet sich in einer hornartigen Röhre, die teilweise im Boden sitzt. Zum Fressen schieben die Federwürmer ihre Tentakel aus der Röhre und lassen sie im Wasser treiben, damit sich kleine Beutetiere darin verfangen, die dann zur Mundöffnung weitergeleitet werden. Bei jedem Zeichen von Gefahr werden die Tentakel schnell eingezogen. Wird dennoch einmal eine abgebissen (oder bei schlechter Wasserqualität auch abgeworfen), sind die Tiere zumeist in der Lage, sie zu erneuern. Geschlechtsreife Tiere werfen ihre Tentakelkrone oft ab, damit sich ihre eigenen Larven nicht darin verfangen.

Riffaquarium siehe S. 198/199

Hawaii-Anemone *Heteractis malu*

Stamm Cnidaria
Verbreitung Indo-Pazifik:
Philippinen, Indonesien, Singapur
Größe 10–40 cm Durchmesser

Futter Fleischfresser. Klein ge-
schrittenes Fisch-, Krebs-, Tinten-
fisch- und Muschelfleisch, das über
den Tentakeln verstreut wird

Wasserwerte Temperatur
24–26 °C; pH 8,2–8,4;
SG 1,020–1,024

Diese häufig erhältliche Art wird gern
zusammen mit Anemonenfischen gehalten. Es handelt sich um große Anemonen mit an der Spitze purpurfarbenen
Tentakeln; der Körper ist cremefarben
bis bräunlich (manchmal begünstigt eine
starke Beleuchtung das Wachstum von
endosymbiotischen Zooxanthellen, sodass die Anemone dann dunkler wirkt).

Die Tentakel müssen nach oben
weisen und ausreichend mit sauerstoffreichem Wasser umspült sein. Die Art
bleibt zumeist an ihrem Platz, kann bei
Stress aber auch an eine andere Stelle
wandern. Wenn die Anemone häufig un-
verdauliche Reste über die Mundöffnung
ausstößt, muss das Wasser gewechselt
werden.

Riffaquarium siehe S. 198/199

Roter Einsiedlerkrebs *Dardanus megistos*

Klasse Crustacea
Verbreitung Karibische Inseln
Größe 10–15 cm
Futter Fleischfresser. Fisch-,

Krebs-, Tintenfisch- und Muschel-
fleisch, aber auch handelsübliches
Futter, etwa Tubifex
Wasserwerte Temperatur

24–26 °C; pH 8,2–8,4;
SG 1,020–1,024
Fortpflanzung Im Aquarium
schwierig

Der hübsche Rote Einsiedlerkrebs wird
wegen seiner ungewöhnlichen Lebensweise gern in Riffaquarien gehalten. Allerdings wachsen die Tiere schnell zu
recht großen und kräftigen Exemplaren
heran und verursachen dann oft größere
Zerstörungen im Becken. Daher sollte
man die Krebse nur in einem großen
Aquarium mit stabilen Aufbauten und
robusten Wirbellosen sowie nicht zu kleinen Fischen halten, denn die Tiere können sich trotz ihrer schweren Schnecken-
schale ziemlich schnell bewegen und
vergreifen sich auch schon einmal an
anderen Beckenbewohnern.

Nicht vergessen darf man, dass die Tiere
immer wieder aus ihrem Gehäuse herauswachsen und dann einen größeren Ersatz
benötigen. Steht ein solcher nicht zur
Verfügung, holen sich die Krebse diesen
notfalls von anderen Beckenbewohnern.

Indopazifische Weißband-Putzergarnele *Lysmata amboinensis*

Klasse Crustacea	Tintenfisch- und Muschelfleisch,	24–26 °C; pH 8,2–8,4;
Verbreitung Indo-Pazifik	aber auch handelsübliche Nahrung	SG 1,020–1,024
Größe 3–8 cm (ohne Antennen)	wie Gefrier- und Trockenfutter	Fortpflanzung In Aquarien
Futter Fleischfresser. Fisch-, Krebs-,	Wasserwerte Temperatur	durchaus häufig

Der umgangssprachliche Name dieser Tiere bezieht sich auf die Gewohnheit, große Fische von Hautparasiten und anderen Fremdkörpern zu befreien. Dabei werden die Garnelen selbst dann nicht gefressen, wenn sie im Maul der „Kunden" herumspazieren, um Nahrungsreste zwischen den Zähnen zu entfernen! Diese Putztätigkeit lässt sich übrigens auch in einem Aquarium oft beobachten.

Die gelben, auf dem Rücken rot und weiß ge-

streiften Garnelen sind friedliche, aktive Tiere, die zahlreiche Versteckmöglichkeiten benötigen, besonders für die Zeit der Häutung, in der sie sehr verwundbar sind. Die Weibchen sieht man oft mit Klumpen von grünen Eiern unter dem Körper; allerdings fallen die ausschlüpfenden Larven fast immer anderen Aquarienbewohnern zum Opfer.

Riffaquarium siehe S. 198/199

Perl-Seestern *Fromia monilis*

Stamm Echinodermata	Krebs- und Muschelfleisch, das man	Wasserwerte Temperatur
Verbreitung Indonesien, Sri Lanka	möglichst in die Nähe der Arme	24–26 °C; pH 8,2–8,4;
Größe 6–10 cm im Durchmesser	legt; manchmal nehmen die Tiere	SG 1,020–1,024
Futter Fleischfresser. Fisch-,	auch handelsübliche Nahrung	Fortpflanzung In Aquarien selten

Diese beliebte, hübsch orange und rot gepunktete Art gehört zu den Seesternen, die einfacher zu halten sind als etwa Haar- und Schlangensterne, deren Pflege man besser erfahrenen Aquarianern überlässt.

Beim Kauf eines Seesterns sollte man sich davon überzeugen, dass die Tiere keine Verletzungen haben, besonders an den Spitzen der Arme, und dass der Körper keine eingefallenen Stellen aufweist, da diese auf eine Schädigung des empfindlichen Wassergefäßsystems hinweisen können. Kaufen Sie keine verletzten Exemplare, denn deren Überlebenschancen sind gering. Wie bei allen Wirbellosen muss die Wasserqualität sehr gut sein; gefüttert wird nur jeden zweiten Tag.

Riffaquarium siehe S. 198/199

Bunte Seegurke   *Pseudocolochirus axiologus*   🐟🐟

Stamm Echinodermata	Lebend- oder Gefrierfutter, etwa	erhältliches Spezialfutter
Verbreitung Indonesien	Salinenkrebschen oder auch Räder-	**Wasserwerte** Temperatur
Größe 15–20 cm	tierchen; ergänzt werden kann die	24–26 °C; pH 8,2–8,4;
Futter Fleischfresser. Sehr feines	Nahrung durch im Fachhandel	SG 1,020–1,024

Von allen Seegurken ist diese, bis 20 cm große Art am auffälligsten gefärbt. Sie hat gelbe, rosa oder orangefarbene Saugfüßchen und zahlreiche gelb bis dunkelrot gefärbte, federartige Mundtentakel, mit denen Nahrung aus dem Wasser gefiltert und dann zur Mundöffnung transportiert wird.

Leider sind die interessanten und hübschen Tiere nicht ganz leicht zu ernähren. So kommt es immer wieder vor, dass Seegurken in Aquarien regelrecht verhungern, weil nicht beachtet wird, dass die Tiere mehrmals täglich sehr feines Futter bekommen müssen. Ein weiterer, häufig gemachter Fehler ist eine Vergesellschaftung mit Fischen, die gern die empfindlichen Tentakeln abfressen.

Riffaquarium siehe S. 198/199

Seehase   *Aplysia* spp.   🐟🐟

Stamm Mollusca	weise Algen (notfalls andere	SG 1,020–1,024
Verbreitung Weltweit	pflanzliche Kost zufüttern)	**Fortpflanzung** Pflanzt sich
Größe 6–30 cm	**Wasserwerte** Temperatur	manchmal auch in Aquarien fort
Futter Pflanzenfresser. Vorzugs-	24–26 °C; pH 8,2–8,4;	

Diese grünlich braunen Meeresschnecken sind zwar nicht besonders attraktiv, aber äußerst nützlich, da sie fast ständig Algen abweiden, die in vielen Becken leicht überhand nehmen. Wenn Seehasen gute Wasserbedingungen vorfinden, können sie über zwei Jahre alt werden.

Die im Handel erhältlichen Seehasen stammen normalerweise aus der Karibik. Zumeist werden die Tiere in einer „handlichen" Größe von 6–8 cm angeboten, wobei man aber wissen muss, dass sie auch im Aquarium bis zu 30 cm lang werden können und dann beim Herumkriechen mit ihrem muskulösen Fuß oft größere Zerstörungen anrichten. Ihren Namen verdanken Seehasen den platten Fühlern auf dem Kopf, die ein wenig an Hasenohren erinnern, sowie ihrer Angewohnheit, Algen abzugrasen.

Wirbellose aus dem Kaltwasser

Es gibt viele kleine Kaltwasser-Wirbellose, die sich gut in Aquarien halten lassen, aber – ähnlich wie Kaltwasserfische – zumeist weniger farbenprächtig sind als ihre oft sehr bunten tropischen Verwandten.

Wirbellose aus kälteren Gewässern werden normalerweise nicht im Handel angeboten, sondern man muss sie sich selbst aus dem Meer holen, etwa aus Gezeitentümpeln. Achten Sie darauf, mit den Wirbellosen keinen Fischlaich einzuschleppen, aus dem sonst möglicherweise Jungfische großer Arten schlüpfen, die schnell aus einem Aquarium herauswachsen oder eine Gefahr für andere Bewohner darstellen. Man darf aber auch nicht vergessen, dass viele Meerestiere, auch Wirbellose, inzwischen selten geworden sind und daher unter Schutz gestellt werden mussten, also nicht aus ihrem natürlichen Lebensraum entfernt werden dürfen. Manchmal ist es allerdings möglich, von den Behörden eine Ausnahmegenehmigung zur Entnahme bestimmter Arten zu bekommen, wobei man sich aber unbedingt auf wenige Exemplare beschränken sollte.

Da es keine generellen Richtlinien zur Pflege von Kaltwasser-Wirbellosen gibt, ist es wichtig, sich über jede Art, die man gern halten würde, genau zu informieren. Vor allem muss man prüfen, ob man die Tiere auch mit geeignetem Futter versorgen kann. Steht die richtige Nahrung nicht zur Verfügung, sollten man keine Wirbellose mit nach Hause nehmen, da sie dort schnell verhungern.

Seeanemonen

Stamm Cnidaria	**Futter** Fleischfresser. Fisch-, Krebs- und Muschelfleisch, das über den Tentakeln verstreut wird	12–15 °C; pH 8,0–8,4; SG 1,024–1,025
Verbreitung Mittelmeer, Atlantik und Nordostpazifik		**Fortpflanzung** Durch Teilung
Größe Je nach Art unterschiedlich	**Wasserwerte** Temperatur	

Von der Pferdeaktinie (Actinia equina) gibt es zwei Unterarten, die beide gut für Aquarien geeignet sind: A. e. var. mesembryanthemum, die eher in den oberen Regionen von Felsküsten zu finden ist, während A. e. var. fragracea tiefere Zonen besiedelt. Die Tiere sind oft sehr variabel gefärbt, wobei allerdings grüne, braune und rote Farbtöne überwiegen.

Auch einige Seedahlien lassen sich gut in Kaltwasserbecken halten, etwa Urticina felina, die im Nordostatlantik und in der Nord- und Ostsee heimisch ist und mit ihren Nesselzellen sogar kleine Fische überwältigen kann.

Alle Anemonen haben einen röhrenförmigen Körper, zahlreiche Tentakel und eine Fußscheibe zum Festhalten. Im Becken muss eine gleichmäßige Strömung für die Versorgung mit Sauerstoff und Futter herrschen.

Garnelen

Klasse Crustacea	**Futter** Fleischfresser. Fisch-, Krebs- und Muschelfleisch; außerdem handelsübliches Futter	12–15 °C; pH 8,0–8,4; SG 1,024–1,025
Verbreitung Mittelmeer und Pazifikküste		**Fortpflanzung** Gelingt in Aquarien ziemlich regelmäßig
Größe Je nach Art unterschiedlich	**Wasserwerte** Temperatur	

Zu den Gattungen *Palaemon*, *Crangon* und *Hippolyte* gehörende Garnelen sorgen dafür, dass keine Futterreste im Becken zurückbleiben, und fungieren manchmal auch als Putzergarnelen für Fische. Das Fangen in einem Gezeitentümpel bereitet zumeist keine Schwierigkeiten, aber der Transport ist nicht ganz einfach, denn die Tiere vertragen es nicht, wenn das Wasser zu warm wird. Ebenso wie die zumeist sehr viel farbenprächtigeren tropischen Arten sind auch die kleinen, aktiven Kaltwasserkrebse eine interessante Bereicherung für ein Aquarium. Wichtig ist aber, dass die Tiere genug Versteckmöglichkeiten vorfinden, die sie vor allem während der Häutung dringend benötigen. Oft kann man beobachten, dass die Weibchen Eier unter ihrem Bauch tragen, aus denen nicht selten auch Larven schlüpfen, die aber in einem normalen Becken kaum heranwachsen.

Seesterne

Stamm Echinodermata	**Futter** Fleischfresser. Fisch-, Krebs- und Muschelfleisch, das in der Nähe der Arme ausgelegt wird; oft fressen die Tiere auch spezielles, handels-	übliches Futter
Verbreitung Mittelmeer, Atlantik und Pazifikküste		**Wasserwerte** Temperatur 12–15 °C; pH 8,0–8,4; SG 1,024–1,025
Größe Je nach Art unterschiedlich		

Kleine Seesterne findet man am Meer relativ häufig, und es ist stets eine Versuchung, sie mit nach Hause zu nehmen. Dagegen spricht auch nichts, solange dort keine Tiere leben, die Seesterne gern fressen, etwa Kamm- oder Pilgermuscheln. Andernfalls wird etwa der im nordöstlichen Atlantik heimische Gemeine Seestern *(Asteria rubens)* eine solche Muschel sehr schnell aufbrechen, seinen Magen über die Mundöffnung nach außen stülpen, die Weichteile der Muschel mit Hilfe eines Verdauungssekrets verdauen und dann einsaugen.

Interessant ist, dass viele Seesterne ihre, der Fortbewegung dienenden Arme, an denen zahlreiche Saugfüßchen sitzen, nach einem Verlust wieder regenerieren können. Bei einigen Arten kommt es sogar vor, dass sich aus einem solchen Arm ein völlig neues Tier entwickelt.

Meeresalgen

Grün-, Braun- und Rotalgen-Arten sehen in einem Aquarium nicht nur sehr hübsch aus, sondern haben oft auch eine nützliche Funktion, da sie zum Beispiel zahlreichen Wirbellosen und Fischen als Nahrung dienen. Andere leben in Symbiose mit Anemonen, versorgen diese also mit Nährstoffen. Kleinere Algen geraten häufig unabsichtlich beim Einsetzen neuer Fische oder Wirbelloser in ein Becken; die größeren, besonders dekorativen Arten, von denen hier einige vorgestellt werden sollen, kann man, genau wie höhere Pflanzen, im Fachhandel kaufen.

Ein übermäßiges Wachstum von Algen, besonders braunen Schmieralgen, kann aber auch anzeigen, dass Probleme im Aquarium vorhanden sind, die auf eine schlechte Wasserqualität, Überfütterung oder eine falsche Beleuchtung zurückzuführen sein können. Solche Algen sollte man schnell entfernen und die Ursachen des übermäßigen Wachstums beseitigen (häufig handelt es sich um Kieselalgen, sodass man versuchen kann, den Kieselsäuregehalt des Wassers zu verringern).

Algen brauchen zum Wachsen ausreichend Licht, die Ausscheidungen von Fischen und Wirbellosen sowie verschiedene Spurenelemente. In Meerwasseraquarien werden besonders gern Arten der Gattung *Caulerpa* (Kriechsprossalgen) gehalten, die sich nur schwer bestimmen lassen, da sie eine sehr variable Wuchsform zeigen, wobei die Formenunterschiede von Faktoren wie Beleuchtung, Substrat und Nährstoffen abhängen. Einige Arten reagieren sehr empfindlich auf Temperaturunterschiede (Veränderungen von 5 °C führen normalerweise schon zum Absterben), während andere, darunter auch *Caulerpa prolifera,* sehr viel robuster sind.

Schirmalge

Acetebularia spp.

Diese hübsche, kleine, an einen Hutpilz erinnernde Alge ist nicht sehr robust, so dass sie beim Transport, aber auch von Fischen leicht beschädigt wird. Sie benötigt viel Licht und eine leichte Strömung.

Caulerpa prolifera

Die hübschen Kriechsprossalgen findet man in Meerwasseraquarien besonders häufig. Sie können unter Umständen so stark wuchern, dass man sie regelmäßig ausdünnen muss.

Kalkgrünalgen

Codiacea spp.

Kalkalgen können Kalzium aus dem Meerwasser in ihre Thalli einlagern, sodass diese härter sind als beispielsweise bei *Caulerpa*-Arten. Wenn ausreichend Licht vorhanden ist und das Wasser einen hohen pH-Wert hat, sind diese Algen leicht zu halten.

Rotalgen

Rhodophyta

Die wegen ihrer oft leuchtend roten Färbung sehr beliebten Rotalgen sind nicht immer leicht zu halten. Am besten kauft man auf Steinen festgewachsene Exemplare, bei denen sich die rote Farbe bis in die Spitzen der Thallusloben erstrecken sollte.

Pencillus capitatus

Diese Alge, die natürlicherweise in tropischen Lagunen vorkommt, wo sie sich mit ihrem knollenförmigen Fuß im Sand verankert, wird wegen ihres ungewöhnlichen Aussehens, das ein wenig an einen Rasierpinsel erinnert, gern gehalten.

Valonia ventricosa

Bei den blasenförmigen Auswüchsen dieser Alge handelt es sich um Einzelzellen, die einen Durchmesser von bis zu 5 cm erreichen können. Da sie leicht beschädigt werden muss man die Pflanzen sehr vorsichtig behandeln.

Weitere Empfehlungen

Caulerpa peltata
Caulerpa pinnata
Caulerpa racemosa
Caulerpa scalpelliformis

Caulerpa sertularioides (Federcaulerpa)
Caulerpa taxifolia
Halimeda opuntia (Kaktus-Kalkalge)
Halymenia spp. (Tangrotalge)

Das Einrichten
eines Aquariums

Die Ausrüstung

Anfänger lassen sich leicht von dem riesigen Angebot an verfügbaren Geräten abschrecken. Doch auch dann, wenn Sie nicht viel Geld ausgeben können, sollten Sie nicht verzweifeln – die teuersten Produkte sind nicht zwangsläufig die besten, und kein noch so kostspieliges Gerät kann den Erfolg bei der Zierfischhaltung garantieren. Alles, was man braucht, ist eine Grundausstattung und die Bereitschaft zu lernen. Planen Sie Ihr Aquarium schon vor dem Gang zum Händler, und berücksichtigen Sie dabei nicht nur die notwendigen Geräte, sondern auch alle anderen Utensilien, die nötig sind, um eine geeignete Umgebung für die Fische zu schaffen. Machen Sie sich zunächst klar, wie die Zubehörteile funktionieren und wie man sie richtig einsetzt. Wenn Sie dabei Hilfe brauchen, sollten Sie sich an Ihren Händler oder einen erfahrenen Aquarianer wenden.

Süßwasseraquarium mit einem Strom dekorativer Luftblasen aus einem länglichen Ausströmerstein.

Becken und Unterschränke

Wenn Sie Ihr Aquarium planen, müssen Sie sich als Erstes über das Becken und einen Stellplatz Gedanken machen.

Berücksichtigen Sie dabei, wie viel Sie ausgeben möchten und was an Platz zur Verfügung steht. Von der Beckengröße hängt normalerweise auch ab, wie viele und welche Fische Sie halten können. Eine Gruppe kleiner, tropischer Süßwasserfische oder einige hübsche Goldfische finden problemlos in einem Becken von 60 × 30 × 30 cm Größe Platz. Für die meisten Meeresfische wäre ein solches Aquarium allerdings zu klein, denn ein Meerwasserbecken benötigt eine größere Wasseroberfläche und auch sehr konstante Wasserwerte. Daher sind zur Haltung dieser Fische relativ große Aquarien notwendig.

Becken und Untergestelle gibt es in allen möglichen Größen und Ausführungen, sodass für jeden Geschmack etwas dabei sein sollte. Mit ein wenig Geschick können Sie sich aber auch selbst ein Becken anfertigen. Achten Sie darauf, dass das Untergestell und der Fußboden das gefüllte Aquarium auch tragen können, und suchen Sie einen Platz aus, an dem es nicht nur geschützt steht, sondern auch gut zugänglich für das Einrichten und die spätere Wartung ist.

Das Becken

Der wohl größte Fortschritt in der Aquaristik war die Verwendung von Silikon bei der Herstellung von Aquarien. Vor seiner Entwicklung in den 60er Jahren benutzte man einen Rahmen aus Winkeleisen, in den die Glasscheiben eingekittet wurden. Leider waren die Stahlrahmen sehr anfällig für Korrosion, was besonders bei Meerwasseraquarien ins Gewicht fiel. Daher hielten solche Becken auch höchstens zehn Jahre. Dies änderte sich mit der Erfindung von Silikonklebern, die sich auf molekularer Ebene mit dem Glas verbinden und auch nach der Verarbeitung eine gewisse Elastizität behalten. Daher findet man Rahmenaquarien heute nur noch sehr selten.

Die modernen Werkstoffe machen zudem eine unbegrenzte Zahl von Entwürfen möglich. Zwar sind die meisten der heute verkauften Becken weiterhin rechteckig, aber es gibt auch Aquarien, deren Seitenwände schräg zulaufen, sodass sie genau in eine Zimmerecke passen. Außerdem sind oft schon Bereiche für einen biologischen Filter abgeteilt. Es gibt Becken für nahezu jeden Bedarf und Zweck, und viele Hersteller liefern auch Sonderanfertigungen. Wenn Sie selbst ein Becken bauen wollen, sollten Sie die Art und die Dicke des Glases sehr sorgfältig wählen. Kaufen Sie das Silikon auf jeden Fall im Zoofachhandel, denn vergleichbare Produkte für Arbeiten im Badezimmer oder ähnliche Zwecke sind ungeeignet, da sie oft giftige Fungizide enthalten. Verwenden Sie kein gebrauchtes Glas, da es durch Sonnenlicht oder Wärme schon brüchig geworden sein kann. Wenn Ihnen der Umgang mit Glas nicht vertraut ist, lassen Sie sich die Teile am besten zuschneiden und dabei auch gleich die gefährlichen scharfen Kanten beseitigen.

Zwar werden die meisten Aquarien heute immer noch aus herkömmlichem Glas gefertigt, aber es gibt inzwischen neuere Materialien wie Acrylglas (Plexiglas), die immer beliebter werden. Weniger geeignet sind die früher häufig verwendeten Plastikbecken, die mit der Zeit oft trübe und brüchig werden; außerdem bekommen sie leicht Kratzer durch den Kies oder wenn man Algen von den Scheiben entfernt. Die Becken aus Acrylglas sind dagegen nicht nur leicht, sondern auch sehr stabil, und es gibt – im Gegensatz zu den Glasbecken – keine Probleme mit der Abdichtung.

Viele Becken sind mit Abdeckhauben ausgestattet, in denen die Leuchtstoffröhren angebracht werden und die elektrischen Leitungen verlaufen. Darunter sollte sich eine Glasplatte befinden, damit die Wasserverdunstung verringert wird und die Leitungen vor Feuchtigkeit geschützt sind.

Unterschränke

Becken, besonders solche aus Glas, sind sehr schwer, selbst ohne Wasser, Bodengrund und Dekorationsmaterial. Da ein Liter Süßwasser etwa 1 kg wiegt, kann ein fertiges Aquarium leicht ein Gewicht von 500 kg oder mehr erreichen. Aus diesem Grund muss ein Unterschrank so beschaffen sein, dass er diese Last auch trägt. Er sollte eine flache Auflagefläche besitzen und gerade stehen, da das Becken sonst schnell undicht wird oder sogar zerbricht.

Viele Becken werden mit speziellen Unterschränken geliefert, die so konstruiert sind, dass das Gewicht des Beckens gleichmäßig verteilt ist. Der Unterschrank kann zur Aufbewahrung von Fischfutter, Netzen und anderen Ausrüstungsgegenständen verwendet werden; außerdem kann man einen Außenfilter darin unterbringen oder eine Druckluftpumpe. Im letzteren Fall sollten Sie aber unbedingt ein Einweg-Rückschlagventil in den Luftschlauch einsetzen, damit die Pumpe kein Wasser ansaugen kann und das Aquarium nicht ausläuft. Damit Filter oder Pumpe sich nicht überhitzen, muss ein ständiger Luftaustausch im Unterschrank möglich sein.

Als billigere Alternative gibt es einfache Metallgestelle, und natürlich können Sie auch selbst einen Unterbau aus Holz, Steinen oder Beton anfertigen. Geeignet ist praktisch jedes Material, das das Gewicht des Beckens und seines Inhalts tragen kann. Das Untergestell muss allerdings sehr stabil sein, sodass Sie beispielsweise Steine nicht nur aufeinander legen sollten, sondern un-

Ein hübscher Unterschrank kann die Wirkung Ihres Aquariums noch verbessern, ganz abgesehen davon, dass sich darin Geräte und anderes Zubehör unterbringen lassen.

bedingt mit Mörtel fixieren, denn ein zusammenbrechendes Aquarium kann nicht nur großen Schaden, sondern auch Verletzungen verursachen.

Setzen Sie das Becken nicht direkt auf das Untergestell, da selbst die kleinste Unebenheit oder auch ein Fremdkörper den Beckenboden zum Zerbrechen bringen kann, sondern legen Sie immer ein Stück Styropor zwischen Becken und Untergestell. Manchmal wird entsprechendes Material schon vom Händler mitgeliefert.

Außerdem sollten Sie nicht nur die Tragfähigkeit des Unterschranks berücksichtigen, sondern auch die des Fußbodens. Eine normale Betondecke sollte nicht zu Problemen führen, während man einen Holzfußboden vorher besser testet, ob er ein solches Gewicht auch aushält. Wenn das gesamte Gewicht nur auf wenige Stellen verteilt ist, beispielsweise bei einem Untergestell mit vier Beinen, sollten sich diese Stellen möglichst direkt über Deckenbalken oder Trägern befinden.

Bevor Sie sich für eine bestimmte Beckengröße entscheiden, sollten Sie daran denken, dass große Aquarien pflegeleichter sind als kleinere, denn bei einem größeren Wasservolumen wirkt sich eine Verschlechterung der Wasserwerte weniger drastisch aus und ein Ungleichgewicht lässt sich auch leichter wieder beheben.

Filter

Aquarienfilter haben die Aufgabe, das Wasser zu reinigen, also feste Abfallstoffe zurückzuhalten und abzubauen, damit diese nach ihrer Umwandlung gefahrlos ins Becken zurückgeleitet werden können. Von besonderer Bedeutung ist dabei der Stickstoffzyklus (siehe Seite 27).

Wie effektiv ein Filter arbeitet, hängt in erster Linie von der Gesamtoberfläche des Filtermaterials ab sowie von der Menge des Wassers, die hindurchgepumpt wird. Letzteres kann auf zweierlei Weise erfolgen: mit Hilfe einer elektrischen Wasserpumpe oder durch Druckluft. Elektrische Filterpumpen sind wirksamer (allerdings auch teurer), aber in einem Aquarium, in dem es nicht zu größeren Wasserbewegungen kommen soll, etwa in einem Aufzuchtbecken für Jungfische, kann ein luftbetriebenes System durchaus geeigneter sein. Filter können entweder im Becken (Innenfilter) oder außerhalb des Aquariums (Außenfilter) angebracht werden, wobei Außenfilter fast immer eine elektrische Pumpe besitzen, während die meisten Innenfilter mit Druckluft betrieben werden.

Außenfilter

Außenfilter sind normalerweise effektiver als im Becken angebrachte Innenfilter und auch leichter zu warten. Ein weiterer Vorteil ist, dass man durch die Wahl des Filtermaterials die Wasserchemie in gewollter Weise beeinflussen kann (Torf macht das Wasser beispielsweise sauer). Manche Aquarianer kombinieren auch mehrere Systeme, benutzen also beispielsweise einen Topffilter als Hauptfilter, um das Wasser dann über einen Rieselfilter oder eine Entkeimungslampe ins Becken zurückzuleiten.

Elektrischer Außenfilter

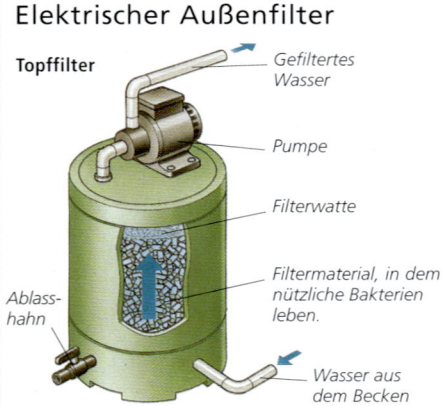

Topffilter

Gefiltertes Wasser

Pumpe

Filterwatte

Filtermaterial, in dem nützliche Bakterien leben.

Ablasshahn

Wasser aus dem Becken

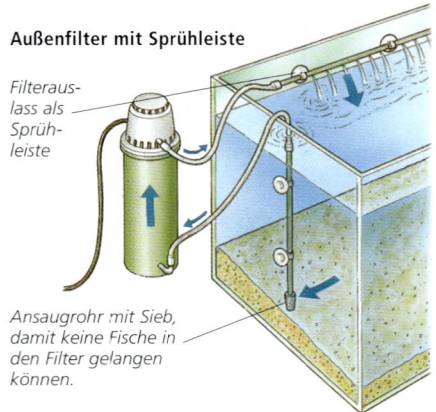

Außenfilter mit Sprühleiste

Filterauslass als Sprühleiste

Ansaugrohr mit Sieb, damit keine Fische in den Filter gelangen können.

Außenfilter bestehen zumeist aus einem Topf mit Filtermaterial sowie weiteren Zusätzen zur Verbesserung oder Veränderung der Wasserqualität (Filterwatte, Kohle, Torf etc.). Das Wasser gelangt über ein Ansaugrohr in den Filter, wobei der Ansaugstutzen normalerweise in Bodennähe angebracht ist; anschließend wird es durch das Filtermaterial und ins Aquarium zurückgepumpt. Damit die Funktion einwandfrei gewährleistet ist, sollte sich die Pumpe unterhalb des Wasserspiegels befinden. Auf keinen Fall darf der Filter ins Becken gestellt werden.

Submerser Sandfilter

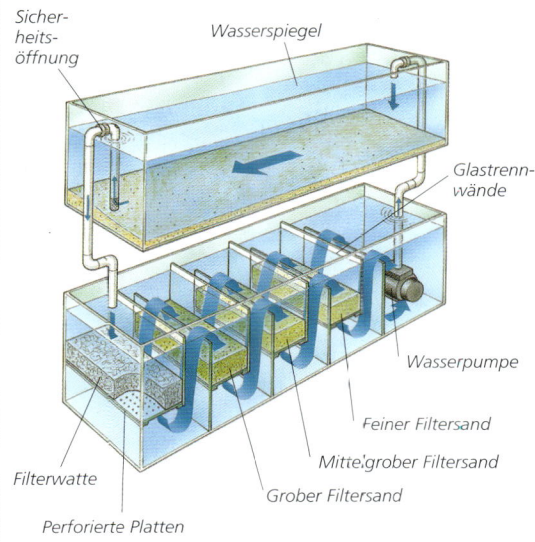

Sicherheitsöffnung

Wasserspiegel

Glastrennwände

Wasserpumpe

Feiner Filtersand

Mittelgrober Filtersand

Grober Filtersand

Filterwatte

Perforierte Platten

Wenn im Becken angebrachte Bodenfilter immer wieder durch wühlende Fische beschädigt werden oder kein optimales Pflanzenwachstum zulassen, sollte man einen außen angebrachten submersen Sandfilter in Erwägung ziehen. Dabei handelt es sich um ein unterteiltes Extrabecken, in dem das Wasser durch verschiedene Sandschichten fließt. Der Filter selbst sitzt unterhalb des Aquariums, und das Wasser wird – im Gegensatz zum Topffilter – nicht angesaugt, sondern gelangt durch einen Überlauf mit Sicherheitsöffnung in den Filter. Nach der Filterung pumpt eine elektrische Tauchpumpe das Wasser ins Aquarium zurück. In der letzten Kammer des Filters lässt sich ein Reglerheizer unterbringen, und das ganze System, das sich sowohl für Süß- als auch Meerwasserbecken eignet, kann dann im Unterschrank verborgen werden.

Emerser Rieselfilter

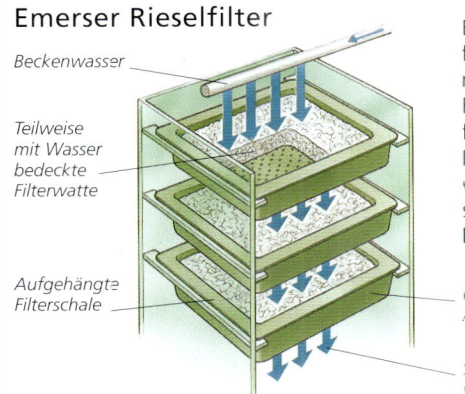

Beckenwasser

Teilweise mit Wasser bedeckte Filterwatte

Aufgehängte Filterschale

Plastikschale mit Ablauflöchern

Sauberes Wasser fließt ins Becken zurück.

Bei über dem Becken installierten emersen Rieselfiltern läuft nach oben gepumptes Wasser durch mit Löchern versehene Schalen, in denen sich das Filtermaterial – normalerweise Filterwatte – befindet, ins Aquarium zurück und tropft dabei wie Regen auf die Wasseroberfläche. Da die Filterwatte nie ganz von Wasser bedeckt ist, können sich dort nützliche, Sauerstoff liebende (aerobe) Bakterien ansiedeln und Ammoniak oder andere Schadstoffe abbauen. Um die Mikroorganismen zu erhalten, wird niemals das gesamte Filtermaterial auf einmal gewechselt.

Entkeimungslampen

Bei Entkeimungslampen, die sowohl für Süß- als auch Meerwasseraquarien verwendet werden können, handelt es sich zwar nicht um Filter im eigentlichen Sinne, aber man nutzt diese Geräte häufig in Verbindung mit Außenfiltern, hauptsächlich um frei schwimmende Krankheitserreger abzutöten. Normalerweise bestehen Entkeimungslampen aus einer UV-Licht-quelle, die in einer durchsichtigen Quarzglasröhre sitzt und von einer undurchsichtigen Schutzhülle umgeben ist. Das Aquarienwasser wird zwischen dem Quarzglas und der Schutzhülle hindurchgeleitet, wobei Krankheitskeime durch die UV-Strahlung abgetötet werden. Da die Effektivität sehr schnell abnimmt, muss die UV-Röhre regelmäßig ausgetauscht werden.

Innenfilter

Innenfilter gibt es in unterschiedlicher Ausführung, wobei druckluftbetriebene Systeme – mit Ausnahme des Bodenfilters – nur für kleine Aquarien geeignet sind, während elektrische Innenfilter, die zumeist aus einem Filtertopf mit Tauchkreiselpumpe bestehen, auch für mittelgroße Becken verwendet werden können. Der größte Nachteil jedes Innen-

filters ist, dass bei der Reinigung ein Teil des herausgefilterten Schmutzes in das Becken zurückläuft. Daher ist die einzige Möglichkeit, ihn wirklich gründlich zu reinigen, die Neueinrichtung des gesamten Aquariums. Allerdings muss dies nicht sehr oft geschehen, sofern das Becken nicht zu dicht besetzt ist und nicht zu viel gefüttert wurde.

Schaumstoffpatronenfilter

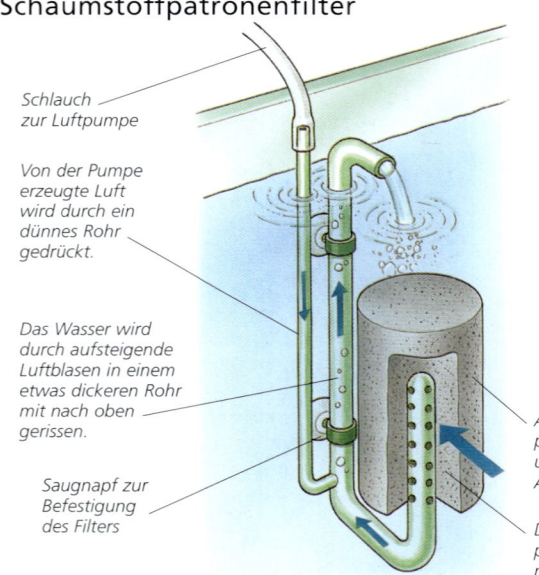

Schlauch zur Luftpumpe

Von der Pumpe erzeugte Luft wird durch ein dünnes Rohr gedrückt.

Das Wasser wird durch aufsteigende Luftblasen in einem etwas dickeren Rohr mit nach oben gerissen.

Saugnapf zur Befestigung des Filters

Schaumstoffpatronenfilter, die sich nur für kleine Aquarien eignen, bestehen aus zwei verbundenen Röhren und einem Schwamm, über den schmutziges Wasser eingesaugt wird. Das gereinigte Wasser im Inneren des Filters wird durch einen Strom aufsteigender Luftblasen mitgerissen, und es strömt neue Flüssigkeit aus dem Becken nach. Die Patrone reinigt man mit lauwarmem Wasser, weil so die nützlichen Bakterien nicht abgetötet werden.

An der Oberfläche der Schwammpatrone siedeln sich Bakterien an und helfen beim Abbau von Abfallstoffen.

Durch die Schwammpatrone wird Beckenwasser nachgesaugt.

Plastik-Eckfilter

Druckluftbetriebene Eckfilter sind für kleinere Becken ebenfalls gut geeignet. Sie bestehen aus einem mit Filterwatte gefüllten Kästchen, das Schlitze aufweist, durch die Wasser einfließen kann. An der etwas angehobenen Bodenplatte ist ein senkrechtes Rohr befestigt, in dem sich ein mit einer Luftpumpe verbundener Sprudelstein befindet. Durch daraus aufsteigende Luftblasen wird das Wasser in der Röhre mitgerissen, und es kann neue Flüssigkeit aus dem Becken in den Filterkasten einströmen. Dabei werden Abfallprodukte von der Filterwatte zurückgehalten und von Bakterien in ungefährliche Stoffe umgewandelt. Da Eckfilter direkt auf dem Boden sitzen sollten, kann man sie mit einigen ins Filtergehäuse gelegten Steinen oder Glasmurmeln beschweren.

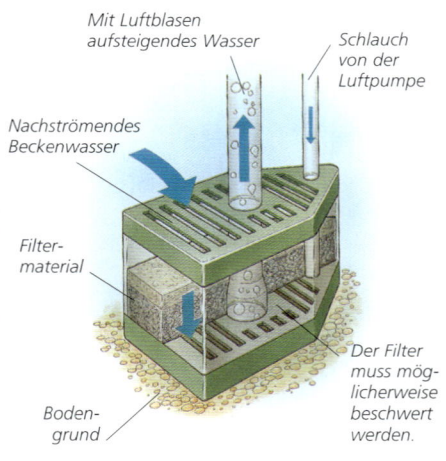

Mit Luftblasen aufsteigendes Wasser

Schlauch von der Luftpumpe

Nachströmendes Beckenwasser

Filtermaterial

Der Filter muss möglicherweise beschwert werden.

Bodengrund

Bodenfilter

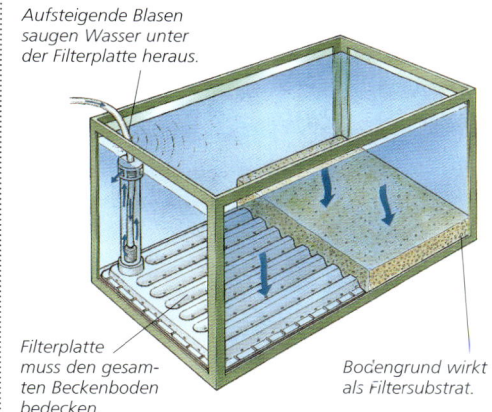

Aufsteigende Blasen saugen Wasser unter der Filterplatte heraus.

Filterplatte muss den gesamten Beckenboden bedecken.

Bodengrund wirkt als Filtersubstrat.

Ein Bodenfilter besteht in der Regel aus einer unter dem Bodengrund angebrachten, siebartig durchlöcherten Platte, an der ein Steigrohr sitzt, das bis fast an die Wasseroberfläche reicht und in dem ein Schlauch verläuft. Durch Druckluft – oder auch durch eine elektrische Pumpe – wird Wasser unter dem Bodengrund herausgesaugt, und es strömt neues Wasser durch den Kies nach. Dabei werden Abfallprodukte zurückgehalten und anschließend von im Bodengrund lebenden Bakterien abgebaut. Zusätzlich kann man ein Stück Fliegengaze verwenden, damit zu feiner Bodengrund die Filterplatte nicht verstopft. Normalerweise wird dies zwischen zwei unterschiedliche Substrate (Kies/Sand) gelegt.

Motorbetriebener Innenfilter

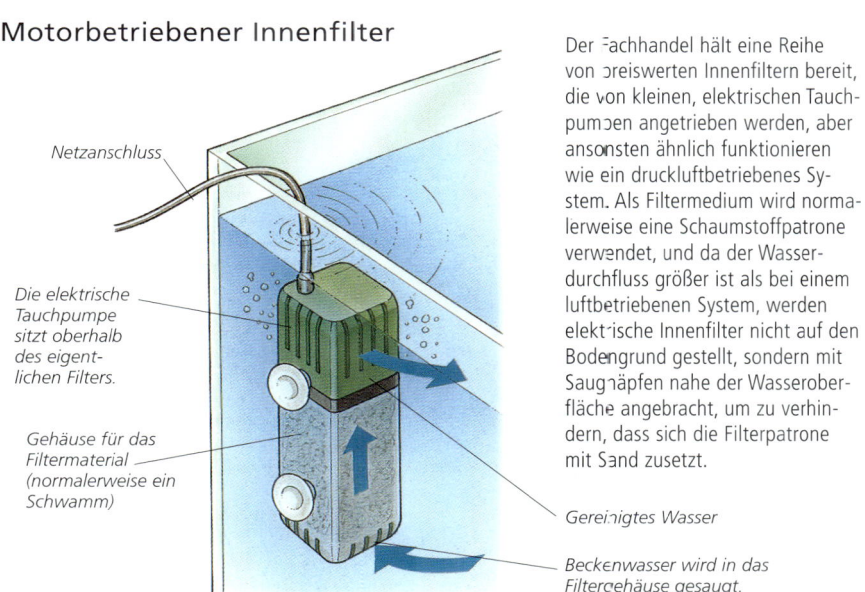

Netzanschluss

Die elektrische Tauchpumpe sitzt oberhalb des eigentlichen Filters.

Gehäuse für das Filtermaterial (normalerweise ein Schwamm)

Gereinigtes Wasser

Beckenwasser wird in das Filtergehäuse gesaugt.

Der Fachhandel hält eine Reihe von preiswerten Innenfiltern bereit, die von kleinen, elektrischen Tauchpumpen angetrieben werden, aber ansonsten ähnlich funktionieren wie ein druckluftbetriebenes System. Als Filtermedium wird normalerweise eine Schaumstoffpatrone verwendet, und da der Wasserdurchfluss größer ist als bei einem luftbetriebenen System, werden elektrische Innenfilter nicht auf den Bodengrund gestellt, sondern mit Saugnäpfen nahe der Wasseroberfläche angebracht, um zu verhindern, dass sich die Filterpatrone mit Sand zusetzt.

Abschäumer

Abschäumer (auch Eiweißabschäumer genannt) verwendet man in Meerwasserbecken, um bestimmte unerwünschte organische Substanzen aus dem Wasser zu entfernen. Kleinere Systeme arbeiten mit einem Ausströmerstein, der sehr feine Luftblasen erzeugt, an denen sich die erwähnten Substanzen anlagern. Die Luftblasen zerplatzen dann an der Oberfläche, und es bildet sich ein Schaum, der in einem Auffangbecher gesammelt und somit leicht entfernt werden kann.

Druckluftpumpen

Zwar tragen Luftblasen aus einem Ausströmerstein direkt nur wenig zur Erhöhung des Sauerstoffgehalts im Aquarienwasser bei, denn sie gelangen so schnell an die Oberfläche, dass sich der Sauerstoff nicht im Wasser lösen kann, aber durch den Blasenstrom entstehen kleine Wellen an der Wasseroberfläche und damit ein größerer Bereich, über den Sauerstoff aufgenommen werden kann. Außerdem sorgt ein Ausströmerstein für Bewegung im Becken, sodass das warme Wasser aus der Nähe der Heizung und das sauerstoffreiche Wasser von der Oberfläche im gesamten Aquarium verteilt wird. Es ist aber auch sehr gut möglich, ein Aquarium ohne einen Ausströmerstein zu betreiben, vorausgesetzt, Sie haben eine andere Möglichkeit, das Wasser in Bewegung zu halten, etwa durch den Auslass eines starken Außenfilters. Bei bestimmten Filtertypen ist eine Luftpumpe allerdings unerlässlich.

Membran- und Kolbenpumpen

Die meisten in der Aquaristik verwendeten Luftpumpen sind Membranpumpen. Bei ihnen bringt ein Hebel eine Membran zum Vibrieren, sodass sie oft ziemlich laut sind, wobei sich der Geräuschpegel aber durch regelmäßige Wartung deutlich verringern lässt. Da die ständige Bewegung Membran und Klappen stark beansprucht, müssen sie regelmäßig ersetzt werden.

Die erzeugte Druckluft wird oft für Ausströmersteine verwendet, die dekorativen Zwecken dienen oder das Wasser in Bewegung halten sollen. Man nutzt die Ausströmersteine aber häufig auch zum Antrieb von Filtern, wobei die aufsteigenden Luftblasen Wasser mitreißen und so eine Saugwirkung erzeugen. In dieser Form benutzte Pumpen sollten ständig laufen, also höchstens einmal kurz zu Wartungszwecken ausgeschaltet werden, da die Filterung des Beckens sonst nicht ausreichend gewährleistet ist.

Kolbenpumpen sind viel leiser als Membranpumpen, allerdings auch nicht so effizient. Sitzt eine solche Pumpe unterhalb der Wasseroberfläche, sollte unbedingt ein Einweg-Rückschlagventil eingebaut werden, um ein Auslaufen des Beckens zu verhindern. Allerdings muss man beim Einbau die Richtung beachten, denn sonst wird nicht Luft ins Aquarium gepumpt, sondern Wasser in die Pumpe gesaugt.

Membranpumpe

Ausströmersteine

Ausströmersteine können in unterschiedlicher Weise genutzt werden. Man kann mit ihnen dekorative „Blasenvorhänge" erzeugen, aber auch einen Boden- oder Innenfilter bzw. einen Abschäumer in einem Meerwasserbecken antreiben. Ausströmersteine, die es in verschiedenen Ausführungen gibt, wobei die Größe der Luftblasen von der jeweiligen Porengröße des Steins abhängt, setzen sich mit der Zeit zu, sodass sie regelmäßig ausgetauscht werden müssen.

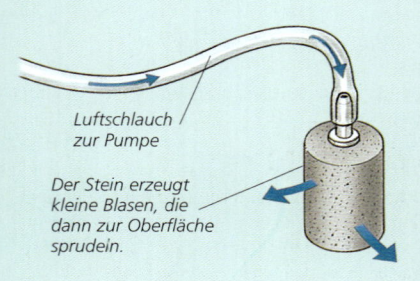

Luftschlauch zur Pumpe

Der Stein erzeugt kleine Blasen, die dann zur Oberfläche sprudeln.

Heizungen und Kühlsysteme

Früher bestanden Aquarienheizungen aus mit einem Gummistopfen verschlossenen Glasröhren, in denen sich Heizspirale und Regler befanden. Diese Geräte waren nicht sehr stabil, sodass sie oft von größeren Fischen zerbrochen wurden. In den letzten 20 Jahren wurden die Heizungen allerdings stark verbessert, sodass die Geräte heute sicherer, zuverlässiger und genauer arbeiten als jemals zuvor. Dank ständiger Weiterentwicklung lässt sich das aber inzwischen für praktisch alle Geräte sagen.

Heizungen und Regler

Kleine Becken benötigen nur eine gering dimensionierte Heizung, während man ein großes Becken mit einer starken oder zwei kleineren Heizungen ausstattet. Letzteres ist sicherer, denn sollte einmal eine Heizung ausfallen, sorgt die zweite dafür, dass die Temperatur nicht zu dramatisch absinkt. Und wenn sich einer der Heizstäbe aufgrund eines Defekts nicht mehr abschaltet, kommt es nicht zu einer so starken Überhitzung, da die zweite Heizung nicht mehr anspringt.

Die meisten Regler arbeiten mit einem Bimetallstreifen, der sich je nach Temperatur ausdehnt oder zusammenzieht und so den Stromkreis zur Heizung öffnet oder schließt, wobei die Einstellung der Temperatur über ein kleines Rädchen vorgenommen werden kann. Inzwischen gibt es aber auch durch Mikrochips gesteuerte Heizer, die so genau und zuverlässig arbeiten, dass sie die Mehrkosten durchaus wert sind. Sie besitzen einen kleinen Sensor, der entweder im Wasser hängt oder auch an der Außenseite des Beckens angebracht wird. Dieser übermittelt die Wassertemperatur an einen Thermostaten, der die Heizung dann ein- oder ausschaltet. Am gebräuchlichsten sind heute aber sogenannte Reglerheizer, bei denen die Heizspirale und der Regler in einem Gerät zusammengefasst sind.

Außerdem gibt es Heizmatten, die man unter das Becken legt. Sie werden normalerweise von einem separaten Thermostat kontrolliert, der unbedingt vor Wasser geschützt angebracht sein muss. Der Nachteil von Heizmatten ist, dass man bei einem Defekt das ganze Becken ausräumen und wieder neu einrichten muss.

Thermometer

Thermometer benutzt man zur genauen Kontrolle der Beckentemperatur. Da sie nicht sehr teuer sind, sollte man zwei anbringen, weil man dann eher bemerkt, wenn eines defekt ist. Am häufigsten findet man gläserne Flüssigthermometer, die ausreichend genau sind und sich dank der darin enthaltenen roten oder blauen Flüssigkeit gut ablesen lassen. Eine Alternative sind Flüssigkristallthermometer, die an die Außenseite des Beckens geklebt werden und bei denen einzelne Farbabschnitte auf unterschiedliche Temperatur reagieren. Sie müssen aber unbedingt so angebracht werden, dass sie nicht der Sonne ausgesetzt sind, weil sonst leicht falsche Werte zustande kommen. Sehr genau sind batteriebetriebene LCD-Thermometer, die es ebenfalls im Handel gibt.

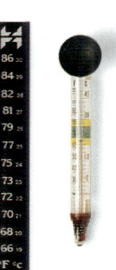

Außen- (rechts) und Innenthermometer (ganz rechts)

Kühlsysteme

So wie wir das Wasser für tropische Aquarien erwärmen müssen, kann es auch notwendig sein, ein Kaltwasserbecken zu kühlen, besonders wenn es sich um ein Aquarium für Meeresfische handelt. Wichtig ist das vor allen Dingen in den Sommermonaten, wenn die Temperaturen im Becken höher werden können, als die Tiere es gewohnt sind. In der Vergangenheit haben sich viele Aquarianer ihre eigenen Kühlsysteme gebaut, aber inzwischen gibt es auch sehr gute Geräte im Handel.

Beleuchtung

Licht kann Wasser nur schlecht durchdringen, sodass eine Lichtquelle umso stärker sein muss, je tiefer das Becken ist, weil sonst der Boden im Dunkeln bleibt. Zur Beobachtung der Fische reicht meist eine einzelne Leuchtstoffröhre; wenn Sie dagegen Wert auf üppiges Pflanzenwachstum legen, sollten Sie sich jedoch etwas genauer mit dem Licht befassen.

Das sichtbare Licht stellt nur einen kleinen Teil der elektromagnetischen Strahlung dar, die am kurzwelligen Ende von der Ultraviolett- und am langwelligen von der Infrarotstrahlung begrenzt wird. Die Farben des sichtbaren Spektrums bilden zusammen weißes Licht. Pflanzen brauchen Licht aus dem blauen und orangeroten Spektrum, während bestimmte Wirbellose auf Licht aus dem blauen bis violetten Bereich angewiesen sind. Um die entsprechenden Bereiche abzudecken, müssen geeignete Leuchtstoffröhren verwendet werden.

Wer Fische, Wirbellose oder Pflanzen aus den Tropen hält, wo jeweils zwölf Stunden Tageslicht und zwölf Stunden Dunkelheit herrschen, muss diese Bedingungen dadurch nachahmen, dass er eine einzelne Lichtquelle zwölf Stunden täglich brennen lässt oder indem er mit Hilfe von Zeitschaltuhren mehrere Leuchtstoffröhren so an- und ausschaltet, dass Morgen- und Abenddämmerung simuliert werden.

Leuchtstoffröhren

Mit Leuchtstoffröhren lässt sich ein Aquarium vermutlich am einfachsten, effizientesten und gleichmäßigsten beleuchten. Man bekommt solche Röhren in allen möglichen Farbvarianten, und sie lassen sich zudem beliebig kombinieren, um das benötigte oder gewünschte Spektrum abzudecken. Es gibt auch verschiedene Röhren mit weißem Licht, von denen aber keine das tatsächliche Spektrum des Tageslichts erzeugen kann. Solche Leuchten sind teurer als Standardröhren und müssen nach etwa 6–8 Monaten ersetzt werden, auch wenn es so aussieht, als würden sie weiterhin gut funktionieren. Aber auch Standardröhren sollte man regelmäßig ungefähr alle 12–18 Monate auswechseln.

Die meisten Aquarien sind beim Kauf bereits mit einer Abdeckung ausgestattet, in die eine oder mehrere Leuchtstoffröhren eingesetzt werden können. Überprüfen Sie schon vor dem Kauf des Beckens, ob die gewünschten Röhren auch in die mitgelieferte Abdeckung passen und ob man eine spätere Wartung problemlos durchführen kann.

Punktstrahler

Mit Punktstrahlern lassen sich besondere Effekte hervorrufen, etwa indem man einen bestimmten Abschnitt des Aquariums stärker hervorhebt. Strahler werden normalerweise nicht in die Abdeckung integriert, aber ebenfalls über dem Becken angebracht. Befinden sich die Lampen ziemlich dicht an der Wasseroberfläche, ist eine Abdeckscheibe nötig, damit die Strahler nicht nass werden. Punktstrahler sind besonders gut für tiefe Becken geeignet und müssen so angebracht werden, dass sie einem Betrachter nicht in die Augen leuchten können.

Eine andere Form der Beleuchtung sind Quecksilberdampflampen, von denen die meisten eingebaute Reflektoren besitzen. Sie sind allerdings recht kurzlebig, sodass sie etwa alle sechs Monate ersetzt werden müssen. Sehr viel stärkeres Licht liefern Halogenleuchten, die besonders bei Becken mit wirbellosen Tieren gern verwendet werden. Sie sind jedoch teuer, und die Birnen müssen alle 8–10 Monate ersetzt werden. Dennoch sind sie die relativ hohen Kosten wert.

Glühbirnen

Glühbirnen sind für Aquarien nicht besonders gut geeignet. Zwar sind sie preiswert und leicht zu installieren, werden unter einer Abdeckung aber schnell heiß und halten dann nicht sehr lange. Außerdem sind sie anfällig gegen Kondenswasser, und das Spektrum des erzeugten Lichts unterstützt das Pflanzenwachstum nicht besonders gut.

Abdeckscheiben

Abdeckscheiben aus Glas sollen die Verdunstung von Aquarienwasser und die Kondensation an den Leuchtkörpern verhindern. Wichtig ist dabei, dass möglichst viel Licht durch die Scheibe ins Becken gelangen muss. Daher muss man die Abdeckscheiben auch stets sauber halten, also regelmäßig Algen und Salzrückstände entfernen.

Um eine große Vielfalt an Pflanzen und Tieren halten zu können, empfiehlt es sich verschiedene Spektralbereiche des Lichts durch unterschiedliche Leuchten abzudecken. Außerdem lassen sich dadurch sehr lebendige Effekte erzielen, etwa in dicht bepflanzten Becken.

Der Bodengrund

Bodengrund ist nötig, damit Fische sich in einem Becken heimisch fühlen können. Man kann ihn aber auch zur Gestaltung nutzen, braucht ihn, um Pflanzen einzusetzen, und er dient nicht zuletzt als Substrat für die sehr wichtigen Bodenbakterien. Vor dem Einbringen sollte der Bodengrund gründlich mit heißem Wasser (ohne Reinigungsmittel!) gewaschen werden; bei Meer- und Brackwasseraquarien muss man besonders auf Metallteile achten, da diese sich auflösen und leicht giftige Konzentrationen erreichen können.

Kies

Kies ist der häufigste Bodengrund für Süßwasseraquarien. Es gibt ihn in verschiedenen Korngrößen, und die Steine können abgerundet, aber auch eckig und scharfkantig sein. Letztere eignen sich nicht für Fische, die am Boden leben oder dort nach Futter suchen, da sie sich an den Steinen leicht Schnittwunden oder Kratzer zufügen. Ist der Kies zu grob, fällt oft Futter in die Lücken, um dort, unerreichbar für die Fische, zu verfaulen und das Becken zu verunreinigen. Aquarien mit weichem Wasser benötigen kalkfreien Kies, den Sie bei Ihrem Zoofachhändler bekommen. Sie können Kies aber auch selbst auf seinen Kalkgehalt überprüfen, indem Sie einer kleinen Probe etwas Essig hinzufügen. Wenn der Kies schäumt, enthält er Kalk. Es gibt Aquarienkies in den unterschiedlichsten Farben, wobei schwarzer Bodengrund zumeist sehr attraktiv aussieht, während gefärbter Kies eher unnatürlich wirkt. Dunkle Farben sind für Arten aus schattigen Lebensräumen geeignet, während heller Bodengrund die Fische oft „ausgewaschen" aussehen lässt und außerdem manchmal bewirkt, dass sie sich scheuer als normal verhalten.

Flusskies

Feiner Kies

Roter Kies

Sand

Sand ist ebenfalls ein geeigneter Bodengrund für Süßwasserbecken. Allerdings darf er sich nicht zu sehr verdichten lassen, weshalb beispielsweise Bausand ungeeignet ist. Verwenden Sie speziellen Filtersand, der „inert" ist, also das Wasser nicht verändert, der nicht verklebt und zudem aus rundlichen Körnchen besteht, die das Eindringen von Wasser und Pflanzenwurzeln erlauben. Allerdings lässt er sich nicht besonders gut modellieren, und er kann auch bei der Benutzung eines Bodenfilters zu Problemen führen, da er leicht die Löcher verstopft.

Korallengrus

In Meerwasseraquarien wurde früher zumeist Korallengrus verwendet. Da es sich aber um Teile von unter Naturschutz stehenden Tieren handelt, darf er aufgrund des Washingtoner Artenabkommens in Deutschland inzwischen nur noch mit einer Sondergenehmigung eingeführt werden. Als Alternative kann man in Meerwasseraquarien Blähtonbruch (kalkfrei) oder auch stark kalkhaltigen Dolomitbruch verwenden (Letzterer lässt sich übrigens auch nutzen, um das Wasser in Süßwasserbecken härter zu machen).

Das Wasser

Die Bedeutung des Wassers wird gerade von Anfängern oft unterschätzt. Für alle Organismen in einem Aquarium ist die richtige Wasserqualität aber lebenswichtig. So gibt es für jede Fischart einen optimalen Bereich, in dem sich die Tiere besonders wohl fühlen, und auch der Stoffwechsel der Fische hängt nicht zuletzt vom Härtegrad, dem Säure- und Basenverhältnis, der Temperatur und dem Sauerstoffgehalt des Wassers ab.

Daher ist die richtige Wasserqualität für die Gesundheit der Fische absolut unerlässlich. Die Wasserwerte können durch die unterschiedlichsten Einflüsse verändert werden, und leider bemerkt man eine solche Modifikation oft erst dann, wenn die Situation bereits lebensbedrohlich für die Fische ist. Daher sollte man die Wasserwerte regelmäßig überprüfen und gegebenenfalls schnell korrigieren.

Süßwasseraquarien

Außer bei der Einrichtung des Aquariums sollten Sie nie direkt Leitungswasser in das Becken geben, da dieses eine Reihe von Schadstoffen enthalten kann, etwa Chlor und Fluor.

Bevor Sie neues Wasser ins Becken füllen, sollten Sie es etwa zwölf Stunden stehen lassen, damit sich ein Teil der unerwünschten Substanzen verflüchtigen kann. Wenn Sie den Hahn beim Befüllen des Eimers mit einem Finger zuhalten, damit das Wasser sehr feinstrahlig austritt, entweichen noch mehr Gase, wobei Sie Chlor übrigens leicht an seinem stechenden Geruch erkennen. Anschließend kann das Wasser in einem Eimer durch einen Ausströmerstein in Bewegung gehalten werden, weil dann zumeist weitere Schadstoffe entweichen. Wird das Wasser auf diese Weise behandelt, sollte es innerhalb von ein oder zwei Stunden brauchbar sein. Außerdem gibt es im Fachhandel Produkte, die man dem Wasser zufügen kann, um es schneller verwenden zu können.

Das hinzugefügte Wasser sollte in Bezug auf pH-Wert, Härtegrad und Temperatur (plus/minus 2 °C) an das im Becken befindliche angepasst sein. Im Handel erhältliche, lösliche Zusätze können Ihnen bei der Anpassung helfen.

Meer- und Brackwasseraquarien

Für Meer- und Brackwasserbecken wird Leitungswasser zunächst mit Salz aufbereitet. Dazu muss unbedingt ein Spezialsalz verwendet werden, also niemals Kochsalz. Für Meeresfische gibt man die vom Hersteller empfohlene Menge an Salz in einen Plastikeimer mit Wasser, das dann ein spezifisches Gewicht (SG) zwischen 1,023 und 1,027 haben sollte (Süßwasser hat ein SG von 1,000). Mit diesen Bedingungen werden die meisten Fische und auch unempfindlichere Wirbellose zurechtkommen; es gibt aber auch Arten, die andere Verhältnisse brauchen.

Für Brackwasserfische benötigen Sie nur etwa halb soviel Salz wie für Meerwasserfische, was einem spezifischen Gewicht von 1,002–1,007 entspricht. Diese Werte müssen aber nicht immer konstant gehalten werden, da Brackwasserarten aus Biotopen stammen, in denen es durch den Wechsel der Gezeiten ebenfalls zu Schwankungen im Salzgehalt kommt.

Bei der ersten Befüllung des Beckens muss das Salz wenigstens zum Teil aufgelöst sein. Wenn Sie nur einen teilweisen Wasserwechsel durchführen, sollten Sie das Beckenwasser zunächst mit Hilfe eines Aräometers (Hydrometers) überprüfen und außerdem dafür sorgen, dass das Salz völlig aufgelöst ist, damit das Aquarienwasser gleich wieder das richtige spezifische Gewicht besitzt. Beim Verdunsten geht nur reines Wasser verloren, d. h., die Salze sind weiterhin im Becken vorhanden. Deshalb muss der Salzgehalt vor dem Auffüllen des Beckens stets überprüft werden. Wenn die Verdunstung sehr stark ist, etwa im Hochsommer, muss Süßwasser ergänzt werden, damit der Salzgehalt nicht ständig ansteigt.

Dekorationsmaterial

Zur Dekoration eines Aquariums verwendet man nur Dinge, die ungiftig sind, die die Wasserchemie nicht negativ beeinflussen und die sich an den natürlichen Bedürfnissen der Fische orientieren. So brauchen scheue Arten die Möglichkeit, sich in Felshöhlen oder zwischen Wurzeln zu verstecken, während man aktiven Fischen viel freien Schwimmraum zur Verfügung stellen muss. Ansonsten sind Dekorationsgegenstände hauptsächlich eine Frage des persönlichen Geschmacks, wobei die meisten Aquarianer aber versuchen Freilandbedingungen nachzuahmen.

Steine

Wenn man geologische Grundkenntnisse hat, kann man sich Steine selbst suchen. Dabei muss man allerdings beachten, dass bestimmte Gesteine Gifte freisetzen oder die Wasserchemie negativ beeinflussen können (Marmor enthält beispielsweise Arsen). Im Zoofachhandel werden Steine in reicher Auswahl angeboten, die die Wasserqualität nicht verändern. Sie sollten aber vor dem Einbringen gereinigt werden.

Wählen Sie Steine von ähnlicher Farbe und Oberflächenstruktur, und achten Sie darauf, mögliche Zeichnungen gleich auszurichten, damit ein natürlicher Eindruck entsteht. Stapeln Sie die Steine nicht zu hoch übereinander, oder verkleben Sie sie mit Silikon, denn manche Fische unterhöhlen gern einzelne Steine, mit der Folge, dass die gesamte Konstruktion einstürzt.

In Meerwasseraquarien wird gern leichter, stark poröser Tuffstein verwendet, der sich auch für Süßwasserbecken mit hartem Wasser eignet. Dolomitbruch, der das Wasser ebenfalls härter macht, ist dagegen viel schwerer und verdrängt somit auch mehr Wasser. In Süßwasser- oder Brackwasseraquarien wirken einige größere, auf den Bodengrund gelegte rundliche Kiesel zumeist sehr gut.

Tuffstein   **Kieselsteine**

Holz

Holz eignet sich nur zur Dekoration von Süß- und Brackwasserbecken. Im Handel ist hauptsächlich Moorkienholz erhältlich, also Reste toter Baumwurzeln und Äste, die eine Reihe von Jahren im Moor oder im Wasser gelegen haben. Es ist ratsam, das Holz vor dem Einbringen ins Becken gründlich auszukochen, damit die darin enthaltene Luft entweicht. Sind die Stücke zu groß für einen Topf, sollte man sie auf jeden Fall längere Zeit in einer Badewanne mit möglichst heißem Wasser abbrühen. Außerdem ist zu beachten, dass Moorkienholz in der Regel Gerbstoffe freisetzt, die das Wasser normalerweise etwas bräunlich verfärben. Den meisten Fischen und besonders solchen,

Moorkienholz

die weiches, saures Wasser bevorzugen, macht das nichts aus; dennoch ist anzuraten, das Moorkienholz zunächst zwei Wochen lang zu wässern, damit der größte Teil der Gerbstoffe entweichen kann, was man durch einen Ausströmerstein noch beschleunigen kann.

Dekorationsstück

Korallen und Muscheln

Meerwasseraquarien sehen zwar mit einer Dekoration aus Korallen recht natürlich aus, aber da ihre Einfuhr aufgrund bestehender Naturschutzgesetze inzwischen stark eingeschränkt wurde, behilft man sich am besten mit künstlichen Korallen. Diese sehen heute teilweise so echt aus, dass man sie auf den ersten Blick kaum von echten Korallen unterscheiden kann. Außerdem haben sie den Vorteil, dass sie keine giftigen Substanzen enthalten, den pH-Wert nicht verändern und besonders leicht sind.

Muschelschalen und Schneckengehäuse dienen manchen Fischen als Unterschlupf. Sie sollten gut ausgekocht werden, damit Reste des ursprünglichen Bewohners nicht das Wasser vergiften. Außerdem muss sichergestellt sein, dass sich die Fische darin nicht selbst fangen können.

Künstliche Alternativen

Im Gegensatz zu früher lassen sich heute viele künstliche Pflanzen kaum noch von echten unterscheiden, sodass man auf sie zurückgreifen sollte, wenn man Fische hält, die häufig Pflanzen ausgraben oder fressen. Sie sind aber auch eine gute Alternative für Pflanzen, die sich in einem Aquarium nur schwer halten lassen, etwa bestimmte Arten der Meeresalge *Caulerpa*.

Neben den bereits erwähnten künstlichen Korallen gibt es auch noch Holz und Steine aus Kunststoff. Zwar ist die Auswahl bisher nicht sehr reichhaltig, aber auch sie verändern das Wasser nicht, und es besteht auch keine Gefahr, unerwünschte Organismen einzuschleppen.

Beckenhintergrund

Viele Aquarienfische sind weniger scheu, wenn sie sich vor einem dunklen Beckenhintergrund aufhalten können. Das lässt sich am einfachsten durch einen schwarzen Anstrich der Rückwand erreichen, der dem Aquarium zudem Tiefe gibt. Als Alternative hält der Handel verschiedenste Hintergrundbilder bereit, beispielsweise solche, auf denen ein Korallenriff abgebildet ist. Die Bilder werden hinter dem Aquarium befestigt und lassen sich bei Bedarf leicht auswechseln.

Außerdem gibt es Hintergrundaufbauten aus Kunststoff, die ins Becken gestellt werden, etwa terrassenförmig aufgeschichtete Steine. Sie sollten bereits vor dem ersten Befüllen des Aquariums angebracht werden, wobei darauf zu achten ist, dass sich keine Fische dahinter verfangen können.

Weiteres Zubehör

Unentbehrlich

Eimer

Ablassschlauch: etwa 10−15 mm dick und 2 m lang

Netz: sollte unbedingt auf die Größe Ihrer Fische abgestimmt sein; zum Herausfangen einzelner Exemplare verwendet man am besten zwei Netze

Thermometer: Flüssigkristallthermometer reichen normalerweise aus, auch wenn Alkohol- oder elektronische Thermometer sehr viel genauer sind

Aräometer: dient bei Meer- und Brackwasserbecken zur Bestimmung des Salzgehaltes

Testsysteme: dienen der Bestimmung und Einstellung der Wasserwerte wie Härte, pH-Wert etc.

Empfehlenswert

Nachschlagewerke: für Informationen zur Bestimmung, Haltung und Zucht

Ersatzteile: beispielsweise Filterdichtungen oder Membranen für Luftpumpen etc.; der Vorrat sollte regelmäßig ergänzt werden

Ersatzheizung: kann beim Ausfall einer Heizung sehr wichtig werden

Arzneimittel: Der Vorrat sollte nur klein sein, da die Mittel ein Verfallsdatum haben, sodass man sie am besten bei Bedarf kauft

Algenkratzer: um Algen von den Glasscheiben zu entfernen

Nachsichtige Familienmitglieder: Es gelangt immer einmal etwas Wasser auf den Teppich, und auch der Geruch bei der Filterreinigung kann unangenehm sein

Aufbau und Gestaltung

Die Einrichtung eines Aquariums kostet durchaus einige Mühe, wobei sich die Arbeit durch eine gute Planung und Vorbereitung jedoch beträchtlich erleichtern lässt. Zwar gibt es kein allgemein gültiges Vorgehen, aber es hat sich gezeigt, dass die Aufstellung einer Art Checkliste, an der man sich später orientieren kann, sehr sinnvoll ist. Nehmen Sie sich für die Arbeit genug Zeit, denn ein Becken, das nicht fachgerecht eingerichtet wurde, macht später oft Probleme. Beachten Sie bei der Installation der Geräte genau die Anweisungen der Hersteller, und konsultieren Sie bei schwierigen elektrischen Anschlüssen einen Fachmann. Um Ihnen die Aufgabe zu erleichtern, werden im folgenden Abschnitt einige grundlegende Arbeitsschritte erläutert sowie Beispiele für die Einrichtung von Süß-, Brack- und Meerwasseraquarien gegeben.

Riffbewohner wie diese Schwertgrundeln gewöhnen sich in einem Aquarium gut ein.

Erste Vorbereitungen

Es zahlt sich aus, jeden Einrichtungsschritt sorgfältig zu planen. Bevor Sie auch nur das erste Teil kaufen, sollten Sie zunächst die Größe und den späteren Platz des Beckens genau festlegen und sich vergewissern, ob die Zimmerdecke das Gewicht auch tragen kann. Bedenken Sie aber auch, dass einmal eingerichtete Aquarien nicht mehr bewegt werden können. Stellen Sie das Becken an einen ruhigen Ort, und achten Sie darauf, dass die Wartung der Geräte und regelmäßige Wasserwechsel problemlos möglich sind. Stellen Sie das Becken nicht direkt in die Sonne, denn sonst kommt es nicht nur leicht zu übermäßigem Algenwachstum, sondern auch zu einer ungewollten Erwärmung des Wassers.

Wenn Ihr Entwurf fertig ist und Sie alle notwendigen Dinge beieinander haben, sollten Sie alles, was im Vorfeld getan werden kann, schon einmal erledigen, damit sie während der eigentlichen Einrichtung mehr Zeit haben.

Benötigte Werkzeuge und Geräte

- Becken
- Unterschrank
- Abdeckung (falls nicht integriert)
- Holzunterlage (wenn benutzt)
- Styroporplatte
- Hintergrund
- Bodengrund (Sand oder Kies)
- Gaze für Bodenfilter (wenn benutzt)
- Steine und/oder Holz
- Korallennachbildungen, Schneckengehäuse und Muschelschalen
- Filter
- Heizung (bei Warmwasserbecken)
- Beleuchtung
- Druckluftpumpen, Luftschläuche und Ausströmersteine
- Thermometer
- Abdeckglas
- Mehrfachsteckdose (wenn benutzt)
- Wasserwaage
- Seitenschneider
- Zange
- Schraubenzieher
- Schere
- Scharfes Messer
- Klebeband
- Isolierband
- Stecker
- Elektrokabel
- Eimer
- Sieb
- Silikonkleber
- Nagelbürste
- Handtuch
- Wasserschlauch
- Gummibänder und Angelschnur
- Meersalz (nur für Brack- oder Meerwasserbecken)
- Aräometer (nur für Brack- oder Meerwasserbecken)

Planung des Beckens

Planen Sie die Einrichtung Ihres Aquariums zunächst auf dem Papier, und legen Sie dabei genau fest, wo Geräte, Pflanzen und Dekorationsmaterial (Steine, Holz etc.) ihren Platz finden sollen. Vielleicht gestattet es Ihr Händler auch, dass Sie einige Dinge vor dem Kauf in einem leeren Becken ähnlicher Größe arrangieren, damit Sie sehen, ob die Gegenstände auch in Ihr Aquarium hineinpassen und ob tatsächlich der gewünschte Eindruck entsteht. Bringen Sie die Heizung so an, dass sie vor den Blicken eines Betrachters verborgen ist, aber dennoch gut zugänglich bleibt. Beachten Sie dabei, dass das Wasser in Nähe des Heizers stets etwas in Bewegung ist, damit ein Temperaturgefälle verhindert wird. Falls nötig, kann mit einem Ausströmerstein in der Nähe der Heizung etwas nachgeholfen werden. Den Zu- und Auslauf des Filters bringt man so an, dass der Wasserfluss nicht behindert wird, wobei man aber auch aufpassen muss, dass zarte Pflanzen nicht durch zu starke Wasserbewegungen geschädigt werden. Achten Sie außerdem darauf, dass sich die Ansaugöffnung des Filters in Bodennähe befindet und mit einem Sieb versehen ist, damit kleine Fische nicht in den Filter gelangen können.

Weitere Vorarbeiten

Wenn Sie einen Beckenhintergrund aus Plastik verwenden möchten, sollten Sie ihn gleich zu Anfang an der Rückwand anbringen. Hintergrundbilder aus Papier werden dagegen erst befestigt, wenn das Becken an seinem Platz steht, da sie sonst leicht zerreißen. Und wenn die Beckenrückwand schwarz (oder in einer anderen Farbe) gestrichen werden soll, muss das ebenfalls vorher geschehen. Einen guten Hintergrund bilden auch Korkfliesen, die man mit Silikon befestigt und anschließend etwa 24 Stunden trocknen lässt.

Kies oder Sand für den Bodengrund müssen zunächst so lange unter fließendem Wasser gewaschen werden, bis das ablaufende Wasser klar bleibt. Um den Abfluss nicht zu verstopfen, kann man ein Küchensieb benutzen oder man reinigt stets nur kleine Mengen in einem Eimer. Dazu kann man die Hände oder einen Kochlöffel nehmen, der, wie alles andere Aquarienzubehör auch, ausschließlich für diesen Zweck reserviert bleiben sollte. Wenn der Bodengrund nicht zwischengelagert werden kann, müssen Sie die gesamte Menge am Tag der Einrichtung reinigen – eine recht Zeit raubende Aufgabe.

Säubern Sie Steine und Holzteile mit einer Bürste und heißem Wasser, nehmen Sie aber keine Reinigungsmittel. Wurde diese Arbeit bereits vorher erledigt, reicht am Tag der Einrichtung ein kurzes Abspülen. Damit Holz auch auf dem Boden liegen bleibt, muss es zuvor ausgekocht oder etwa zwei Wochen lang in Wasser eingeweicht werden. Dabei wird gleichzeitig auch ein großer Teil der Gerbstoffe aus dem Holz entfernt, die dem Beckenwasser sonst eine zwar unschädliche, aber zumeist unerwünschte braune Färbung verleihen.

Wenn Sie Steine zusammenkleben möchten, um eine Geländestufe, eine Höhle oder etwas ähnliches zu gestalten, sollten Sie als Basis Stücke mit flacher Unterseite auswählen. Verkleben Sie die einzelnen Teile mit Silikon, und benutzen Sie Klebeband oder Gummibänder, um sie während des Trocknens in Position zu halten. Lassen Sie jedes hinzugefügte Teil zunächst fest antrocknen, bevor Sie ein neues anbringen. Danach sollte der Silikonkleber noch mindestens 24 Stunden aushärten. Wenn Sie vorhaben, Pflanzen, beispielsweise Javafarn, auf Holz aufzubinden, sollten Sie kleine Löcher in die Holzdekoration bohren, damit die Pflanzen später leicht mit der Angelschnur befestigt werden können. Bauen Sie Ihren Innen- bzw. Außenfilter zusammen, und füllen Sie ihn mit dem Filtermaterial. Auch hier sollten Sie die Anweisungen des Herstellers sorgfältig lesen, denn eine genaue Kenntnis des Aufbaus und der Funktion eines Gerätes erleichtert die spätere Wartung beträchtlich.

Es ist zwar möglich, ein Aquarium allein einzurichten, doch zumindest um das Becken an den richtigen Platz zu stellen, sollten Sie sich helfen lassen. Aber auch darüber hinaus kann es von Vorteil sein, einen erfahrenen Ratgeber zu haben. Eventuell kann Ihr Händler den Kontakt zum örtlichen Aquarienverein vermitteln, dessen Mitglieder meist gern bereit sind, ihre Sachkenntnis weiterzugeben. Am Tag der Einrichtung sollten Sie sich an der Stelle, an der das Becken stehen soll, ausreichend Platz schaffen und Teppiche sowie in der Nähe stehende Möbelstücke mit einer Kunststofffolie abdecken, um sie vor Wasser und Verschmutzung zu schützen. Halten Sie kleine Kinder und Haustiere möglichst fern, und nehmen Sie sich vor allen Dingen ausreichend Zeit für die Arbeit.

Gestaltung eines Süßwasserbeckens

Bevor Sie mit der Einrichtung des Aquariums beginnen, sollten Sie ausreichend Platz schaffen, um bequem arbeiten zu können, und sich überzeugen, dass Sie alle benötigten Dinge zur Hand haben.

Arbeiten Sie langsam und überlegt, denn es ist viel besser, etwas gleich richtig zu machen, als eine falsche Installation hinterher ändern zu müssen.

Geräte und Dekoration

1 Legen Sie zunächst eine Holz- oder Styroporunterlage auf den Unterschrank, und stellen Sie das Aquarium darauf. Überprüfen Sie, ob es gerade steht (Wasserwaage) und ob der Unterschrank nicht wackelt. Waschen Sie das Becken gründlich mit warmem Wasser (ohne Reinigungsmittel!) aus, und warten Sie, bis die Scheiben wieder völlig trocken sind. Bei Verwendung eines Bodenfilters wird jetzt die Grundplatte verlegt und das Steigrohr montiert.

2 Verbinden Sie das Steigrohr mit dem Luftschlauch. Bodenfilter arbeiten besonders effizient, wenn man zusätzlich einen Ausströmerstein anbringt; allerdings braucht man dann auch eine stärkere Pumpe. Wenn das Steigrohr nicht unter die Abdeckung passt, kürzt man es mit einem scharfen Messer ein.

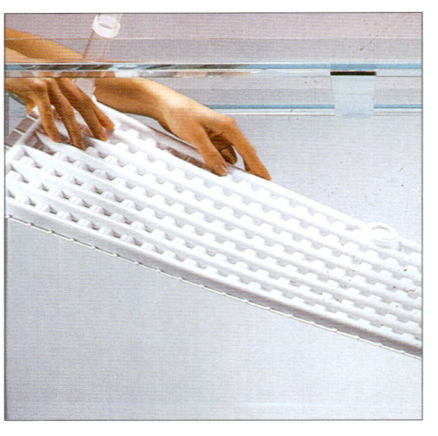

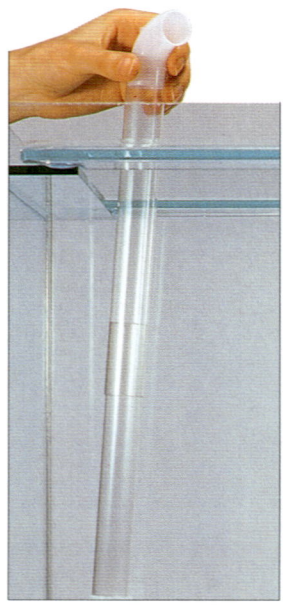

3 Füllen Sie eine etwa 2,5 cm dicke Schicht gewaschenen Kies ein, und verteilen Sie diesen gleichmäßig auf dem Beckenboden. Wenn Sie Welse halten wollen oder auch andere Fische, die gern im Boden wühlen, ist es oft besser, schwere Steine vor dem Einfüllen des Substrats direkt auf den Boden bzw. auf die Bodenfilterplatte zu legen, da sie dann weniger leicht unterhöhlt werden können. Außerdem sollten Sie in einem solchen Fall jetzt noch einmal überprüfen, ob der Kies auch nicht zu scharfkantig ist. Kleinere Steine, aber auch Blumentöpfe oder Wurzeln können, nachdem der restliche Kies eingefüllt und verteilt wurde, einfach auf den Bodengrund gelegt werden.

4 Wenn Steine übereinandergeschichtet werden, müssen sie fest liegen. Falls Sie kein Silikon benutzen wollen, sollten Sie als Fundament flache Steine benutzen und darauf achten, dass auch die oberen einen sicheren Halt haben. Lehnen Sie Steine nie gegen das Glas, und stellen Sie sicher, dass das Gebilde nicht umgeworfen werden kann. Um Steinen einen besseren Halt zu verleihen, kann man sie zusätzlich mit einer weiteren Schicht Kies umgeben (bis zu einer Gesamttiefe von etwa 4 cm). Anschließend wird der Bodengrund hinten leicht ansteigend modelliert.

5 Fügen Sie jetzt, sofern vorgesehen, das Holz hinzu. Mit größeren Stücken lassen sich recht gut Ausrüstungsgegenstände wie eine Heizung verbergen. Blumentöpfe, auch teilweise zerbrochene, können ebenfalls als Dekoration dienen (allerdings nicht bei weichem Wasser). Sie sind normalerweise nicht stabil genug, um Steine zu tragen, aber eine Wurzel lässt sich damit gut in eine höhere Position bringen. Wurde das Holz zuvor nicht eingeweicht oder abgekocht, treibt es an die Wasseroberfläche. In einem solchen Fall muss man es entweder mit Steinen beschweren oder mit einem Stück Angelschnur an einem schweren Dekorationsstück befestigen.

6 Als Nächstes wird der Heizer mit Haftsaugern an der Rückwand des Beckens befestigt. Wegen der besseren Wärmeverteilung sollte er schräg und nicht senkrecht angebracht werden. Falls Sie künstliche Pflanzen verwenden wollen, können diese jetzt ebenfalls eingesetzt werden.

7 Nun wird das Becken mit Wasser gefüllt. Dieses kann direkt aus der Leitung genommen werden, da man ja noch keine Fische einsetzt. Damit kein Kies aufgewirbelt wird, lässt man das Wasser vorsichtig auf einen auf dem Boden liegenden Stein laufen, oder man saugt es mit einem Schlauch aus einem Eimer ins Becken.

8 Bei Verwendung eines Bodenfilters wird ein Einweg-Rückschlagventil in den Luftschlauch eingesetzt, damit nicht versehentlich Wasser angesaugt wird und das Becken ausfließt. Hat man einen elektrischen Innen- oder Außenfilter eingeplant, wird dieser jetzt ebenfalls nach Anleitung des Herstellers angeschlossen. Nachdem noch das Thermometer angebracht wurde, kann man jetzt die Geräte einschalten und überprüfen, ob alles funktioniert.

9 Mit dem Kauf der Pflanzen wartet man noch 2–3 Tage, da das Wasser dann erst die gewünschte Temperatur erreicht hat (ein plötzliches Umsetzen tropischer Pflanzen in zu kaltes Wasser kann diese schädigen). Während der Wartezeit kann man noch einmal kontrollieren, ob alle Geräte einwandfrei arbeiten, denn es ist viel leichter, defekte Ausrüstungsgegenstände zu reparieren oder auszuwechseln, bevor die Pflanzen eingesetzt werden.

Das Einsetzen der Pflanzen

1 Nachdem einige Tage vergangen sind, können Sie jetzt die Pflanzen einsetzen. Lassen Sie etwas Wasser in einen Eimer ab (nicht wegschütten!), damit Sie im Aquarium arbeiten können, ohne dass Wasser über den Rand läuft. Ziehen Sie Ihren früher gemachten Plan zu Rate, und pflanzen Sie dann eine Gruppe nach der anderen ein, wobei die noch nicht benötigten Pflanzen warm und feucht gehalten werden. Damit das Becken natürlich wirkt, aber auch, um geeignete Verstecke für Ihre Fische zu schaffen, setzt man jeweils mehrere Pflanzen einer Art zu einer kleinen Gruppe zusammen. Versuchen Sie außerdem, durch unterschiedliche Farben sowie Blatt- und Wuchsformen interessante Kontraste zu schaffen.

2 Bepflanzen Sie die Rück- und Seitenwände mit größeren und den Vordergrund mit kleineren Arten, und setzen Sie noch ein oder zwei besonders schöne, als Blickfang dienende Pflanzen ein. Damit die gewünschte Höhe erreicht wird, kann man geeignete Pflanzen auch vorsichtig mit Hilfe einer Angelschnur auf eine Wurzel binden. Achten Sie darauf, bei dieser Arbeit nicht vorher genau platzierte Dekorations- oder Ausrüstungsgegenstände zu verschieben.

3 Nach dem Bepflanzen wird das abgelassene Wasser ins Becken zurückgeschüttet. Überprüfen Sie, ob im Aquarium die gewünschte Temperatur herrscht, und schalten Sie die Beleuchtung an. Anfangs mag das Becken noch etwas unordentlich wirken, aber schon in den nächsten Tagen werden sich die Pflanzen aufrichten und sich dann auch bald fest mit ihren Wurzeln im Boden verankern. Außerdem sieht das Wasser zunächst oft noch etwas trübe aus – ein Übel, das der Filter aber schnell beseitigen wird.

Abschließende Arbeiten

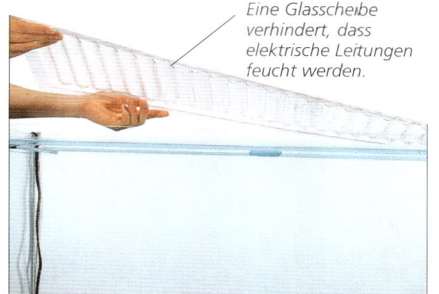

Eine Glasscheibe verhindert, dass elektrische Leitungen feucht werden.

1 Legen Sie eine Glasplatte über das Becken, und montieren Sie dann den Lampenkasten mit den Fassungen für die Leuchtstoffröhren. Schrauben Sie das Vorschaltgerät außen oder, wenn vorgesehen, auch im Lampenkasten an, setzen Sie die Röhren in die Fassungen, und schieben Sie die Schutzkappen darüber. Drehen Sie jede Röhre dann vorsichtig, bis sie einrastet. Sollen Punktstrahler verwendet werden, müssen diese gesondert montiert werden – eine Aufgabe für einen Elektriker. Wenn Sie bei der Installation unsicher sind, sollten Sie einen Fachmann hinzuziehen, denn ein Fehler kann tödlich sein!

2 Setzen Sie den Lampenkasten aufs Becken, und schließen Sie jetzt Heizung, Thermostat, Beleuchtung, Luftpumpe und Filter an. Zumeist wird dies mit Hilfe einer Mehrfachsteckdose geschehen; wenn die Möglichkeit besteht, sollten Sie die einzelnen Geräte aber besser an unterschiedlichen Stromkreisen betreiben, da dann beim Durchbrennen einer Sicherung nicht gleich alle Systeme ausfallen. Befestigen Sie alle losen Kabelverbindungen, da Sie sonst nicht nur ständig stören, sondern auch Unfälle verursachen können.

Das Einsetzen der Fische

1 Setzen Sie neu gekaufte Fische nicht gleich ins Becken, sondern lassen Sie den geschlossenen Plastikbeutel mit den Tieren etwa eine Stunde an der Wasseroberfläche treiben, damit sich die Wassertemperatur im Beutel an die des Beckens angleicht. Wenn Sie den Transportbeutel lieber öffnen möchten, können Sie ihn während dieser Zeit mit einer Wäscheklammer oder einem Klebeband am Beckenrand befestigen.

2 Nach einer Stunde lässt man die Fische ins Aquarium. Damit keine Krankheitskeime eingeschleppt werden, sollte kein Wasser aus dem Plastikbeutel ins Becken gelangen. Viele Aquarianer lassen neue Exemplare zunächst in einem Eimer mit Beckenwasser frei und überführen sie dann mit einem Netz ins Aquarium. Wenig Sinn hat es, gleich zu Beginn etwas Beckenwasser in den Beutel laufen zu lassen, damit die Fische sich an die Bedingungen im Aquarium gewöhnen können, denn es dauert mehrere Stunden, bis sich ein Fisch auf größere Veränderungen der Wasserwerte eingestellt hat.

Tropisches Süßwasserbecken

Bei dem auf diesen Seiten vorgestellten Aquarium handelt es sich um ein tropisches Süßwasser-Gesellschaftsbecken, das gut für Anfänger geeignet ist. Ausgewählt wurden relativ kleine Fische, von denen sich einige auch problemlos vermehren lassen. Beim alternativen Vorschlag wurden weniger, aber dafür etwas größere Arten berücksichtigt. Die Wasserbedingungen sind in beiden Fällen: Temperatur 22–24 °C; pH 7,0–7,5; dH 10–12°.

Wenn Sie, wie es bei vielen Neueinsteigern der Fall ist, gern etwas ungewöhnlichere Fische halten möchten, gibt Ihnen der dritte Vorschlag die Möglichkeit, es mit Pfauenaugenbuntbarschen oder Piranhas zu versuchen. Allerdings sollten Sie beim Kauf bedenken, dass Jungfische dieser Arten recht schnell aus einem kleinen Becken herauswachsen und dann umgesetzt werden müssen. Außerdem

benötigen Sie einen sehr guten Filter, da diese Fische sehr viel Schmutz produzieren. In ein Becken mit Piranhas sollte man große Pflanzen setzen. Geeignet sind Amazonaspflanzen (*Echinodorus* spp.), Pfeilkraut (*Sagittaria platyphylla*) oder auf Steine aufgebundener Javafarn. Ein Becken mit Pfauenaugenbuntbarschen sollte keine Pflanzen oder höchstens künstliche Exemplare enthalten, da die Fische gern im Boden wühlen und dabei zumeist die normalen Pflanzen zerstören. Versuchen kann man es auch mit aufgebundenem Javafarn.

Wenn Sie eine Auswahl von Fischen für ein Süßwasser-Gesellschaftsbecken zusammenstellen, müssen Sie vor dem Kauf prüfen, ob sich die Arten auch vertragen und ähnliche Bedürfnisse bei der Ernährung und den Wasserwerten haben.

Zubehör und Fische

• Ausrüstung: Becken 100 × 30 × 30 cm, Abdeckscheibe, Reglerheizer, Bodenfilter, Luftpumpe, Luftschläuche, Leuchtstoffröhren
• Bodengrund: Flusskies
• Steine: Granit, Basalt oder vergleichbares Gestein
• Pflanzen: Folgende Arten sind geeignet: *Bacopa caroliniana, Cabomba caroliniana, Cryptocoryne* affinis, *Echinodorus* spp., *Hygrophilia polysperma, Ludwigia repens* oder *Vallisneria spiralis*
• 1 Paar *Ancistrus* spp. (Seite 40)
• 6 × *Barbus titteya* (Seite 64)
• 6 × *Brachydanio rerio* (Seite 66)
• 2 × *Corydoras paleatus* (Seite 39)
• 2 × *Crossocheilus siamensis* (Seite 70)
• 2 Paare *Poecilia reticulata* (Seite 80)
• 1 Paar *Trichogaster leeri* (Seite 37)
• 1 Paar *Xiphophorus helleri* (Seite 82)
• 4 × *Xiphophorus maculatus* (Seite 83)

Alternativer Vorschlag

1 Paar *Ancistrus* spp. (Seite 40)
1 Paar *Aplocheilus lineatus* (Seite 77)
4 × *Corydoras barbatus* (Seite 39)
1 Paar *Melanctaenia boesemani* (Seite 85)
6 × *Phenacogrammus interruptus* (Seite 45)
1 Paar *Trichogaster trichopterus* (Seite 36)

Für ein 120 × 40 × 40 cm Artenbecken (nur Jungtiere) auch:
2 × *Astronotus ocellatus* (Seite 56) oder
3–4 × *Serrasalmus nattereri* (Seite 50)

Becken mit weichem Wasser

Wer ein Aquarium mit weichem Wasser einrichten möchte, darf weder kalkhaltigen Kies noch kalkhaltige Steine verwenden. Zwar gibt es Enthärter, die das Wasser weicher machen, aber sie sind nutzlos, wenn Bodengrund oder Dekoration die Wasserwerte ständig wieder verändern. Wenn Sie ein Becken betreiben wollen, dessen Wasserwerte sich deutlich von denen Ihres Leitungswassers unterscheiden, müssen Sie bei jedem Wasserwechsel für die richtigen Wasserwerte sorgen.

Das hier beschriebene Becken enthält eine Vielzahl unterschiedlicher Fische, aber Sie können auch mit nur drei Arten ein nicht weniger eindrucksvolles Aquarium schaffen. Wenn Sie die Absicht haben, große scheibenförmige Fische wie Diskusbuntbarsche oder Skalare zu halten, sollte das Becken mindestens 50 cm hoch sein und an einem möglichst ruhigen Platz stehen. Außerdem sind viele Pflanzen nötig, wobei Sie aber nur wenige, dafür aber große Arten verwenden sollten, etwa Amazonaspflanzen oder auch auf Holz gebundenen Javafarn. Ein normales Gesellschaftsaquarium benötigt dagegen sowohl ausreichend freien Schwimmraum als auch genügend Pflanzenverstecke und einige aus Holz gebildete Höhlen (oder halbierte Schalen von Kokosnüssen); Blumentöpfe aus Ton sind dagegen für Becken mit weichem Wasser nicht geeignet. Damit ausreichend Plätze für die Eiablage vorhanden sind, empfiehlt es sich, noch einen oder zwei flache Steine hinzuzufügen.

Die Wasserbedingungen sind in beiden Fällen: Temperatur 22–24 °C; pH 6,0–6,4; dH 5–6°.

Zubehör und Fische

• Ausrüstung: Becken 100 × 30 × 30 cm, Abdeck-scheibe, Reglerheizer, elektrischer Außenfilter mit Sprühleiste, Leuchtstoffröhren
• Bodengrund: Filtersand
• Holz: Moorkienholz
• Pflanzen: Folgende Arten sind geeignet: *Barclaya longifolia, Cryptocoryne balansae, Echinodorus paniculatus, Echinodorus tenellus, Limnophilia aquatica, Ludwigia repens, Nymphaea stellata, Synnema triflorum* und *Vesicularia dubyana*
• 4 × *Botia sidthimunki* (Seite 74)
• 6 × *Moenkhausia pittieri* (Seite 47)
• 6 × *Nannostomus beckfordi* (Seite 49)
• 4 × *Otocinclus affinis* (Seite 41)
• 1 Paar *Papiliochromis ramirezi* (Seite 55)
• 10 × *Paracheirodon axelrodi* (Seite 47)

Alternativer Vorschlag

10 × *Carnegiella strigata* (Seite 48)
1 Paar *Crenicara filamentosa* (Seite 54)
25 × *Paracheirodon axelrodi* (Seite 47)

Oder für ein 100 × 50 × 50 cm Arten-becken:
4 × *Pterophyllum scalare* (Seite 57) oder
4 × *Symphysodon* spp. (Seite 57)

(Man kann auch ein Paar jeder Art halten, wobei es dann aber oft notwendig ist, das eine Pärchen zu entfernen, wenn das andere Eier ablegt.)

Ostafrikanische Seen

Wenn man Buntbarsche aus den Seen des ostafrikanischen Grabens hält, muss man darauf achten, nicht Arten aus den verschiedenen Seen zu mischen, da beispielsweise Tiere aus dem Malawi- und Tanganjikasee nicht nur verschiedenartige Verhaltensmuster zeigen, sondern auch unterschiedliche Wasserbedingungen und anders gestaltete Becken benötigen.

Wenn Sie sich für Malawisee-Buntbarsche entscheiden, sollten die aufgeschichteten Steine bis fast an die Wasseroberfläche reichen und Spalten und Höhlen zum Verstecken und zur Revierbildung bieten. Achten Sie auf einen festen Sitz der Steine, damit die Fische sie nicht umwerfen können, und bringen Sie die Geräte so an, dass Sie bei der Wartung höchstens einen oder zwei Steine entfernen müssen. Pflanzen sind nicht nötig. Tanganjika-Buntbarsche brauchen mehr Schwimmraum und haben in der Mitte des Aquariums auch gern einen Bereich mit freiem Bodengrund, der von Steinstapeln eingefasst sein kann, auf die man einige Pflanzen, etwa *Vallisneria* ssp. oder *Cryptocoryne* ssp. aufbindet. Die Art *Neolamprologus brevis* bewohnt gern leere Schneckengehäuse und laicht auch darin ab, sodass die Tiere stets einige Gehäuse zur Verfügung haben sollten.

Die Fische beider Seen brauchen sehr sauberes, gut gefiltertes, sauerstoffreiches Wasser mit einer Temperatur von 24–26 °C. Bei Malawisee-Buntbarschen sollte der pH-Wert zischen 7,5–8,0 liegen und die Härte bei 8–10°. Bei Arten aus dem Tanganjikasee muss das Wasser etwas härter und alkalischer sein (pH 8,0–8,5; dH 15–20°).

Zubehör und Fische

- Ausrüstung: Becken 100 × 40 × 40 cm, Abdeckscheibe, Reglerheizer, Bodenfilter mit Steigrohr und elektrischer Pumpe, Leuchtstoffröhren
- Bodengrund: Flusskies
- Steine: Granit, Basalt und ähnliches Gestein; die Steine werden im hinteren Teil des Beckens bis fast an die Wasseroberfläche aufgeschichtet (zusätzlich kann man einige Tuffsteine als pH-Puffer einbringen)
- Pflanzen: keine
- 3 × *Labeotropheus trewavasae* (Seite 60)
- 3 × *Labidochromis caeruleus* (Seite 60)
- 3 × *Melanochromis johanni* (Seite 61)
- 3 × *Pseudotropheus estherae* (Seite 61)
- 3 × *Pseudotropheus livingstonii* (Seite 61)
- 3 × *Pseudotropheus zebra* (Seite 61)

(Halten Sie nach Möglichkeit jeweils zwei Weibchen mit einem Männchen, damit sich Letztere während des Laichens nicht aggressiv verhalten.)

Alternativer Vorschlag
(Tanganjikasee-Buntbarsche)
4 × *Julidochromis dickfeldi* (Seite 58)
2 Paare *Neolamprologus brevis* (Seite 59)
4 × *Neolamprologus leleupi* (Seite 59)

Stellen Sie jedem Pärchen von *Neolamprologus brevis* mindestens ein kleines Schneckengehäuse als Schlaf- und Laichplatz zur Verfügung (geeignet sind Gehäuse der Gattung *Neothauma* aus dem Tanganjikasee oder auch Gehäuse von Weinbergschnecken, die es in Delikatessenläden gibt), und sorgen Sie für einige Pflanzen (*Vallisneria* spp. oder *Cryptocoryne* spp.).

Kaltwasserbecken

Der beliebteste Kaltwasserfisch, der Goldfisch, kann zwar in normal bepflanzten Aquarien gehalten werden, aber es ist ratsamer, künstliche Pflanzen zu benutzen, da diese nicht ausgegraben oder gefressen werden. Goldfische machen sehr viel Dreck, sodass ein starker Filter nötig ist, der mit den Ausscheidungen der Tiere, aber auch mit dem Schmutz fertig wird, den die Fische beim Herumwühlen im Boden aufwirbeln. Bei den anderen hier vorgestellten Kaltwasserarten nimmt man normale Pflanzen, zwischen denen die Tiere sich verstecken oder die sie zum Ablaichen nutzen können.

Die meisten Aquarianer halten entweder ausschließlich Goldfische mit einfacher Schwanzflosse (Singletails) oder solche mit paariger Schwanzflosse (Twintails), denn die erstgenannten werden schnell zu groß und zu aggressiv, um sie mit den zarteren Twintails zu vergesellschaften. Die im Hauptvorschlag und im alternativen Vorschlag (s. Auswahl 3) aufgeführten Fische können in ungeheizten Becken mit Temperaturen von 10–20 °C gehalten werden, während die Temperatur bei den Alternativvorschlägen (s. Auswahl 1 und 2) nicht unter 15 °C bzw. 18 °C sinken sollte. Bei großer Hitze kann das Wasser auch zu warm werden und dann nicht mehr sauerstoffreich genug sein. Wechseln Sie dann das Wasser teilweise, verringern Sie die Futtermenge und überprüfen Sie, ob der Filter auch noch optimal arbeitet. Die unter Auswahl 3 aufgeführten Arten haben es gern, wenn im Becken eine Strömung mit sauerstoffreichem Wasser vorhanden ist, was sich recht einfach mit dem Auslauf eines Außenfilters realisieren lässt. In allen hier erwähnten Fällen sollte der pH-Wert zwischen 6,8 und 7,4 liegen und die Härte 8–10° betragen.

Zubehör und Fische

- Ausrüstung: Becken 100 × 30 × 30 cm, Abdeckscheibe, Reglerheizer (falls notwendig), Bodenfilter, Druckluftpumpe, Luftschlauch, Leuchtstoffröhren
- Bodengrund: Flusskies
- Steine: Granit, Basalt und ähnliches Gestein (wenn gewünscht, kann auch Holz zur Dekoration verwendet werden)
- Pflanzen: Folgende Arten sind geeignet: *Ceratophyllum demersum* (schwimmend oder eingepflanzt), *Egeria densa, Ludwigia repens, Vallisneria spiralis* und *Vallisneria tortifolia;* alternativ können auch künstliche Pflanzen verwendet werden
- 10 Exemplare des Gemeinen Goldfisches *(Carassius auratus)* von etwa 5 cm Länge oder Tiere verschiedener Zuchtformen (Kometenschweif, Fantail, Schwarzer Teleskop, Oranda, Perlschupper und Shubunkin; Seite 90–91) in gleicher Zahl und Größe

Alternativer Vorschlag

Auswahl 1:
4 × *Enneacanthus chaetodon* (Seite 88)
6 × *Notropis lutrensis* (Seite 92)
4 × *Rhodeus* spp. (Seite 92)

Auswahl 2:
10 × *Gambusia affinis* (Seite 78)
10 × *Tanichthys albonubes* (Seite 67)

Auswahl 3:
4 × *Cottus gobio* (Seite 89)
2 × *Gasterosteus aculeatus* (Seite 93)
4 × *Gymnocephalus cernuus* (Seite 93)

Gestaltung eines Brackwasserbeckens

Die Pflege eines Brackwasserbeckens ist eher etwas für erfahrene Aquarianer. Bei einem nur teilweise gefüllten Becken, wie dem unten abgebildeten Mangrovensumpf, ist besonders darauf zu achten, dass stets Wasser nachgefüllt wird, damit die Heizung nicht frei liegt, auch wenn Wasser verdunstet ist. Vervollständigt wird die Einrichtung mit einer gut schließenden Glasplatte und einer Abdeckhaube, in der die Beleuchtung untergebracht ist.

Geräte und Dekoration

1 Bedecken Sie den Boden etwa 4–5 cm hoch mit Sand. Stellen Sie eingetopfte Pflanzen (damit sie nicht zu groß werden) an die Rückwand, wo sie sich am besten verbergen lassen (halbhohe Töpfe sind am unauffälligsten). Palmenschösslinge können als Ersatz für Mangroven dienen.

2 Ordnen Sie Steine und Holz so an, dass die Blumentöpfe nicht mehr zu sehen sind. Füllen Sie Lücken mit Sand, um eine sichere Lage zu gewährleisten, und sorgen Sie für einen oder zwei große, flache Steine, auf denen sich Fische wie Schlammspringer ausruhen können.

3 Für die Sandbank lassen Sie den Bodengrund an einer Seite leicht ansteigen. Füllen Sie das Becken dann bis dicht über die Sandbank mit Wasser, das den richtigen Salzgehalt hat, und lassen Sie einige Zweige wie Wurzeln aus einem Sumpf herausschauen.

4 Installieren Sie den Filter und die Heizung, die stets mit Wasser bedeckt sein muss. Bringen Sie knapp oberhalb der Wasseroberfläche eine Sprühleiste an, wobei das Wasser nicht zu kräftig ausströmen darf, weil sonst die Sandbank zerstört wird.

Gestaltung eines Meerwasserbeckens

Bei der Einrichtung dieses einfachen Meerwasserbeckens wird Tuffstein so aufgeschichtet, dass zahlreiche Spalten, Ritzen und Stufen entstehen, wobei man aufpassen muss, das Becken nicht zu beschädigen. Wie beim Brackwasseraquarium dürfen die Steine keine metallischen Einschlüsse haben, weil diese bei Kontakt mit Salzwasser das Becken verunreinigen. Mit einer Glasscheibe und einer Abdeckhaube mit Beleuchtung wird die Einrichtung vervollständigt.

Geräte und Dekoration

1 Statten Sie das Aquarium mit einem Bodenfilter aus, der von einer Elektropumpe angetrieben wird. Bedecken Sie diesen dann gleichmäßig mit einer etwa 2,5 cm dicken Schicht groben Dolomit- oder Blähtonbruchs (6–8 mm), und legen Sie ein passendes Stück Fliegengaze darauf.

2 Bedecken Sie die Fliegengaze dann mit einer etwa 5 cm dicken Schicht feinkörnigen Dolomitbruchs (2–4 mm), der gut gereinigt wird, damit er das Wasser nicht trübt. Feiner Sand ist weniger gut geeignet, da sich darin leicht Fäulnisherde bilden, die das Wasser verunreinigen.

3 Legen Sie den größten Stein fest auf den Bodengrund, und ordnen Sie die übrigen darüber so an, dass sie nicht wackeln oder herabstürzen können. Achten Sie bei der Gestaltung darauf, dass einige Höhlen als Verstecke entstehen. Manchmal empfiehlt es sich, einige Höhlen vorzufertigen, indem Steine mit Silikon zusammengeklebt werden (24 Stunden trocknen lassen).

4 Nach Fertigstellung sollte noch ausreichend Schwimmraum vorhanden sein und eine leichte Strömung herrschen. Bringen Sie Heizung, Thermometer, Luftpumpe und (wenn gewünscht) einen Abschäumer an. Füllen Sie das Aquarium dann mit vorbereitetem Salzwasser, und schalten Sie alle Systeme ein.

Brackwasserbecken

Brackwasserbecken gehören sicher zu den größten Herausforderungen in der Aquaristik, denn es handelt sich um einen Lebensraum, in dem sich Meer- und Süßwasser mischen, was sich nicht ganz leicht simulieren lässt. Zu viele Gedanken sollte man sich über den genauen Salzgehalt aber nicht machen, denn auch am natürlichen Standort wechseln die Bedingungen durch den Einfluss der Gezeiten. Wichtiger ist, dass Veränderungen nicht zu plötzlich erfolgen und dass die Wasserqualität sich nicht verschlechtert. Optimale Werte sind: Temperatur 25–28 °C; pH 7,6; dH 12–15°; SG 1,002–1,007. Das Wasser wird halb so stark konzentriert, wie auf den Salzpackungen angegeben.

Alle für das unten abgebildete Becken aufgeführten Fische sind sehr aktiv und werden auch recht groß, sodass sie schließlich in ein geräumigeres Aquarium umgesetzt werden müssen. Die bei der alternativen Auswahl genannten Bodenfische und frei schwimmenden Arten bleiben dagegen vergleichsweise klein, sodass sie auch später im ursprünglichen Becken bleiben können. Versuchen Sie nicht, Fische aus beiden Vorschlägen zu mischen, da es sonst zu aggressiven Übergriffen kommen kann. Pflanzen sollten ebenfalls eingesetzt werden (aber nur solche, die auch in Brackwasser wachsen können). Die hier vorgeschlagenen Arten sind relativ robust, sodass die Fische auch schon einmal einige Blätter abzupfen können. Wie bei Meerwasserbecken darf sich kein Metall im Wasser oder sehr nahe der Oberfläche befinden, da es sonst leicht zu gefährlichen Verunreinigungen kommen kann. Überprüfen Sie das spezifische Gewicht regelmäßig mit einem Aräometer.

Zubehör und Fische

- Ausrüstung: Becken 100 × 30 × 30 cm, Abdeckscheibe, Reglerheizer, elektrischer Außenfilter mit Sprühleiste, Leuchtstoffröhren
- Bodengrund: Filtersand
- Holz: Moorkienholz; Steine können ebenfalls zur Dekoration benutzt werden
- Pflanzen: Folgende Arten sind geeignet: *Ceratopteris thalictroides, Cryptocoryne ciliata, Microsorium pteropus* (die Pflanzen wirken größer, wenn sie auf Holz aufgebunden werden; manchmal sind sie vorgefertigt im Fachhandel erhältlich), *Sagittaria platyphylla* und *Sagittaria subulata*
- 2 oder 3 × *Arius seemani* (Seite 95)
- 2 oder 3 × *Monodactylus argenteus* (Seite 98)
- 2 oder 3 × *Scatophagus argus* (Seite 99)
- 2 oder 3 × *Toxotes jaculatrix* (Seite 101)

Alternativer Vorschlag

6 × *Brachygobius xanthozona* (Seite 96)
4 × *Chanda ranga* (Seite 96)
1 Paar *Poecilia latipinna* (Seite 99)
2 × *Stigmatogobius sadanundio* (Seite 97)
6 × *Telmatherina ladigesi* (Seite 95)

Tropisches Meerwasserbecken

Bei Meerwasseraquarien ist es besonders wichtig, dass sich die Bedingungen schon stabilisiert haben, wenn die Tiere eingesetzt werden. Weitere Schlüssel für den Erfolg sind Zeit, Geduld und eine genaue Beobachtung. Außerdem muss die Ausrüstung für den Gebrauch in Salzwasser geeignet sein, da beispielsweise Abdeckhauben oder Heizungshalterungen aus Metall das Wasser vergiften können. Größere Steine sollte man direkt auf den Aquarienboden legen und gut mit Dolomitbruch absichern.

Wer noch nie ein Meerwasseraquarium hatte, sollte zunächst noch auf wirbellose Tiere verzichten, da die Beleuchtung dann keine so große Rolle spielt, die Besatzdichte leichter herauszufinden ist und Krankheiten nicht ganz so schwierig zu behandeln sind. Aber auch wenn nur Fische gehalten

werden, ist eine genaue Überwachung der Wasserqualität nötig, da die Tiere sehr empfindlich auf eine Zunahme von Schadstoffen wie Nitrit oder Ammoniak reagieren. Füttern Sie nicht zu viel, weil unverbrauchtes Futter nicht abgebaut wird und dann das Wasser verunreinigt. Durch sorgfältige Wartung des Beckens und regelmäßige Wasserwechsel lässt sich dieses Risiko deutlich verringern. Geeignete Bedingungen sind: Temperatur 24–26 °C; pH 8,3–8,4; SG 1,023–1,027.

Versuchen Sie nicht, mehr Tiere in Ihrem Becken zu halten, als hier angegeben, denn Meeresfische brauchen sehr viel mehr Platz als Süßwasserarten. In der alternativen Auswahl finden Sie größere und daher weniger Fische.

Zubehör und Fische

• Ausrüstung: Becken 100 × 30 × 30 cm, Abdeckscheibe, Reglerheizer, elektrischer Außenfilter mit
Sprühleiste, Leuchtstoffröhren
• Bodengrund: Blähton- und Dolomitbruch
• Steine: Tuff- und Dolomitgestein (außerdem kann
man künstliche Korallen zur Dekoration verwenden)
• Pflanzen: keine (oft wachsen ohne weiteres Zutun
einige Algen)
• 2 × *Amphiprion clarkii* (Seite 114)
• 6 × *Chromis cyanea* (Seite 117)
• 1 × *Coris gaimard* (Seite 134)
• 2 × *Dascyllus aruanus* (Seite 118)
• 1 × *Labroides dimidiatus* (Seite 135)
• 2 × *Paracanthurus hepatus* (Seite 131)

Alternativer Vorschlag

4 x *Anthias squamipinnis* (Seite 137)
1 x *Calloplesiops altivelis* (Seite 136)
1 x *Chaetodon chrysurus* (Seite 125)
1 x *Gomphosus varius* (Seite 135)
1 x *Zebrasoma flavescens* (Seite 131)

Riffaquarium

Zur Pflege wirbelloser Meerestiere in einem nachgebildeten Korallenriff braucht man sehr viel Erfahrung mit Fischen sowie gute Kenntnisse in der Wasserchemie. Und da es oft mehrere Monate dauern kann, bis ein System reibungslos funktioniert, sollte man außerdem viel Geduld mitbringen. Wählen Sie die Wirbellosen sehr sorgfältig aus, denn viele haben sehr spezielle Bedürfnisse, was Licht, Temperatur, pH-Wert etc. betrifft, und reagieren auf Änderungen in ihrer Umgebung sehr empfindlich; einige brauchen außerdem ganz besonderes Futter.

Die gemeinsame Haltung von Fischen und Wirbellosen kann auch deswegen Probleme bereiten, weil viele Fische bestimmte Wirbellose fressen. Zudem lassen sich Fischkrankheiten schlechter behandeln, da Wirbellose durch Medikamente oft in Mitleidenschaft gezogen werden. Wenn Sie Erfahrung mit Süßwasseraquarien haben oder schon ein Becken mit Meerwasserfischen hatten, sollten Sie sich aber nicht abschrecken lassen und es einmal mit Anemonen und Orangeringelfischen versuchen. Vielleicht gelingt es Ihnen sogar, die Fische zu züchten, und schon ist der Anfang gemacht.

Ein Becken mit einem Korallenriff muss sorgfältig überwacht und gewartet werden; außerdem sind regelmäßige Wasserwechsel erforderlich. Die Bedingungen sind: Temperatur 24–26 °C; pH 8,3–8,4; SG 1,023–1,024. Wenn das Becken nach einigen Monaten gut eingefahren ist und Sie mit der Pflege vertraut sind, können Sie daran denken, weitere Fische einzusetzen, etwa Zwergkaiserfische oder Mandarinfische, um das Becken zu komplettieren.

Zubehör und Fische

• Ausrüstung: Becken 100 × 30 × 30 cm, Abdeck-scheibe, Reglerheizer, Bodenfilter mit Elektropumpe und Abschäumer, Leuchtstoffröhren (2–3, um das ganze Spektrum abzudecken)
• Bodengrund: Blähton- und Dolomitbruch
• Steine: Tuff- und Dolomitgestein (außerdem kann man künstliche Korallen zur Dekoration verwenden)
• Pflanzen: Algen *(Caulerpa sertularioides)*
• 6 × *Amphiprion ocellaris* (Seite 115)
• 1 × *Centropyge bispinosus* (Seite 123)
• 1 × *Fromia monilis* (Seite 152)
• 3 × *Heteractis malu* (Seite 151)
• 4–6 × *Lysmata amboinensis* (Seite 152)
• 1 × *Pseudocolochirus axiologus* (Seite 153)
• 1 × *Synchiropus splendidus* (Seite 139)

Alternativer Vorschlag
(Fische und Wirbellose)
2 x *Heteractis malu* (Seite 151)
4 x *Lysmata amboinensis* (Seite 152)
2 x *Opistognathus aurifrons* (Seite 141)
1 Paar *Premnas biaculeatus* (Seite 115)
4 x *Sabellastarte* spp. (Seite 150)
4 x *Sphaeramia nematoptera* (Seite 138)

Die Pflege
der Fische

Einsetzen der Fische und Inbetriebnahme des Aquariums

Ein gesundes, gut eingefahrenes Becken ist leicht zu erkennen: Das Wasser ist klar und geruchlos, die Pflanzen haben eine frische Farbe, und die Fische schwimmen lebhaft herum und hängen nicht etwa an der Wasseroberfläche. Ein solches Aquarium muss das Ziel eines jeden Aquarianers sein, auch wenn es sich kaum über Nacht erreichen lässt. Gerade in der Anfangsphase ist Geduld gefragt, denn setzt man die Fische zu früh in ein neu eingerichtetes Becken, hat das oft schlimme Folgen. Wenn Sie dagegen ausreichend Zeit und Mühe aufwenden, um die richtigen Bedingungen zu schaffen und die Fische im richtigen Moment einsetzen, werden Sie später weniger Probleme haben. Sie müssen dann täglich nur noch wenig Zeit aufwenden und haben trotzdem ein Becken mit gesunden und zufriedenen Fischen.

Tropisches Süßwasser-Gesellschaftsbecken.

Vor dem Einsetzen der Fische

Unerfahrene Aquarianer können es oft nicht erwarten, ihren ersten Fisch zu erwerben. Trotzdem sollte man versuchen etwas Geduld aufzubringen, denn in einem neu eingerichteten Becken haben sich die Bedingungen oft noch nicht so weit stabilisiert, dass die Tiere dort problemlos leben können. Warten Sie also besser, bis Sie sicher sein können, dass alle Geräte funktionieren und die Wasserwerte stimmen, um erst dann Ihre neu erworbenen Fische einzusetzen. Außerdem empfiehlt es sich, die Tiere nach und nach zu kaufen, damit sich im Filter die nützlichen Bakterien erst noch ansiedeln können. Und nicht zuletzt muss unbedingt darauf geachtet werden, dass Größe und Anzahl der Fische in einem vernünftigen Verhältnis zur Größe des Beckens stehen.

Die Anlaufphase

Ein neu eingerichtetes Aquarium kann erst dann Fische aufnehmen, wenn der Stickstoffzyklus in Gang gekommen ist, denn in den ersten neun bis zehn Tagen ist der Ammoniakgehalt oft noch so hoch, dass die Tiere eingehen würden. Danach nimmt das Ammoniak aber ständig ab (nach 15 Tagen ist praktisch nichts mehr vorhanden), während die Konzentration an giftigem Nitrit zunimmt und etwa 29 Tage nach der Einrichtung des Beckens ihren Höchstwert erreicht. Im Verlauf der nächsten sieben Tage wird das Nitrit dann rasch in harmloses Nitrat umgewandelt, sodass erst ungefähr 36 Tage nach Einrichtung des Beckens ausgewogene Verhältnisse herrschen. Eine Beschleunigung dieses Prozesses ist nicht möglich, es sei denn, Sie können Wasser aus einem gut eingefahrenen Becken verwenden und das neue Filtermaterial mit Bakterien aus einem anderen Filter „animpfen". Aber selbst dann muss man noch einige Zeit warten, bis man Fische einsetzen kann. In Süßwasseraquarien können Pflanzen helfen, die Bedingungen im Becken zu verbessern, denn sie sind in der Lage, schädliche Substanzen, Salze und Gase (besonders Kohlendioxid) zu absorbieren. In Meerwasserbecken reichern sich Schadstoffe oft bis zu einer gefährlichen Konzentration an, sodass man den Abschäumer anfangs zweimal täglich reinigen sollte, bis sich die Verhältnisse stabilisiert haben.

Robustere, gegenüber Nitrit relativ unempfindliche Süßwasserarten können bereits nach 14–20 Tagen, also dann, wenn das Ammoniak vollständig abgebaut ist, in ein neues Becken eingesetzt werden. Zu den Arten, die Nitrit recht gut vertragen, gehören die Lebendgebärenden Zahnkarpfen (besonders Platys und Spitzmaulkärpflinge) wie auch einige Fadenfische. In der Anfangszeit sollten Sie aber auch bei diesen Arten auf Anzeichen von Stress und Schädigung an Körper und Flossen achten. Wenn die Fische die Bedingungen gut aushalten, dann helfen ihre Abfallprodukte, nützliche Bakterien im Filtermaterial anzureichern. Für Meerwasseraquarien muss man in jedem Fall die volle 36-tägige Zeitspanne abwarten, bevor Fische oder gar Wirbellose eingesetzt werden. Bei empfindlichen Arten sollte man vorsichtshalber noch eine weitere Woche zugeben.

Die Wartezeit können Sie gut nutzen, um die Zuverlässigkeit Ihrer Geräte zu überprüfen. Stellen Sie den Reglerheizer so ein, dass die gewünschte Wassertemperatur gehalten wird, und kontrollieren Sie, ob der Außenfilter auch dicht ist (Filter sollten während der Eingewöhnungszeit übrigens ständig laufen). Überwachen Sie die Wasserwerte, um sicherzustellen, dass der Säuregrad (pH-Wert) und die Gesamthärte (dH) in Ordnung sind, bevor Sie die Fische einsetzen; bei Meer- und Brackwasseraquarien muss außerdem der Salzgehalt stimmen.

Setzen Sie die Fische in ein neues Becken nach und nach ein und beginnen dabei mit robusteren Arten, etwa dem Punktierten Fadenfisch.

Zahl der Fische

In einem eng begrenzten Aquarium ist der Raum zum Leben stets limitiert. Selbst wenn Sie nur einen Fisch in einem normalen Becken halten, hat er immer noch weniger Platz als in seinem natürlichen Lebensraum. Ziel des Aquarianers muss es sein, so viele Fische zu halten, dass ein Becken lebendig wirkt, aber dennoch nicht übersetzt ist. In einem übervölkerten Aquarium kann der Filter seine Aufgabe oft nicht mehr erfüllen oder es herrscht Sauerstoffmangel; außerdem können sich Krankheiten leichter ausbreiten, und die Wasserwerte lassen sich nicht oder nur schlecht konstant halten. Zudem verhalten sich viele Fische dann häufig aggressiver.

Für die Besatzdichte ist nicht das gesamte Beckenvolumen ausschlaggebend, sondern nur die Wasseroberfläche, denn dort findet der lebenswichtige Sauerstoffaustausch statt. Ein 160-Liter-Aquarium mit einer Länge von 100 cm sowie einer Breite und Höhe von 40 cm hat einen Oberflächenbereich von 4000 cm², während der eines Beckens mit den Maßen 75 × 52 × 40 cm nur 3000 cm² beträgt. Und obwohl beide Becken die gleiche Menge an Wasser aufnehmen können, kann man in dem mit der größeren Oberfläche mehr Fische halten. Um die richtige Besatzdichte

herauszufinden, errechnet man zunächst die Größe der Wasseroberfläche, indem man Länge und Breite des Beckens miteinander multipliziert, und sucht sich anschließend die zu erwartende Größe der ins Auge gefassten Fische (ausgewachsene Tiere ohne Schwanzflosse) aus einem Buch heraus. Benötigt werden in einem tropischen Süßwasserbecken für jeweils 2,5 cm Fisch 75 cm² Wasseroberfläche, in einem Kaltwasserbecken 180 cm² und in einem tropischen Meerwasseraquarium 300 cm².

In bestimmten Fällen brauchen Fische aber auch mehr oder weniger Platz als die errechneten Durchschnittswerte. So hält man Diskusbuntbarsche, die bis zu 15 cm groß werden, am besten paarweise mit nur wenigen anderen Fischen, da sie normalerweise nur dann ihre volle Größe erreichen und sich fortpflanzen. Mit einem starken Wasserumsatz und sehr effizienter Filterung lässt sich die Besatzdichte etwas erhöhen. Allerdings sollten Sie sich bei Ihren Planungen nicht zu sehr auf die Ausrüstung verlassen, da sich der Ausfall eines Gerätes sonst leicht als katastrophal erweisen kann. Dazu kommt aber auch, dass ein Becken mit wenigen Fischen oft viel eindrucksvoller wirkt als ein überfülltes Aquarium.

Tropisches Süßwasserbecken

Ein 90 × 30 cm großes tropisches Süßwasserbecken hat eine Oberfläche von 2700 cm². Unterbringen lassen sich darin Fische mit einer Gesamtkörperlänge von 90 cm. Die pro Fisch benötigte Fläche ist viel geringer als in Kalt- und Meerwasserbecken (unten).

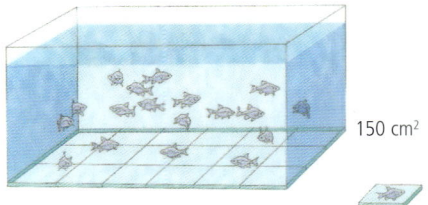

150 cm²

Kaltwasserbecken

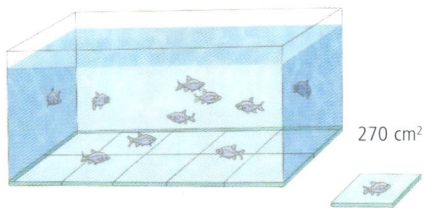

270 cm²

Ein 90 × 30 cm großes Kaltwasseraquarium (Süßwasser) hat Platz für Fische mit einer Gesamtkörperlänge von 37,5 cm. Denken Sie daran, nicht zu viele Jungtiere einzusetzen, die irgendwann aus dem Becken herauswachsen.

Tropisches Meerwasseraquarium

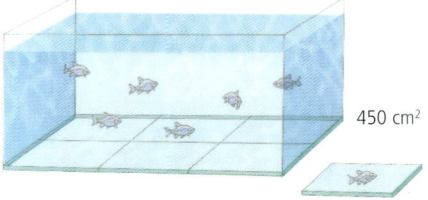

450 cm²

Ein 90 × 30 cm großes Meerwasserbecken hat Platz für Fische mit einer Gesamtkörperlänge von 22,5 cm. Ein Becken der hier genannten Maße ist die Mindestgröße für ein Meerwasserbecken.

Der Kauf der Fische

Damit die Freude an einem neuen Aquarium nicht schnell vergeht, ist es wichtig zu wissen, welche Fische man kaufen sollte, wie man gesunde Exemplare erkennt und wo man die Tiere am besten erwirbt. Am wichtigsten ist es, Arten auszuwählen, die zusammenpassen und deren Bedürfnisse auch wirklich erfüllt werden können. Daher sollte man sich vor dem Kauf genau über die gewünschten Arten informieren, denn nur so kann man mit dem nötigen Selbstvertrauen an den Erwerb der Fische herangehen und es besteht weniger Gefahr, kostspielige Fehler zu machen.

Wo bekommt man Fische und Informationen

Aquarienfische kann man in Zoofachgeschäften mit Zierfischabteilung bekommen, auf Ausstellungen, bei Züchtern, aber auch von Bekannten und Freunden, die Fische weggeben möchten. Im letzteren Fall sollte man allerdings etwas vorsichtig sein und genau prüfen, ob jemand einen Fisch nicht nur loswerden will, weil er Probleme bereitet oder zu groß zu werden droht.

Eine Informationsquelle von unschätzbarem Wert sind Aquarienvereine. Haben Sie keine Hemmungen, sich auch als Anfänger an einen solchen Verein zu wenden – irgendwann haben alle Aquarianer so angefangen! Auf Ausstellungen und Auktionen bekommt man zumeist nicht nur gesunde, von Hobbyzüchtern vermehrte Fische, sondern auch gleich die entsprechenden Tipps zur Haltung.

Sehr wichtig ist ein zuverlässiger Händler. Vergleichen Sie die in Frage kommenden Geschäfte, oder lassen Sie sich eine Tierhandlung empfehlen. Ein guter Händler hat Zeit für Sie, stellt Fragen, um zu sehen, ob Sie auch verstanden haben, warum Sie sich für eine bestimmte Kombination von Fischen entscheiden sollten, und weigert sich möglicherweise sogar, Ihnen Tiere und Pflanzen zu verkaufen, die

Gut geführte Zoofachgeschäfte sind sauber und übersichtlich, und das Personal ist fachkundig und berät Sie gern.

nicht zueinander passen. Und wenn Sie ein Pärchen von einer Art haben möchten, dann bekommen Sie, sofern sich die Geschlechter unterscheiden lassen, auch wirklich ein Pärchen. Ein seriöser Händler wird einen gefangenen Fisch zunächst im Netz gegen die Vorderscheibe halten, um ihn genau zu kontrollieren, aber auch, damit Sie ihn genau anschauen und sich dabei vielleicht sogar die Geschlechtsunterschiede einprägen können! Zudem wird er Ihnen keine überflüssigen Geräte verkaufen, denn er will zufriedene Kunden, die später auch die Dinge des täglichen Bedarfs bei ihm holen. Schlechte Händler lassen sich leicht erkennen: Sie haben keine Zeit für ihre Kunden, und es ist ihnen gleichgültig, was sie verkaufen.

Kaufen Sie nicht gleich alle Fische, sondern setzen Sie sie nach und nach ein, damit der Filter nicht überlastet wird, denn es kann sein, dass er noch nicht genug Bakterien enthält, um mit dem plötzlichen Anstieg der Abfallstoffe zurechtzukommen.

Tipps für Einsteiger

Richtig

Sehen Sie sich zunächst einmal in einem Zoofachgeschäft um, ohne etwas zu kaufen. Überzeugen Sie sich, dass alles sauber ist und Fische sowie Pflanzen gesund aussehen.

Stellen Sie Fragen, auch wenn Sie die Antworten schon kennen! Ein guter Händler nimmt sich Zeit, Sie zu beraten. Machen Sie den Besuch zur richtigen Zeit. Die Haupteinkaufszeiten sind auch zum Kauf von Fischen nicht ideal!

Schauen Sie, ob sich kranke Tiere im Becken befinden. Ein guter Händler hält diese in Quarantäne.

Treten Sie einem Aquarienverein bei, die es in den meisten Städten und größeren Ortschaften gibt. Sie erhalten dort Hilfe und Rat, gleichgültig ob es sich um Tipps zum Transport großer Fische handelt, ob Sie jemanden brauchen, der sich im Urlaub um Ihr Aquarium kümmert oder ob Sie dringend einmal ein Gerät leihen müssen, weil Ihres defekt ist und die Läden geschlossen sind.

Fragen Sie beim Kauf, womit die Fische gefüttert wurden, und geben Sie ihnen zu Hause zumindest anfangs möglichst das gleiche Futter.

Falsch

Seien Sie nicht ungeduldig. Bis ein Aquarium wirklich fertig ist, vergehen Wochen.

Kaufen Sie nicht unüberlegt ein. Eine unbedachte Entscheidung kann nicht nur kostspielig sein, sondern auch schlecht für alle anderen Fische.

Kaufen Sie nicht bei einem Händler, der keine Zeit hat, nicht bereit ist, Ihre Fragen zu beantworten oder einen bestimmten Fisch herauszufangen.

Kaufen Sie keine Fische, die krank aussehen, an der Wasseroberfläche hängen, inaktiv sind oder nicht normal schwimmen.

Lassen Sie die Tiere auf dem Heimweg nicht auskühlen oder überhitzen. Für einen längeren Transport kann man die Plastiktüte in eine Kühlbox legen.

Kaufen Sie keine Fische aus einem Becken, in dem tote Tiere liegen, da sonst die Gefahr besteht, eine Krankheit einzuschleppen.

Kaufen Sie die Fische nicht zu weit entfernt von Ihrem Wohnort, da die Wasserbedingungen dort ganz anders sein können, so dass es zu Problemen kommen kann.

Gesunde Fische auswählen

Gesunde Fische zeigen ein arttypisches Verhalten. So bewegen sich frei schwimmende Arten im mittleren Bereich des Beckens, während Bodenfische im Kies herumwühlen oder sich auf Steinen ausruhen und Oberflächenfische an der Wasseroberfläche nach Futter suchen (die typischen Verhaltensweisen einer jeden Art finden sich in der Fachliteratur). Achten Sie unbedingt darauf, dass die Tiere nicht gestresst oder verängstigt wirken, keine Anzeichen einer Krankheit zeigen (etwa auffällige Pünktchen auf der Haut, entzündete Hautbereiche oder Stellen mit Pilzbefall) und auch keine Verletzungen aufweisen. Gesunde Fische haben in aller Regel kräftige Farben, ungetrübte Augen, unverletzte, nicht eingeklemmte Flossen, und sie verhalten sich gegenüber anderen Fischen völlig normal. Wenn ein Fisch verängstigt in der Ecke sitzt, nach Sauerstoff schnappend an der Oberfläche hängt, beschädigte Flossen hat oder sich immer wieder an Steinen und Pflanzen scheuert, ist er möglicherweise krank. Wenn Sie irgendwelche Zweifel an der Gesundheit eines Fisches haben, sollten Sie ihn nicht kaufen.

Allerdings sollte es Sie nicht verunsichern, wenn Sie bei einem Händler ein Becken mit einem Quarantänevermerk entdecken. Werten Sie den Umstand, dass er kränkliche Fische getrennt hält und erst gesund pflegt, bevor er sie verkauft, vielmehr als besonders verantwortungsvolles Verhalten. Wie man immer wieder hört, findet man bei einigen Händlern so gute Tiere, dass sie bereits einige Tage nach dem Kauf bereits ablaichen oder sogar als Ausstellungsexemplare geeignet sind.

Gesunde Fische wie diese Ziersalmler zeigen kräftige Farben, haben vollständige Flossen und balzen oft schon beim Händler.

Die Auswahl geeigneter Fische

Bei der Wahl der Fische sollten Sie in erster Linie auf die Bedürfnisse der Tiere achten und weniger auf ihr Aussehen. Zwar passen viele südamerikanische Salmler farblich gut zu den hier abgebildeten Buntbarschen, sie können in dem Becken mit hartem Wasser jedoch nicht lange überleben.

Halten Sie nur Arten zusammen, die auch zueinander passen. Einige Fische sind vergleichsweise aggressiv, manche brauchen eine eher ruhige Umgebung, während wieder andere sich in einem Becken mit viel Aktivität besonders wohl fühlen und selbst in ständiger Bewegung sind, wobei sie entweder allein oder in Schwärmen umherschwimmen. Bei einer Vergesellschaftung von Raubfischen mit kleineren, friedlichen Arten sind Probleme unvermeidlich.

Die verschiedenen Fischarten können sehr unterschiedliche Regionen eines Aquariums bewohnen. Manche verweilen gern zwischen Steinen oder Holz, während andere so gefärbt sind, dass ihnen der Aufenthalt zwischen Pflanzen eine perfekte Tarnung ermöglicht. Einige Arten, etwa der Schmetterlingsfisch, halten sich fast nur an der Wasseroberfläche auf, während sich viele Salmler gern zu Schwärmen in den mittleren Regionen des Beckens zusammenfinden und zahlreiche Welse, etwa Panzerwelse, häufig in kleinen Gruppen am Boden sitzen. Und damit die Fische sich wohl fühlen können, muss bei der Auswahl der Tiere, aber auch bei der Dekoration des Beckens das Verhalten der jeweiligen Art berücksichtigt werden.

Die Mehrzahl der im Handel erhältlichen Zierfische sind friedlich. Scheuere Arten, etwa einige der südamerikanischen Zwergbuntbarsche, fühlen sich nur in Anwesenheit von kleineren, sehr aufmerksamen Fischen wohl, da diese ihnen eine nahende Gefahr anzeigen.

Viele große Fische sind in ihrer Jugend hübsch gefärbte, kleine Tiere mit interessanten Verhaltensweisen. Dennoch sollte man sich vor einem Kauf hüten. So wächst beispielsweise ein reizender 5 cm langer Schlangenkopf schnell zu einem gewaltigen Raubtier heran, das sich an den kleineren Fischen im Becken gütlich tun wird! Buntbarsche verteidigen dagegen oft ein Revier und verletzen dabei manchmal schwächere Fische, sodass man sie nur zusammen mit Tieren von ähnlicher Größe halten kann.

Oft werden anfangs ziemlich ruppige Fische sehr viel friedlicher, wenn sich erst einmal eine „Hackordnung" im Becken herausgebildet hat. Informieren Sie sich sehr sorgfältig über jeden Fisch, den Sie zu kaufen beabsichtigen, also über seine Gewohnheiten, seinen Nahrungsbedarf und die maximale Größe, die er erreichen kann. Oft sind kleine, harmlos aussehende Fische unersättlicher als große, bedrohlicher wirkende Arten.

Checkliste

Halten Sie nur Fische mit ähnlichen Bedürfnissen zusammen, also solche mit vergleichbaren pH-Wert-, Härtegrad- und Temperaturansprüchen.

Überprüfen Sie, ob die Bedingungen im Becken es zulassen, dass Arten ein Revier bilden, ohne die Bedürfnisse anderer zu beeinträchtigen.

Vermeiden Sie es, relativ große, lebhafte Tiere mit kleinen, scheueren Arten zu vergesellschaften. Kleinere Fische werden oft von größeren tyrannisiert oder am Fressen gehindert.

Prüfen Sie, ob Sie Ihren Fischen auch das benötigte Futter beschaffen können, und vergessen Sie nicht, dass größere Raubfische bedenkenlos kleine Beckenbewohner fressen.

Besetzen Sie die Bereiche des Beckens gleichmäßig, indem Sie Fische auswählen, die sich bevorzugt sowohl in den oberen, mittleren als auch unteren Regionen aufhalten.

Unterschiedliche Ansprüche

Die Lebensqualität Ihrer Zierfische hängt völlig von Ihnen ab, sodass die Verantwortung nicht geringer ist, als würde man einen Hund, eine Katze oder ein beliebiges anderes Haustier halten. Gleichgültig, welche Größe ein Fisch erreicht oder welches Verhalten er zeigt – Sie müssen stets bereit sein, seine Bedürfnisse zu erfüllen. So wirken große Fische zwar zumeist sehr beeindruckend, brauchen dafür aber auch ein Becken, in das sie nicht nur hineinpassen, sondern in dem sie auch noch ausreichend Schwimmraum haben. Außerdem sollte man in einem solchen Aquarium keine kleineren, friedlicheren Arten halten, da es für sie dauerhaften Stress bedeutet, wenn sie ihren Lebensraum mit größeren, aggressiven Fischen teilen müssen.

Wenn man den Besatz eines Aquariums plant, muss das Wohl der Fische absolut im Vordergrund stehen. Daher sollte man sich erst einmal über ihre Ansprüche informieren, sich also schon vor dem Kauf fragen: Verträgt der Fisch die Wasserwerte, die im Becken herrschen? Kann ich seine Nahrungsansprüche erfüllen? Ist ein friedliches Zusammenleben mit den anderen Arten im Aquarium gewährleistet?

Die meisten Süßwasserarten stellen bezüglich der Wasserchemie keine besonderen Ansprüche, vorausgesetzt das Wasser ist nicht extrem sauer oder alkalisch und nicht übermäßig hart. Bei Meerwasserfischen und Wirbellosen fragt man am besten den Händler nach dem notwendigen Salzgehalt und anderen speziellen Wasserparametern sowie den Nahrungsansprüchen. Bei allen Aquarien muss man die herrschenden Bedingungen in regelmäßigen Abständen überprüfen und turnusgemäß Teilwasserwechsel durchführen. Unabhängig von den gehaltenen Fischen sollte das Becken immer in einem ruhigen Bereich der Wohnung stehen, da übermäßiger Stress Krankheiten hervorrufen kann.

Junge oder ausgewachsene Tiere

Unerfahrene Aquarianer wissen oft nicht, ob sie besser ältere oder junge Exemplare kaufen sollen. Ausgewachsene Fische sind im Allgemeinen unempfindlicher als Jungtiere; außerdem kann man körperliche Mängel wie Missbildungen oder beschädigte Flossen leichter erkennen, und ihr Verhalten lässt oft Rückschlüsse auf ihren gesundheitlichen Zustand zu. An Jungfischen kann man sich dagegen normalerweise länger erfreuen, sie sind zumeist preiswerter, und man hat zudem das Vergnügen, ihre gesamte Entwicklung beobachten zu können.

Immer vorausgesetzt, dass es sich um gesunde Tiere handelt, ist es nicht notwendig, ausgewachsene Exemplare zu kaufen, es sei denn, Sie legen von Anfang an Wert auf ausstellungsreife Tiere. Die Entscheidung liegt natürlich ganz bei Ihnen. Ich selbst habe in der Vergangenheit beispielsweise häufig Kongosalmler und verschiedene Regenbogenfische als Jungtiere gekauft und Freude daran gehabt, sie aufzuziehen und auch zu vermehren. Gelegentlich nehme ich aber auch einmal ein ausgewachsenes Exemplar, entweder weil es mir ausgesprochen gut gefällt, weil ich mein Aquarium verschönern will oder aber weil ich ein Zuchttier dieser Art benötige.

Ein schönes, ausgewachsenes Tier bereichert das Becken sofort um einen weiteren Blickfang. Allerdings ist es preiswerter und oft auch dankbarer, Jungtiere wie den hier abgebildeten Kaiserfisch aufzuziehen und zu beobachten, wie er zu einem prächtigen Exemplar seiner Art heranwächst.

Das Einsetzen neuer Fische

Wenn Sie Ihre künftigen Fische sorgfältig ausgewählt haben, also sicher sind, dass alle zueinander passen, dass sie die richtigen Bedingungen vorfinden und artgerecht ernährt werden können, sollten Sie sich Gedanken um den Transport von der Zoohandlung nach Hause machen. Halten Sie die Fahrtstrecke so kurz wie möglich, und überzeugen Sie sich noch einmal, dass im Aquarium alles für die Aufnahme der Fische vorbereitet ist. Planen Sie für das Einsetzen ausreichend Zeit ein, denn ein behutsames Vorgehen verringert den Stress für die Tiere. Wenn Sie einen Fisch in ein bereits länger betriebenes Becken einsetzen, sollten Sie ihn noch einige Zeit beobachten, um zu überprüfen, ob alles reibungslos und friedlich abläuft, denn so können Sie bei Problemen schnell eingreifen.

Sorgsame Behandlung

Jeder neue Fisch braucht eine sorgsame Behandlung und sehr viel Aufmerksamkeit, denn sein Weg bis zur örtlichen Zoohandlung kann sehr beschwerlich gewesen sein. Nicht selten dauert es zwischen vier und acht Wochen, bis ein Fisch vom Importeur über den Groß- bis zum Einzelhändler kommt, und in dieser Zeit ist er großem Stress ausgesetzt, denn er wird mehrfach eingefangen, transportiert und muss immer wieder mit sehr unterschiedlichen Wasserqualitäten zurechtkommen; außerdem füttert man die Fische in dieser Phase oft längere Zeit nicht, um die Ausscheidungen gering zu halten.

Und selbst wenn alle Beteiligten versuchen, die Tiere in einem möglichst guten Zustand an ihren Bestimmungsort zu bringen, so bekommen doch immer einige Fische stressbedingte Krankheiten, am häufigsten die sogenannte Weißpünktchenkrankheit (Ichthyohthiriasis).

Aber auch wenn Ihre Neuerwerbungen gesund zu sein scheinen, sollten Sie nicht vergessen, dass der Transport vom Händler in Ihr Aquarium nur der letzte Schritt einer langen, anstrengenden Reise ist, und besondere Sorgfalt darauf verwenden, das Umsetzen so stressfrei wie möglich zu gestalten.

Der Transport

Normalerweise werden Fische in durchsichtigen Plastikbeuteln transportiert, die oft eine abgerundete Form haben, damit die Tiere in ihrer Panik nicht in die Ecken schwimmen und dabei möglicherweise den Beutel beschädigen. Wundern Sie sich nicht, wenn der Händler nur wenig Wasser in den Beutel füllt, denn das Verhältnis von Wasser zu Luft sollte etwa 1:2 betragen. Wenn es der Verkäufer richtig gemacht hat, ist der Beutel nach dem Verschließen prall mit Luft gefüllt, sodass ständig Sauerstoff ins Wasser diffundieren kann. Um eine optimale Sauerstoffversorgung zu gewährleisten, füllen einige Händler auch reinen Sauerstoff in die Beutel.

Zum Transport sollte der Beutel in eine undurchsichtige Papiertüte gesteckt oder in Zeitungspapier gewickelt werden, weil das den Stress während des Transportes verringert.

Wenn der Händler dies von sich aus nicht macht, sollten Sie ihn unbedingt darum bitten. Fische mit kräftigen Flossenstrahlen können einen Plastikbeutel durchstechen, sodass es sicherer ist, zwei oder drei übereinandergezogene Beutel für den Transport zu verwenden. Für bestimmte Wirbellose, etwa Seeigel mit ihren besonders langen Stacheln, reicht aber auch das nicht aus. In solchen Fällen ist es besser, die Beutel in einen wasserdichten Plastikbehälter zu legen und nur ein Exemplar einmal zu transportieren, damit die Tiere sich nicht gegenseitig verletzen. Praktisch ist es, besonders in den Sommermonaten, eine zusätzliche Kühltasche zu verwenden, aber auch darin sollten Sie Fische – insbesondere Kaltwasserfische – nie längere Zeit allein im Auto lassen, da sich das wenige Wasser selbst mit dieser zusätzlichen Vorsichtsmaßnahme zu schnell erwärmt.

Das Akklimatisieren neuer Fische

Wenn es geht, sollte der Transportweg zum Händler möglichst kurz sein, da es dann nicht zu größeren Temperaturänderungen kommt. Zu Hause legen Sie den Transportbeutel mit den Fischen etwa eine Stunde ins Becken, damit die Temperatur sich an die des Aquarienwassers angleichen kann. Oft ist zu lesen, man solle etwas Beckenwasser in den Beutel laufen lassen, damit die Tiere sich auch schon einmal an die Wasserbedingungen im Becken gewöhnen. Nützen wird das allerdings nichts, denn Fische brauchen mehrere Tage, bis sie sich an neue Verhältnisse angepasst haben. Beobachten Sie, ob die Neulinge von anderen Fischen belästigt werden, und lassen Sie die Fische vor dem Füttern etwas eingewöhnen. Überprüfen Sie, ob die Tiere fressen, aber geraten Sie nicht in Panik, wenn das nicht gleich der Fall sein sollte. Oft dauert es 24–48 Stunden, bevor ein Fisch Futter annimmt. Wichtig ist darauf zu achten, dass keiner der Fische von einem dominierenden Beckenbewohner am Fressen gehindert wird.

Revierkämpfe vermeiden

Aggressives Verhalten von bereits eingewöhnten, revierbildenden Fischen gegenüber neuen Tieren lässt sich fast nie ganz verhindern. Verringern kann man es aber oft dadurch, dass man die Anordnung der Steine, Wurzeln und Pflanzen im Becken kurz vor dem Einsetzen der Neuankömmlinge etwas verändert, da dann viele der alten Beckenbewohner damit zu tun haben, ihre Reviere neu abzugrenzen und so von den neuen Fischen abgelenkt sind. Beobachten Sie das Geschehen sehr genau, damit Sie sofort eingreifen können, denn falls diese Taktik keinen Erfolg hat, gibt es oft keine andere Möglichkeit, als den Aggressor oder sein Opfer in ein anderes Becken zu überführen.

Was manchmal wie Streit aussieht, kann auch eine Balz sein, die bei vielen Arten dem Ablaichen vorangeht.

Quarantäne

Viele Aquarianer nehmen neue Fische zunächst einmal in Quarantäne, um mögliche Krankheiten zu erkennen. Benötigt wird dazu ein kleines, leeres Aquarium, das ausschließlich für diesen Zweck reserviert bleibt. Darin sollten die neuen Fische etwa vier bis sechs Wochen bleiben, denn in dieser Zeit bricht eine latent vorhandene Krankheit zumeist aus und kann dann behandelt werden. Alle Ausrüstungsgegenstände, darunter auch das Fangnetz, sollte man nicht in anderen Becken verwenden, ohne sie zu sterilisieren.

Über Sinn und Unsinn einer Quarantäne gibt es allerdings unterschiedliche Meinungen. Nach den Erfahrungen vieler ist die beste Vorbeugung gegen stressbedingte Krankheiten, den Fisch möglichst schnell ins Hauptbecken zu setzen, wo er sich in einer eher normalen Umgebung und in Anwesenheit von anderen, friedlichen Fischen meist schnell beruhigt. Eine Haltung im Quarantänebecken ist dagegen nicht unbedingt stress-

frei, sodass eine Krankheit möglicherweise erst ausgelöst wird. Wenn der Fisch nicht völlig gesund wirkt, sollte man ihn aber auf jeden Fall zunächst isoliert halten, und auch in Zweifelsfällen sollten Sie lieber den Weg über ein Quarantänebecken wählen.

Stellen Sie das Becken an einen ruhigen Ort, wo der Fisch nicht durch häusliche Aktivitäten gestört wird. Sorgen Sie für gedämpftes Licht, und füttern Sie nur wenig. Wird eine Krankheit mit frei schwimmenden Erregern vermutet, hilft oft eine zusätzlich installierte Entkeimungslampe.

Aber nicht nur neue Fische sollte man unter Quarantäne stellen, sondern auch solche, die im Becken krank geworden sind und nun behandelt werden müssen. In einem solchen Fall setzt man den Fisch ohne Verzögerung in ein Quarantänebecken, wobei es sich empfiehlt, stets ein kleines Ersatzbecken mit Heizung und Filter für diesen Zweck bereitzuhalten.

Fische beobachten

Sobald sich die Fische im Becken tummeln, können Sie sich endlich an der Unterwasserlandschaft in Ihrer Wohnung erfreuen und zudem viel Interessantes dazulernen. So kann man beobachten, wie sich einzelne Fische gegenüber anderen verhalten, oder feststellen, welche Arten während des Tages aktiv sind und welche nur am frühen Morgen oder späten Abend erscheinen. Prägen Sie sich das normale Verhalten Ihrer Fische ein, damit Sie auf plötzliche Veränderungen reagieren können. Im Laufe der Zeit werden Sie feststellen, dass eine zunehmende Vertrautheit im Umgang mit Ihren Fischen die beste Möglichkeit ist, dafür zu sorgen, dass die Tiere gesund bleiben.

Beobachtung des Verhaltens

Sobald sich die Fische im Becken eingewöhnt haben, sollten Sie sich die Zeit nehmen, ihr Verhalten zu beobachten. Die meisten Fische sind tagaktiv; es gibt aber auch nachtaktive Tiere oder solche, deren Hauptaktivität in der Morgen- und Abenddämmerung liegt. Wenn man nachtaktive Fische ohne größere Störung beobachten will, sollte man eine Lampe über dem Becken anbringen, die gerade genug Licht liefert, um die scheuen Tiere erkennen zu können.

Besonders interessant ist die Beobachtung des Verhaltens einzelner Individuen gegenüber Artgenossen oder auch anderen Fischen. Wie Sie schnell feststellen werden, verläuft das Leben der meisten Zierfische nach festen Regeln. So schwimmen viele auf einem festgelegten Kurs im Becken umher, so dass sie alle 3–4 Minuten an derselben Stelle vorbeikommen. Erfahrene Fotografen machen sich dieses Verhalten zunutze, indem sie ihre Kamera auf eine solche Stelle ausrichten, um so zu guten Bildern zu kommen.

Wer die normalen Verhaltensmuster eines Fisches genau kennt, bemerkt normalerweise auch Probleme rechtzeitig. Zeigen bestimmte Tiere eine erhöhte Aktivität oder halten sich Fische, die normalerweise als Schwarm in der Beckenmitte umherschwimmen, plötzlich in Bodennähe auf, dann hat das Wasser vermutlich nicht mehr die richtige Temperatur (allerdings kann eine verstärkte Aktivität auch den Beginn der Laichzeit anzeigen); wenn Fische ständig an der Wasseroberfläche hängen, arbeitet der Filter vermutlich nicht optimal oder das Wasser ist zu warm (manchmal kommt auch beides zusammen). Je früher Sie ein ungewöhnliches Verhalten feststellen, umso rascher können Sie eingreifen.

Wenn neue Fische in ein Becken kommen, kann es sein, dass einige der schon länger dort lebenden Tiere ihr Verhalten ändern, etwa weil die Neuankömmlinge in ihr Revier eindringen. Beobachten Sie die Vorgänge genau, und greifen Sie notfalls ein, damit kein Tier zu Schaden kommt.

Viele Aquarianer überprüfen bei der täglichen Fütterung, ob alle Fische wohlauf sind und fressen. Ist das nicht der Fall, sollte man es mit einer anderen Art von Futter versuchen. Außerdem gilt es oft, die Einschüchterung durch dominante Fische zu verhindern.

Der Umgang mit Fischen

Es wird immer wieder einmal notwendig sein, einen Fisch einzufangen, etwa um ihn zur Behandlung einer Krankheit in ein Quarantänebecken umzusetzen. Dabei sollten Sie möglichst vorsichtig zu Werke gehen, denn die hektische Verfolgung eines Fisches, bei der man das Netz wild durch das Aquarium zieht, bringt meist nichts als entwurzelte Pflanzen, reichlich aufgewirbelten Schmutz und erschreckte oder gar verletzte Tiere.

Die Verwendung eines Netzes

Netze für Zierfische sollten kleinmaschig sein, besonders wenn sie zum Einfangen von Fischen mit harten Flossenstrahlen, etwa Buntbarscher, Fadenfischen oder Welsen, verwendet werden, denn sonst verhaken sich die Tiere leicht und zerstören dabei nicht nur das Netz, sondern verletzen sich oft dabei. Hat sich ein Fisch verfangen, empfiehlt sich folgende Vorgehensweise: Zunächst einmal gibt man dem Fisch Gelegenheit, sich selbst zu befreien, indem man das Netz ins Wasser hält. Hat man damit keinen Erfolg, muss man das Netz an der Stelle vorsichtig zerschneiden.

Am besten geeignet sind grüne Netze, da die Fische diese augenscheinlich für Pflanzendickichte halten, denn sie schwimmen manchmal freiwillig hinein. In der Regel empfiehlt es sich, zwei Netze zu verwenden, um den Fisch mit dem einen ins andere zu treiben. Anstelle des zweiten Netzes kann man aber auch einen durchsichtigen Plastikbeutel verwenden, den die Fische oft nicht als solchen erkennen. Nach der Benutzung sollten alle Netze

Hantieren Sie beim Einfangen eines Fisches nicht wild im Aquarium herum, sondern bewegen Sie das Netz langsam und gezielt.

sterilisiert werden, damit man keine Krankheiten überträgt. Benutzen Sie dazu aber keine Reinigungsmittel aus dem Haushalt, sondern spezielle Präparate. Diese sind nicht nur relativ preiswert, sondern auch einfach zu handhaben.

Glasröhren

Außer mit Netzen kann man kleinere Fische aber auch noch mit speziellen Glasröhren einfangen. Diese erinnern in ihrer Form ein wenig an eine gebogene Tabakpfeife, die an einem Ende stark erweitert ist, während das andere spitz zuläuft. Will man einen Fisch fangen, hält man das dünne Ende mit dem Daumen zu und taucht die Glasröhre dann ins Becken. Anschließend nähert man sich mit dem verdickten Ende vorsichtig dem Fisch, der gefangen werden soll, und hebt den Daumen dann an. Dabei entweicht die Luft aus der Röhre, und der Fisch wird mit dem nachströmenden Wasser eingesaugt. Die Annäherung ist zumeist ziemlich problemlos, da das Gerät für die Fische fast unsichtbar zu sein scheint. Besonders geeignet ist diese Fangmethode für Jungfische.

Fangen mit der Hand

Mit etwas Übung kann man Fische auch mit der Hand fangen (bei Fischen mit spitzen Flossenstrahlen, etwa bestimmten Welsen, ist es sogar die beste Fangmethode). Achten Sie aber darauf, nicht gestochen zu werden, und kommen Sie mit Ihren Fingern nicht unter die kräftigen Brustflossen eines Fisches. Welse sollten mit einer Hand in der Nähe des Schwanzes gegriffen werden, während die andere flach unter den Körper gelegt wird. Große Exemplare kann man oft leichter herausfangen, wenn der Wasserspiegel abgesenkt wird. Giftige Arten oder solche, die Stromstöße erzeugen können, darf man natürlich nicht mit der Hand anfassen.

Wasserchemie

Jeder Zierfisch benötigt bestimmte Wasserbedingungen, damit er wachsen und gedeihen kann. Um dafür sorgen zu können, muss sich jeder Aquarianer gewisse Grundkenntnisse in der Wasserchemie aneignen, also wissen, was Gesamthärte, Säuregrad oder Salzgehalt bedeuten. Sobald ein Becken in Betrieb ist, muss man die Wasserwerte regelmäßig mit Hilfe von im Handel erhältlichen Testsystemen prüfen und, sofern Abweichungen festgestellt werden, die Bedingungen korrigieren. Ein erfahrener Aquarianer hat zudem immer ein genaues Thermometer zur Hand, und, falls es sich um ein Meer- oder Brackwasserbecken handelt, auch ein Aräometer (Hydrometer), um das spezifische Gewicht des Wasser zu überprüfen.

Säure-Base-Gleichgewicht

Bei natürlichen Gewässern wird das Säure-Base-Gleichgewicht vom Boden oder Gestein beeinflusst. So ist beispielsweise das Wasser in einer Kalksteinhöhle alkalisch, während Moorwasser sauer ist. Angeben lässt sich die jeweilige Wasserstoffionenkonzentration auf einer pH-Skala, die von 1 bis 14 reicht (pH, pondus Hydrogenii = Gewicht der Wasserstoffionen oder -protonen pro Liter Flüssigkeit). Wasser mit einem pH-Wert von 7,0 ist weder sauer noch alkalisch, also neutral. Bei einem pH-Wert von über 7,0 ist das Wasser alkalisch, darunter sauer. Extrem alkalische oder saure Gewässer sind ziemlich lebensfeindlich, sodass nur wenige Organismen darin leben können. In Süßwasser liegt der pH-Wert normalerweise zwischen 6,5 und 7,0, und es gibt nur wenige Zierfische, die andere Wasserwerte benötigen; Werte unterhalb von 5,0 oder oberhalb von 8,0 sind oft sogar tödlich. Bei Meeresfischen ist der Bereich noch begrenzter. Hier muss das Wasser alkalisch sein (üblich ist ein pH-Wert von 8,3), und Schwankungen dürfen nicht mehr als 0,2 betragen. Zur Messung des pH-Wertes gibt es im Handel unterschiedliches Zubehör. Bei einigen Testsystemen wird einer Wasserprobe eine Indikatorlösung hinzugefügt, und der pH-Wert kann dann anhand der Farbänderung bestimmt werden; bei anderen Systemen benutzt man Teststäbchen oder Indikatorpapier, die nach dem gleichen Prinzip funktionieren. Alle Testsysteme mit chemisch aktiven Substanzen sind nur begrenzt haltbar, sodass man sie jährlich erneuern sollte. Als Alternative gibt es auch elektronische pH-Messgeräte, die sehr viel genauer und schneller arbeiten, aber auch teurer sind.

Die pH-Skala ist logarithmisch aufgebaut, sodass eine Änderung um eine Einheit eine zehnfache Veränderung im Gleichgewicht bedeutet. Wenn Sie sich das verdeutlichen, verstehen Sie auch, dass zahlenmäßig ziemlich kleine Unterschiede dramatische Auswirkungen für einen Fisch haben können.

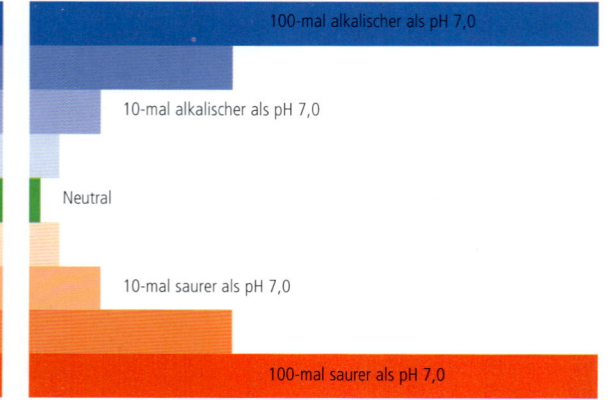

9.0	100-mal alkalischer als pH 7,0
8.5	
8.0	10-mal alkalischer als pH 7,0
7.5	
7.0	Neutral
6.5	
6.0	10-mal saurer als pH 7,0
5.5	
5.0	100-mal saurer als pH 7,0

Wasserhärte

Die Härte von Süßwasser wird in der Natur vom Substrat beeinflusst, mit dem es in Berührung kommt, während Meerwasser immer relativ hart ist. Die Wasserhärte gibt den Gehalt an gelösten Ionen (besonders Kalzium- und zu einem geringeren Teil auch Magnesium-Ionen) im Wasser an. Aquarianer haben es normalerweise mit der Gesamthärte (GH) zu tun, die zum großen Teil von der Karbonathärte (KH) abhängt.

Die Wasserhärte kann auf unterschiedliche Weise angegeben werden; bei uns ist die Angabe in deutschen Härtegraden (dH) üblich. In der folgenden Tabelle lässt sich der Zusammenhang zwischen Kalziumkonzentration, Wasserhärte und dem jeweiligen Wassertyp ablesen. Im Handel sind Testsysteme erhältlich, die denen zur Bestimmung des pH-Wertes nicht unähnlich sind, also mit Indikatoren und Farbänderungen arbeiten. Genauer, aber auch teurer sind Geräte zur Messung der Leitfähigkeit des Wassers.

ppm CaCo₃ (parts per million Kalziumkarbonat)	Wasserhärte	
	dH	Wassertyp
0–50	3°	sehr weich
50–100	3–6°	weich
100–200	6–12°	mittelhart
200–300	12–18°	ziemlich hart
300–450	18–25°	hart
über 450	+25°	sehr hart

Salzgehalt

Salzwasser wird nur für Meeres- oder Brackwasseraquarien benötigt. Seine Dichte kann mit einem Aräometer (Hydrometer) gemessen werden, an dem sich das spezifische Gewicht (SG) ablesen lässt. Das spezifische Gewicht ist das Verhältnis zwischen dem entsprechenden Wasser und dem gleichen Volumen destillierten Wassers, das bei 4 °C ein spezifisches Gewicht von 1,000 hat. Wegen der gelösten Salze und Spurenelemente hat Meerwasser ein höheres spezifisches Gewicht als Süßwasser – übrigens auch der Grund, dass man im Meer besser schwimmen kann als in Süßwasser. Während reines Süßwasser also ein SG von 1,000 hat, liegt das von tropischem Meerwasser im Bereich 1,020–1,027. Das spezifische Gewicht von Brackwasser, das in der Natur dort vorkommt, wo Meer- und Süßwasser sich mischen, etwa in Mangrovensümpfen oder Flussmündungen, liegt zwischen den beiden Werten.

Um das spezifische Gewicht in einem Meerwasseraquarium zu erhöhen, wird Salz hinzugefügt (Süßwasser verringert das SG). Stellen Sie sicher, dass das Wasser vor dem Messen die geforderte Temperatur hat, da das spezifische Gewicht von der Temperatur abhängig ist (es nimmt mit zunehmender Temperatur ab). Zur Herstellung von künstlichem Meerwasser sollten Sie nur handelsübliche Meersalzmischungen verwenden und unter keinen Umständen normales Kochsalz.

Eingebautes Thermometer im unteren Bereich des Aräometers

Aräometer

Kontrolle der Wasserwerte

Salzgehalt, Wasserhärte und pH-Wert können eingestellt werden, wobei dies schrittweise erfolgen muss, da größere Veränderungen den Fischen schaden. In Süßwasserbecken kann man auch Dekorationsmaterial verwenden, um die Wasserwerte zu regulieren. Üppiger Pflanzenwuchs macht das Wasser normalerweise etwas weicher, da die Pflanzen dem Wasser gelöste Salze entziehen. Holz, besonders Moorkienholz, macht das Becken durch die Freisetzung von Gerbstoffen leicht sauer und schafft so ideale Bedingungen für viele südamerikanische Salmler und für Skalare. Wenn Sie dagegen Buntbarsche aus den großen Seen des ostafrikanischen Grabens halten, die hartes Wasser brauchen, können Sie Kalksteine zur Dekoration verwenden oder über Kalkstein filtern, da die erhöhte Kalzium-konzentration das Wasser härter macht. Meerwasser pendelt sich normalerweise bei einem pH-Wert von 8,3–8,4 ein und bleibt dann konstant. Im Einzelfall kann er durch saure Exkremente von Fischen oder Wirbellosen aber auch etwas sinken. Die häufigste Ursache für schlechte Wasserqualität oder größere Schwankungen sind eine unzureichende Filterung, ein zu starker Besatz und Überfütterung. Überprüfen Sie die Wasserwerte regelmäßig mit Hilfe entsprechender Testsysteme, und korrigieren Sie Abweichungen mit im Handel erhältlichen Pufferlösungen.

Wenn Sie Ihr Leitungswasser modifizieren müssen, um bestimmte Fische halten zu können, dürfen Sie nicht vergessen, diese Änderungen auch bei jedem Wasserwechsel durchzuführen.

Nitrit

Aus Fischexkrementen und unverbrauchtem Futter freigesetztes giftiges Ammoniak wird durch den Stickstoffzyklus und den Filter zunächst in weniger schädliches Nitrit und dann in ungefährliches Nitrat umgewandelt. Eine Anreicherung von Nitrit kann zu Beeinträchtigungen der Fische führen, besonders in Meerwasseraquarien. Die häufigsten Ursachen für zu viel Nitrit sind eine unzureichende Filterung, Überfütterung und zu seltener Wasserwechsel. Aber auch Leitungswasser kann in einigen Gegenden durch Verschmutzungen schon relativ hohe Nitritwerte aufweisen. Im Handel gibt es Testsysteme, mit denen sich sowohl der Nitrit- als auch Ammoniakgehalt messen lassen. Normalerweise wird ein sofortiger teilweiser Wasserwechsel die Nitrit- oder Ammoniakkonzentration deutlich verringern. Dennoch müssen Sie anschließend unbedingt herausfinden, wie es zu einer solchen Anreicherung kommen konnte, denn sonst haben Sie schon bald wieder mit diesem Problem zu tun. Oft gehen Fische ein, weil eine gefährliche Anreicherung von Giften nicht bemerkt und beseitigt wurde. Eine genaue Beobachtung Ihrer Fische und die regelmäßige Verwendung der Testsysteme sind der beste Schutz gegen solche Verluste.

Wasserwechsel

Damit es nicht zu einer Anhäufung von Nitrat und Ammoniak kommt, sollte alle zehn bis vierzehn Tage ein Teil des Beckenwassers ausgetauscht werden. Allerdings werden nie mehr als 10–15 Prozent des Gesamtvolumens auf einmal ersetzt, damit der wichtige Stickstoffzyklus nicht beeinträchtigt wird. Das frische Wasser sollte bereits den gleichen pH-Wert, die gleiche Härte und eine annähernd gleiche Temperatur (± 2 °C) aufweisen wie das im Becken. Wenn Sie Ihr Leitungswasser zuvor noch aufbereiten müssen, sollten Sie sich für den Wasserwechsel ausreichend Zeit nehmen. Bei Brack- und Meerwasseraquarien sollte der Salzgehalt mit Hilfe eines Aräometers geprüft und wenn nötig mit einer Meersalzmischung aus dem Handel eingestellt werden. Bevor Sie das Ersatzwasser überprüfen, sollten Sie sich vergewissern, dass es auch die richtige Temperatur hat, denn das spezifische Gewicht wird durch die Temperatur beeinflusst.

Lassen Sie das Ersatzwasser langsam einfließen. Während eines solchen Wasserwechsels sollte man auch einen Teil des Filtermaterials erneuern, aber wirklich nur einen Teil, weil dann die neue Filterwatte schnell wieder von nützlichen Bakterien besiedelt wird, die helfen, Abfallstoffe zu beseitigen. Mit dem alten Wasser sollten Sie auch den Schmutz absaugen, der sich auf dem Boden oder unter Pflanzen und Steinen angesammelt hat.

Wartung des Beckens

Welche Art von Aquarium Sie auch immer haben, wichtig ist es in jedem Fall, sich eine Wartungs- und Pflegeroutine anzugewöhnen, die sowohl Ihre Fische als auch alle lebenswichtigen Systeme des Beckens einschließen sollte. Machen Sie sich zunächst einen Plan, der sich an der unten abgedruckten Tabelle orientieren kann (in der allerdings die Besatzdichte, die gehaltenen Arten sowie Art und Menge des Futters nicht berücksichtigt sind). Im Laufe der Zeit werden Sie dann vermutlich Ihren ganz persönlichen Plan für die regelmäßige Pflege und Wartung entwickeln und dabei auch für den Ersatz nicht mehr völlig funktionsfähiger Geräte sorgen oder neue Fische kaufen.

Notwendige Wartungsarbeiten

täglich	• Fische kontrollieren • Temperatur kontrollieren • Funktion der Geräte kontrollieren • Fische füttern und unverbrauchtes Futter entfernen • Abschäumer leeren (in Meerwasserbecken)
wöchentlich	• Abdeckscheibe säubern • verdunstetes Wasser ersetzen • Algen mit einem Algenkratzer von den Scheiben entfernen
alle zwei Wochen	• Wasser wechseln – die Menge hängt von der Besatzdichte ab • Pflanzen zurückschneiden und abgestorbene Teile entfernen • pH-Wert und Härtegrad überprüfen • Ammoniak-, Nitrat- und Nitritkonzentration prüfen • spezifisches Gewicht überprüfen (Meer- und Brackwasserbecken) • Filterleistung überprüfen und Filter gegebenenfalls reinigen • Bodengrund einebnen und Schmutz absaugen
alle zwei bis drei Monate	• Kohle im Filter erneuern • Abschäumer reinigen (in Meerwasserbecken) • Wartung des Topffilters und der Druckluftpumpe, wobei abgenutzte Teile ersetzt werden (nicht vergessen, neue Ersatzteile zu besorgen) • Reinigung aller Schläuche – Überprüfung der Sprühleiste und gegebenenfalls Reinigung verstopfter Löcher • Quarzröhre der Entkeimungslampe reinigen
alle sechs Monate	• Beleuchtung überprüfen und gegebenenfalls einzelne Röhren ersetzen • UV-Röhre in der Entkeimungslampe ersetzen

Futter und Fütterung

Die Fütterung gehört zu den angenehmsten Pflichten des Aquarianers, wobei viele nur dann Futter geben, wenn die Fische darum betteln. Dabei ist allerdings zu bedenken, dass einige Arten von Natur aus neugierig sind, während andere sich eher scheu verhalten, sodass man, wenn ein Fisch sich nicht zeigt, keinesfalls darauf schließen kann, dass er nicht hungrig ist. Überfüttern Sie Ihre Tiere auf keinen Fall, da Krankheiten sonst nahezu unvermeidlich sind. Wenn Sie für eine möglichst ausgewogene, abwechslungsreiche und artgerechte Ernährung sorgen, haben Sie bereits den wichtigsten Grundstein für die erfolgreiche Haltung von Zierfischen gelegt.

Auf die Fütterung wartende Goldfische.

Fische ernähren

Die richtige Ernährung einer bestimmten Art findet man heraus, wenn man sich über den natürlichen Lebensraum der Tiere informiert und über die dort vorhandenen Nahrungsquellen. Glücklicherweise haben uns aber die Zierfischhändler diese Aufgabe in den meisten Fällen schon abgenommen, denn die von ihnen verkauften Fische sind an die Verhältnisse in einem Aquarium gewöhnt und nehmen normalerweise handelsübliches Fischfutter. Bevor Sie einen Fisch kaufen, und das gilt besonders für Arten, mit denen Sie noch nicht vertraut sind, sollten Sie den Händler aber fragen, was der Fisch frisst und wie oft er gefüttert werden muss. Ein verantwortungsvoller Händler wird Ihnen gerne Auskunft geben, so dass mögliche Fütterungsprobleme erst gar nicht auftreten.

Natürliche Futterquellen

In einem natürlichen Gewässer finden Fische in jeder Wasserregion etwas zu fressen. So leben winzige Organismen im oder auf dem Boden, Pflanzen wachsen zu unterschiedlicher Größe heran, während Algen besonders in Nähe der Wasseroberfläche zu finden sind, wo sie ausreichend Licht bekommen. Kleine Wirbellose schwimmen frei im Wasser umher, während Insekten und andere Tiere auf das Wasser fallen und dann an der Oberfläche treiben oder schon recht bald versinken. Außerdem hängen Teile von Pflanzen aus dem Uferbereich ins Wasser oder fallen irgendwann hinein. All diese Dinge dienen bestimmten Lebewesen als Nahrung, und auch die Fische haben sich im Laufe ihrer Entwicklung an die unterschiedlichsten Futterquellen angepasst.

Fische fressen entweder andere Tiere (Carnivoren), Pflanzen (Herbivoren) oder sowohl Tiere als auch Pflanzen (Omnivoren). Die jeweiligen Gruppen können sich überlappen, und innerhalb jeder findet man spezialisierte Arten. So gibt es unter den Carnivoren so genannte Piscivoren, die nur andere Fische fressen, wobei einige nur lebende Fische nehmen, während viele andere auch an Fischfleisch gewöhnt werden können. Molluscivoren fressen nur Molluscen, also beispielsweise Schnecken, während Insectivoren sich von kleinen aquatischen Wirbellosen ernähren, etwa Wasserflöhen und Mückenlarven, und Limnivoren den Schlamm nach etwas Fressbarem durchsuchen.

Herbivoren fressen ausschließlich Pflanzen. Unter ihnen gibt es Arten, die sich von relativ großen Wasserpflanzen ernähren, während andere hauptsächlich nach Algen suchen. Die nicht sehr wählerischen Omnivoren fressen dagegen fast alles, nagen also beispielsweise an einem Kadaver herum oder wühlen im Schlamm nach Leckerbissen.

Bodenfische wie dieser Panzerwels verbringen einen Großteil ihrer Zeit damit, das Substrat nach Futter zu durchwühlen, was ihnen durch ihr unterständiges Maul erheblich erleichtert wird. Viele Welse sind Allesfresser; es gibt unter ihnen aber auch Arten, die ausschließlich Algen und andere Pflanzen fressen.

Fressgewohnheiten

Bei der Nahrungssuche folgt jede Fischart einem instinktiven Verhaltensmuster, wobei durch Größe, Form und Stellung des Mauls oft bereits festgelegt ist, was und wo ein Fisch frisst. Oberflächenfische ignorieren zumeist Nahrung, die zum Boden fällt, während Bodenfische schwimmende Nahrung verschmähen. Und auch Raubfische mit einem großen Maul wählen ihre Beute genau aus, vergeuden also keine Zeit mit der Jagd auf zu kleine Fische. Die Form des Nahrungserwerbs lässt sich bei der Haltung im Aquarium nur zum Teil verändern, ebenso wie die Tageszeit, in der die Tiere auf die Jagd gehen. Zwar sind die meisten Fische tagaktiv, aber es gibt auch Arten, die in der Dämmerung oder nachts auf Nahrungssuche sind. Im Aquarium gewöhnen sich zwar viele Fische an andere Fütterungszeiten, aber das gilt durchaus nicht für alle.

Die Art *Semotilis atromaculatus* jagt schwarmweise in ruhigen Gewässern nach Beute. Das hier abgebildete Tier hat gerade einen Wurm gefangen, der vermutlich eben noch ins Maul hineinpasst!

Ernährung im Aquarium

In Aquarien gehaltene Fische müssen, auch wenn sie nicht mehr in ihrer natürlichen Umgebung leben, dennoch die Nahrung bekommen, an die ihr Verdauungssystem angepasst ist. Erhält ein Fisch nicht das richtige Futter, wird er geschwächt und bekommt oft akute oder chronische Krankheiten. Fleischfresser haben einen kurzen Verdauungstrakt, weil ihre proteinreiche Nahrung schnell verdaut wird, während der eines Pflanzenfressers relativ lang ist, da Grünfutter vom Körper aufwendiger verarbeitet werden muss. Dabei ist zu beachten, dass spezialisierte Arten, beispielsweise Piscivoren, mit größter Wahrscheinlichkeit keine Pflanzen anrühren werden, während Pflanzenfresser Fleischnahrung durchaus nicht immer ablehnen. Lassen Sie sich nicht dazu hinreißen, einen besonders attraktiven, aber schwer zu haltenden Fisch zu kaufen, wenn Sie nicht bereit sind, die Unannehmlichkeiten und die Kosten, die mit der Bereitstellung des richtigen Futters verbunden sind, auf sich zu nehmen.

Die meisten Barben suchen ihre Nahrung auf dem Boden, aber da sie sehr anpassungsfähig sind, gewöhnen sie sich zumeist schnell daran, das Futter auch von der Wasseroberfläche zu nehmen.

Zierfischfutter

Im Handel wird getrocknetes, tiefgefrorenes und lebendes Futter in reichhaltiger Auswahl angeboten, sodass die Fütterung von Zierfischen heute kaum noch Probleme bereitet, gleichgültig, ob man Kaltwasser-, tropische Süßwasser- oder Meerwasserarten hält. Außerdem kann man auf Quellen in Garten, Küche und örtlichen Gewässern zurückgreifen (im letztgenannten Fall unbedingt Naturschutz beachten!). Zu bestimmten Zeiten kann es zudem von Vorteil sein, selbst Futtertiere zu halten, etwa wenn gezüchtet werden soll, denn sowohl Elterntiere als auch Brut benötigen häufig Lebendfutter.

Handelsübliches Trockenfutter

Die Entwicklung und Herstellung von Fischfutter ist heute ein florierender Industriezweig. Verglichen mit den Anfängen, als nur Flockenfutter oder selbst gesammelte Nahrung zur Verfügung stand, ist die Auswahl heute riesengroß und man bekommt inzwischen selbst sehr spezielles Futter, etwa aus *Spirulina* (einem Cyanobakterium) oder Meeresschwämmen hergestellte Nahrung, aber auch sehr proteinreiches Futter für Raubfische. In jedem Zoofachgeschäft gibt es eine große Auswahl an Flockenfutter, das die meisten Aquarianer als Grundnahrung für ihre Fische verwenden. Allerdings enthält es in der Regel nicht genug Ballaststoffe, die für ein gesundes Verdauungssystem unbedingt erforderlich sind, und es bläht sich auf, sobald es feucht wird. Oft geschieht das erst im Magen eines Fisches – wenn er zu viel davon gefressen hatte, nicht selten mit tödlichem Ausgang. Zudem brauchen auch Fische, ganz ähnlich wie wir Menschen, einen abwechslungsreichen Speiseplan.

Flockenfutter

Futtertabletten

Granulat

Selbst gemachtes Futter

Erfahrene Aquarianer finden oft selbst das richtige Futter für ihre Tiere. So kann man aus getrockneten Brennnesseln eine Paste für junge Harnischwelse herstellen (man bestreicht Kiesel mit der Paste und legt diese nach dem Trocknen ins Aufzuchtbecken), oder man püriert Fisch- und Fleischstücke in einem Mixer und reichert sie vor dem Verfüttern noch mit Vitaminen, Gemüse und Getreide an. Allerdings sollten Sie bei selbst hergestellter Nahrung, die sich zumeist eingefroren gut aufbewahren lässt, darauf achten, dass sie nicht zu proteinreich ist, da die Fische sonst schnell übergewichtig werden.

Tiefkühlfutter

Tiefgefrorene Nahrung ist normalerweise in Würfel gepresst, die im Becken sehr schnell auftauen. Es gibt eine große Auswahl, etwa verschiedene Mückenlarven, Wasserflöhe, kleine Garnelen, Miesmuschelstücke, *Tubifex* und Plankton (für Meerestiere), aber auch Nahrung für Pflanzenfresser oder Spezialfutter für Diskusbuntbarsche. Besonders geeignet sind tiefgefrorene Produkte für die Aufzucht von Jungfischen, aber auch, um ausgewachsene Tiere auf das Ablaichen vorzubereiten. Benutzt man Tiefkühlfutter als Ergänzung zu Flockenfutter, bekommen die Tiere auch genug Ballaststoffe.

Frisches Futter aus Küche und Garten

Es gibt für Zierfische auch zahlreiche Nahrungsmittel aus Küche und Garten, etwa Erbsen, Salat, Gurken, Zucchini und Kartoffeln, die besonders von Pflanzenfressern gern genommen werden. Salatblätter „pflanzt" man am besten ein, während Erbsen zwischen Finger und Daumen zerquetscht werden sollten, um den weichen Inhalt freizulegen. Gurken, Zucchini und Kartoffeln werden zerschnitten und dann ins Aquarium gelegt, wobei die Zucchini- und Kartoffelstücke am besten noch blanchiert werden (aber nicht so, dass sie weich sind). Man kann auch frischen Fisch in kleinen Mengen anbieten, muss dann aber unbedingt die Reste entfernen, damit das Becken nicht verunreinigt wird. Viele Aquarianer füttern auch gern Rinderherz, wobei dies aber in Maßen geschehen sollte, da die Tiere sonst schnell übergewichtig werden.

Lebendfutter

Wenn Sie in Bäche, Teiche oder Pfützen schauen, werden Sie dort zahlreiche kleine Wassertiere finden, die sich ausgezeichnet als Futter für Ihre Fische eignen. Sie enthalten wertvolle Ballaststoffe, eignen sich aber auch als nährstoffreiches Futter für ausgewählte Zuchttiere. Das häufigste Lebendfutter dieser Art, von dem auch Ihr Händler häufig einen Vorrat bereithält, sind Wasserflöhe *(Daphnia* und *Cyclops),* Mückenlarven und Bachröhrenwürmer *(Tubifex).* Von den Bachröhrenwürmern weiß man, dass sie Krankheiten übertragen können, sodass es oft besser ist, sie in tiefgefrorener oder gefriergetrockneter Form zu verfüttern. Andere Futtertiere kann man mit einem feinmaschigen Netz aber auch selbst fangen (nicht in unter Naturschutz stehenden Gewässern). Ein gutes Lebendfutter sind auch Salinenkrebschen *(Artemia),* die man in Aquarienläden kaufen oder selbst kultivieren kann.

Rote Mückenlarven

Sofern Sie keine Insektengifte verwenden, können Sie auch Regenwürmer und Blattläuse aus Ihrem Garten verfüttern. Sind die Regenwürmer für kleinere Fischen vorgesehen, muss man sie vorher eventuell zerschneiden. Einige Eimer altes Beckenwasser im Garten aufgestellt sorgen für eine gute Ernte an Mückenlarven, und wenn Sie eine Regentonne haben, können Sie darin Daphnien aussetzen und haben dann das ganze Jahr Lebendfutter.

Wasserflöhe *(Daphnia)*

Salinenkrebschen *(Artemia)*

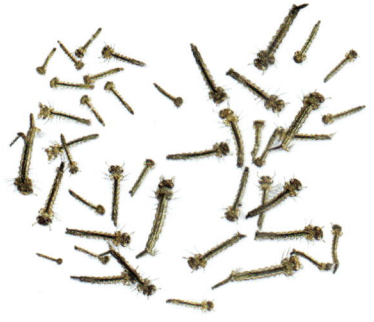

Stechmückenlarven

Lebendfutter kultivieren

Es gibt zahlreiche Organismen, die Sie kultivieren und dann an Ihre Fische verfüttern können. Am bekanntesten sind sicher Salinenkrebschen oder Grindalwürmchen und andere Enchyträen, aber auch Fadenwürmer, Rädertierchen und Infusorien eignen sich als Fischfutter. Weiterhin kann man Algen anziehen, die man sowohl an Pflanzenfresser als auch an Allesfresser und Raubfische verfüttern kann oder sogar muss, wenn im Becken wenig Algen wachsen. Um sie zu kultivieren, legt man flache Steine in eine Schale mit wenig Wasser und wartet, bis Algen darauf gewachsen sind. Dann bringt man die Steine ins Becken, damit die Fische die Algen abknabbern können.

Artemia-Kultur

Salinenkrebschen sind ein wichtiges Futter bei der Aufzucht von Fischen, denn ihre Larven (Nauplien) eignen sich ausgezeichnet als Anfangsfutter für Jungfische. Zur Kultur von Artemia-Eiern brauchen Sie eine Glas- oder Kunststoffflasche mit Schraubverschluss (nicht aus Metall!). Füllen Sie die Flasche zu drei Vierteln mit Salzwasser (25 g Salz auf einen Liter Wasser oder wie auf der Verpackung angegeben). Anschließend gibt man eine Messerspitze Eier hinein und stellt die Flasche an einen warmen Platz. Die Eier müssen stets mit Wasser bedeckt sein und sollten mit Hilfe eines Ausströmersteins (in Bodennähe) gut mit Sauerstoff versorgt werden.

Abhängig von der kultivierten Art schlüpfen die Nauplien nach 12 bis 36 Stunden. Bevor sie verfüttert werden, stellt man die Belüftung aus, damit die leeren Eierschalen auf den Boden sinken. Ein Teil des Wassers, das jetzt durch die Krebschen leicht rosa erscheinen sollte, wird mit einem Schlauch abgesaugt, durch ein sehr feines Sieb gegeben und mit Leitungswasser abgespült.

Danach kann es an die Jungfische verfüttert werden. Anschließend wird der Ausströmerstein ausgetauscht und die Luftpumpe wieder angestellt. Artemia-Kulturen lassen sich nur etwa zwei bis drei Tage verwenden, sodass man stets mehrere, zu verschiedenen Zeiten angesetzte unterhalten sollte. Auf diese Weise können Jungfische in der ersten Zeit problemlos mit Lebendfutter versorgt werden.

Die Temperatur sollte 18–24 °C betragen

Mit Luftpumpe verbundener Schlauch

In Bodennähe befindlicher Ausströmerstein

Artemia-Kultur

Enchyträen-Kultur

Enchyträen-Zuchtansätze bekommt man über Inserate in Fachzeitschriften oder im Fachhandel. Außerdem braucht man einen großen, flachen Plastikbehälter mit Deckel und eine Glasscheibe. Der Kasten wird zu drei Vierteln locker mit feuchter Gartenerde gefüllt und dann mit der Starterkultur „angeimpft". Danach legt man ein feuchtes Stück Brot hinein und deckt den Behälter mit der Glasscheibe ab. Damit die Kultur dunkel steht, legt man zum Schluss einen Deckel mit einigen Luftlöchern auf.

Nach einigen Tagen sollte man erste kleine Würmer auf dem Glas erkennen können. Sobald die Kultur beginnt, sich gut zu vermehren, kann man Würmer vom Glas absammeln und verfüttern.

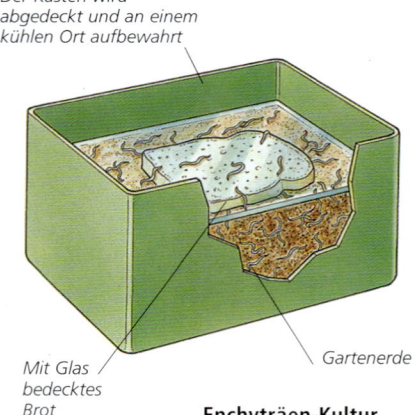

Der Kasten wird abgedeckt und an einem kühlen Ort aufbewahrt

Mit Glas bedecktes Brot

Gartenerde

Enchyträen-Kultur

Die Fütterung

Das Füttern der Fische gehört zweifellos zu den angenehmsten Pflichten bei der Pflege eines Aquariums. Gleichzeitig ist es aber auch die beste Gelegenheit, seine Fische genau in Augenschein zu nehmen und zu prüfen, ob alle wohlauf sind. Wie oft und wie viel gefüttert wird, hängt von der Zahl der Fische ab, aber auch von ihrer Größe und den Ernährungsgewohnheiten der einzelnen Arten. Sorgen Sie dafür, dass alle Fische – auch die Brut – geeignetes und ausreichend Futter bekommen, aber füttern Sie nicht zu viel, da unverbrauchte Reste und vermehrte Ausscheidungen der Fische sonst schnell den Filter überlasten – nicht selten mit katastrophalen Folgen.

So wird gefüttert

In normalen Gesellschaftsaquarien genügt es, einmal oder zweimal am Tag zu füttern, wobei darauf geachtet werden muss, dass alle Fische Futter abbekommen. Auf der Wasseroberfläche treibendes Flockenfutter wird hauptsächlich von Oberflächenfischen und solchen aus den mittleren Regionen gefressen. Letztere nehmen aber auch die durchgeweichten Futterbrocken, die nach einiger Zeit herabsinken, sodass manchmal für die Bodenfische nichts übrig bleibt. Ist das der Fall, dann sollte man ein bis zwei Futtertabletten ins Becken geben, die sofort herabsinken.

Eine gute Futterergänzung für Bodenfische sind Erbsen.

Pflanzen fressende Fische sind fast ständig auf der Suche nach Algen und anderen Pflanzen. Dadurch wird das Wachstum unerwünschter Algen zumeist gering gehalten, aber oft ruinieren solche Fische auch sämtliche Pflanzen im Becken. Um diese Gefahr zu verringern, kann man ein Salatblatt in den Boden stecken oder unter einem Stein befestigen. Dadurch ist es sowohl für Pflanzenfresser aus den mittleren Wasserschichten erreichbar als auch für Welse, die der Boden nicht gern verlassen.

Überfütterung und Unterernährung

Es passiert leicht, dass Fische überfüttert werden, denn viele Tiere betteln ständig nach Futter. Lassen Sie sich dadurch aber nicht erweichen, denn sonst verkürzen Sie die Lebenserwartung Ihrer Fische beträchtlich. Vergessen Sie nicht, dass die Tiere in einem Aquarium weniger Bewegung haben als in der Natur, wo die Fische ständig nach Futter suchen müssen und oft nur jeden zweiten Tag etwas Fressbares finden. Jungfische müssen allerdings sehr regelmäßig gefüttert werden, sollten aber auch nur so viel bekommen, dass sie gut wachsen.

Unterernährung kann besonders bei Jungfischen zu einem Problem werden, denn eine falsche Ernährung ist die häufigste Ursache für das Absterben der Brut. Um Jungfische erfolgreich aufzuziehen, benötigt man ausreichend Futter in der jeweils richtigen Größe (die ständig angepasst werden muss). Unterernährte Jungfische verkümmern und tragen nicht selten körperliche Schäden davon.

Heikle Fresser

Fische fressen oft nicht, wenn man ihnen Futter in ungeeigneter Größe anbietet. Sind die Brocken zu groß, ist es gleichgültig, wie viel Sie füttern: Der Fisch verhungert trotzdem. Schwierig ist die Sache, weil man aus der Größe des Mauls oft nicht auf die Größe des benötigten Futters schließen kann. So haben Planktonfresser ein recht großes Maul, mit dem sie allerdings winzige Nahrungsbrocken aus dem Wasser herausfiltern. Informieren Sie sich daher so genau wie möglich über die Bedürfnisse der gewünschten Fische, und kaufen Sie keine Tiere, die Sie nicht artgerecht ernähren können. So muss man einem Fisch, der sich von anderen Fischen ernährt, in der Regel lebende Fische anbieten, und man sollte nicht erwarten, dass er sich auch mit leblosen Fleischbrocken zufrieden gibt. Aber auch Pflanzenfresser können sehr heikel sein.

Gesundheits-
fürsorge

Genau wie Menschen beginnen Fische
sich unwohl zu fühlen, wenn sie falsch
ernährt werden oder unter ungeeigneten Bedingungen leben müssen. In
einem zu dicht besetzten Becken
gehen sie an Sauerstoffmangel zugrunde; wenn man sie überfüttert
oder ihnen nicht ausreichend Platz
zum Schwimmen gibt, werden sie
schnell fettleibig und erleiden einen
frühen Tod. Zu einer erhöhten Anfäl-
ligkeit gegenüber Krankheiten kann
es aber auch dadurch kommen, dass
ein Aquarium an einem ungeeigneten
Platz steht, etwa in der Küche, wo
Kochdünste die Wasserqualität beeinflussen, oder in einem engen Flur mit
viel Unruhe, sodass die Tiere sich ständig bedroht fühlen. Damit Fische gesund bleiben, brauchen sie unbedingt
Verhältnisse, die denen ihres angestammten Lebensraumes möglichst
ähnlich sind.

Gesunde Schwertträger haben leuchtende
Farben und kräftige Flossen.

Grundregeln

Krankheiten lassen sich am leichtesten durch sorgfältige Wartung des Beckens und genaue Beobachtung der Tiere vermeiden. Oft sind die Symptome allerdings nicht ganz leicht zu erkennen, sodass man die Anzeichen nur dann bemerkt, wenn man das Verhalten seiner Fische gut genug kennt. Achten Sie auf alles, was Ihnen ungewöhnlich erscheint, denn atypische Verhaltensweisen wie Fressunlust, eingeklemmte Flossen oder häufiges Scheuern an Gegenständen sind oft erste Anzeichen für sich verschlechternde Bedingungen oder den Beginn einer Krankheit. Kranke Fische sollten Sie sofort isolieren und behandeln, denn schnelle Hilfe kann häufig Schlimmeres verhindern.

Oft reicht es aber nicht aus, die Fische genau zu beobachten, sondern man muss außerdem die Wasserqualität genau im Auge behalten, weil ein so kleines Ökosystem wie ein Aquarium gegenüber chemischen Veränderungen und einer schnellen Vermehrung von Bakterien besonders anfällig ist. Daher muss das Becken unbedingt fachgerecht eingerichtet und sorgfältig gewartet werden.

Schutz vor Krankheiten

Wie erwähnt, ist die genaue Beobachtung für die Bekämpfung von Krankheiten eine unschätzbare Hilfe. Als Anfänger werden Sie zunächst in Büchern nachlesen oder einen erfahreneren Aquarianer um Rat fragen müssen, aber schon nach kurzer Zeit werden Sie selbst ein Gefühl für das Verhalten Ihrer Tiere bekommen. Empfehlenswert ist die Führung eines Protokollhefts, in dem Wasserwerte und das Verhalten der Fische vermerkt werden, da eine Verschlechterung der Wasserwerte so leichter erkennbar wird. Außerdem sollten Sie eine Art Wartungsplan aufstellen, weil sich so technische Probleme vermeiden lassen und es eher auffällt, wenn sich ein Fisch atypisch verhält oder die Pflanzen verkümmern. Werden plötzlich häufigere Wasserwechsel nötig, muss

Diese gesunden Keilfleckbärblinge leben unter idealen Bedingungen.

man möglicherweise ein Gerät austauschen.

Die meisten Probleme werden aber vom Aquarianer selbst verursacht – durch Überfütterung, durch einen vergessenen Wasserwechsel oder durch das Einsetzen eines Fisches, der nicht zu den anderen passt. Solche Fehler bedeuten Stress für die Tiere und lassen sie anfälliger für Krankheiten werden, denn auch in einem scheinbar gesunden Aquarium können zahlreiche Krankheitserreger latent vorhanden sein. So kann die Weißpünktchenkrankheit nicht nur durch neue Fische eingeschleppt, sondern auch durch Stress hervorgerufen werden.

Krankheiten behandeln

In sorgfältig gepflegten Aquarien lassen sich viele Krankheiten erfolgreich behandeln. Greifen Sie aber nicht zum erstbesten Mittel, sondern versuchen Sie, die Krankheit möglichst genau zu diagnostizieren, um sie dann ganz gezielt zu bekämpfen.

Bei der Dosierung des Medikamentes sollten Sie die Anweisungen des Herstellers genau befolgen. Die Heilung wird nicht sofort eintreten, sondern es kann Tage oder sogar Wochen dauern, bis ein Erfolg sichtbar wird. Daher sollten Sie auch nicht schon nach 24 Stunden ein anderes Mittel anwenden, denn gleichzeitig verabreichte Arzneien können ein tödlicher Cocktail sein. Beachten Sie außerdem, dass man viele Krankheitserreger nur während bestimmter Phasen ihres Lebenszyklus bekämpfen kann.

Einige Fische sind gegenüber bestimmten Arzneimittelbestandteilen sehr empfindlich. Ein Beispiel ist Kupfer, das in vielen Medikamenten enthalten ist. Lesen Sie den Beipackzettel sehr genau, um zu sehen, ob Ihre Fische davon betroffen sind. Bestimmte Behandlungen können aber auch Pflanzen und den nützlichen Bakterien im Filter schaden. In einem solchen Fall ist es zumeist besser, kranke Fische in ein separates Becken zu setzen. Bei Krankheitserregern, in deren Lebenszyklus frei schwimmende Stadien vorkommen, sollte die Behandlung allerdings im Hauptbecken erfolgen, denn wenn nicht alle infektiösen Stadien abgetötet werden, erkranken zumeist weitere Fische. Falls Sie normalerweise über Kohle filtern, müssen Sie diese während der Behandlung entfernen, da die Mittel sonst schnell unwirksam werden.

Gelegentlich werden Sie einen toten Fisch im Becken finden, ohne dass eine Ursache sichtbar wäre. Oft handelt es sich bei der Todesursache einfach um Altersschwäche, sodass Sie nichts weiter unternehmen müssen.

Manchmal lässt es sich nicht vermeiden, einen kranken oder verletzten Fisch zu töten. Die humanste Methode ist ein Genickschnitt, also das schnelle Durchtrennen des Rückgrats hinter dem Kopf mit Hilfe eines scharfen Messers. Wenn Sie sich dazu nicht in der Lage fühlen, sollten Sie es Ihrem Tierarzt überlassen oder eine andere Person darum bitten.

Die Einrichtung eines Spitalbeckens

Es ist empfehlenswert, stets ein Ersatzaquarium zur Verfügung zu haben, das man als Spitalbecken verwenden kann. Möglicherweise werden Sie dazu ihr Quarantäne- oder Zuchtaquarium nehmen wollen, und das ist auch in Ordnung, sofern Sie noch ein weiteres leeres Becken für Notfälle zur Hand haben. Wenn Sie in einem Ihrer normalen Aquarien einen luftbetriebenen Patronenfilter benutzen, lässt sich ein Spitalbecken mit Hilfe der Filterpatrone und den darin enthaltenen nützlichen Bakterien sowie Wasser aus dem Hauptbecken schnell einrichten.

Der Boden des Beckens kann mit einer dünnen Schicht Kies oder Sand bedeckt werden – nötig ist es aber nicht. Dagegen sollten Sie aber eine Wurzel oder einen Blumentopf hineinstellen, damit der kranke Fisch sich verstecken kann. Außerdem sollte das Spitalbecken an einem ruhigen Ort stehen oder abgedunkelt werden, damit sich der Fisch nicht noch weiter beunruhigt.

Damit man sie gut sauber halten kann, sollten Spitalbecken sparsam dekoriert sein.

Erste-Hilfe-Ausrüstung

Eine Erste-Hilfe-Ausrüstung für Fische sollte sich auf einige wichtige Arzneien beschränken. Die meisten Mittel sind nicht unbegrenzt haltbar, auch wenn dies nicht immer auf der Packung vermerkt ist. Am besten ist es daher, das Kaufdatum auf jedes Medikament zu schreiben und es nach einem Jahr zu ersetzen. Halten Sie aber auch Ersatzteile für unbedingt notwendige Geräte wie Filter und Luftpumpen bereit.

Häufige Fischkrankheiten

Die meisten Krankheiten werden durch Umwelteinflüsse ausgelöst, wobei viele Erreger oft schon länger latent vorhanden sind, aber erst wirksam werden, wenn ein Fisch durch Stress oder schlechte Wasserqualität entkräftet ist. Eine richtige Diagnose ist die erste Voraussetzung für eine wirksame Behandlung, die heute bei vielen Krankheiten möglich ist. Wenn Sie bei der Diagnose unsicher sind, sollten Sie den Rat eines erfahrenen Aquarianers suchen. Und machen Sie sich klar, dass die Krankheit vermutlich wieder auftreten wird, wenn die verantwortlichen Ursachen nicht beseitigt werden.

Lernaea-Befall

Krankheitsbild: Anormale Schwimmweise und häufiges Scheuern an Gegenständen; zumeist sind außerdem kleine wurmartige Organismen am Körper zu erkennen.
Ursache: Parasiten, die sich mit ihrem Kopf in das Wirtstier (häufig Teichfische) bohren.
Behandlung: Entfernen Sie den Parasiten vorsichtig mit Hilfe einer Pinzette, brechen Sie dabei aber nicht den Kopf ab; die Wunde wird mit einem Antiseptikum behandelt. Bei starker Verseuchung nimmt man Metriponat (1,125–1,8 mg auf 4,5 Liter).

Verstopfung

Krankheitsbild: Unregelmäßige und schwache Darmtätigkeit; bei Nichtbehandlung zunehmende Entkräftung. Die Tiere fressen nicht mehr, liegen auf dem Boden und haben manchmal einen aufgeblähten Bauch (wird dann oft für Bauchwassersucht gehalten).
Ursache: Unzureichende oder falsche Ernährung, manchmal aber auch Überfütterung.
Behandlung: Mit einem halben Teelöffel Magnesiumsulfat pro 4,5 Liter Beckenwasser. Nach der Genesung muss die Ernährung umgestellt werden.

Bauchwassersucht

Krankheitsbild: Der Begriff „Wassersucht" umfasst hier alle Krankheiten, bei denen der Bauch anormal aufgedunsen ist. Eine genaue Diagnose ist ohne Obduktion nicht möglich. Chronische Bauchwassersucht entwickelt sich langsam, in akuten Fällen erfolgt eine schnelle Verdickung.
Ursache: Organschäden oder schlechte Wasserwerte wie zu hohe Natriumchlorid- oder Nitratkonzentration, Bakterien oder schlechte Ernährung.
Behandlung: Keine. Oft hilft eine Veränderung der Wasserwerte und eine Futterumstellung.

Flossenfäule

Krankheitsbild: Entzündete Flossenstrahlen oder Degeneration der Flossen (bei Welsen manchmal auch der Barteln).
Ursache: Durch schlechte Wasserqualität ausgelöste bakterielle Infektion; oft begünstigt durch beschädigte Flossen oder durch Vitaminmangel.
Behandlung: Wasserqualität verbessern und sonstige Ursachen beseitigen; betroffene Bereiche mit einem geeigneten antibakteriellen Mittel (Myxazin) oder Gentianaviolett behandeln. In schwerwiegenden Fällen sollte ein Tierarzt hinzugezogen werden.

Fischlauskrankheit *(Argulus)*

Krankheitsbild: Fische scheuern sich häufig an Gegenständen.
Ursache: Die „Fischläuse" (genau genommen handelt es sich um Krebse) saugen sich am Wirt fest und ernähren sich von dessen Blut.
Behandlung: Parasiten mit einer Pinzette entfernen und die Wunde mit einem Antiseptikum behandeln. Außerdem gibt man ein Mittel zur Abtötung der Larven ins Becken. Bei starkem Befall (oft in Teichen) sollte man Metriponat (1,125–1,8 mg auf 4,5 Liter) verwenden.

Pilzbefall

Krankheitsbild: Weiche, watteartige Beläge an einzelnen Stellen oder eine schmutzige Verfärbung der gesamten Haut. Die Pilze siedeln sich zumeist dort an, wo die Schleimhaut beschädigt wurde.
Ursache: Pilzliche Sekundärinfektion an einer Wunde bzw. einer Stelle mit Parasitenbefall, oft auch durch schlechte Wasserqualität verursacht.
Behandlung: Gesamtes Becken mit einem Fungizid behandeln und eigentliche Ursache beseitigen (unzureichende Wasserqualität oder sich gegenseitig verletzende Fische).

Kiemenwürmer *(Dactylogyrus)*

Krankheitsbild: Heftiges Atmen (kann allerdings auch auf andere Beschwerden hindeuten); bei starkem Befall kommt es auch zu Hornhauttrübungen, entzündeten Kiemen und Orientierungslosigkeit, da das Gehirn nicht ausreichend mit Sauerstoff versorgt wird. Oft scheuern sich die Fische an Gegenständen.
Ursache: Befall der Kiemen mit wurmartigen Parasiten, die mit dem bloßen Auge gerade noch sichtbar sind.
Behandlung: Mit einem handelsüblichen Mittel. Die Eier des Parasiten sind sehr widerstandsfähig, sodass die Behandlung nur bei geschlüpften Larven wirkt.

Lochkrankheit *(Hexamitasis)*

Krankheitsbild: Durch Gefäßverstopfung und kleine Zerfallsherde entstehen charakteristische Löcher (hauptsächlich im Kopfbereich); heller/faseriger Kot.
Ursache: Die Erreger *(Hexamita)* findet man häufig im Darm bestimmter Jungfische. Zum Ausbruch kommt die Krankheit zumeist nur bei Entkräftung der Tiere.
Behandlung: Metronidazol bzw. Di-Metronidazol (50 mg auf 4,5 Liter oder Medikamente unter das Futter mischen); Wiederholung nach drei Tagen. Die Vitamine A, C und E können die Heilung fördern.

Darmparasiten

Krankheitsbild: Fische verlieren deutlich an Gewicht; manchmal hängen die Parasiten aus der Kloake heraus. Die Krankheit tritt häufig bei frisch importierten Wildfängen auf, wird aber oft erst nach Monaten erkennbar.
Ursache: Verschiedene Darmwürmer, die ins Gewebe eindringen und sich dort von Blut ernähren.
Behandlung: Wenden Sie sich an Ihren Tierarzt. Manchmal kann man ein geeignetes Wurmmittel mit dem Futter verabreichen. Außerdem müssen im Becken befindliche Parasiten abgetötet werden.

Blutegel

Krankheitsbild: Die Fische scheuern sich häufig an Gegenständen; wurmartige Organismen auf der Haut, die sich bei Berührung zusammenziehen.
Ursache: Parasiten, die sich mit Saugnäpfen am Fisch festsaugen.
Behandlung: Einzelne Egel werden mit einer Pinzette entfernt und die Hautstellen mit einem antiseptischen Mittel behandelt. Bei starkem Befall sollte man das Becken oder den Teich mit Metriponat (1,125–1,8 mg auf 4,5 Liter) desinfizieren und den Bodengrund ersetzen.

Glotzaugen *(Exophthalmus)*

Krankheitsbild: Die oft entzündet aussehenden Augen treten hervor; häufig auch Gewichtsverlust.
Ursache: Schlechte Wasserqualität oder Infektionen an Wunden. Oft in Zusammenhang mit bakterieller Septikämie, Fischtuberkulose; manchmal auch bei Parasitenbefall.
Behandlung: Bedingungen im Aquarium verbessern. Septikämie kann mit Antibiotika behandelt werden; bei durch Fischtuberkulose oder Parasitenbefall hervorgerufenen Glotzaugen ist keine Behandlung möglich, sodass die Fische getötet werden müssen.

Hauttrübungen

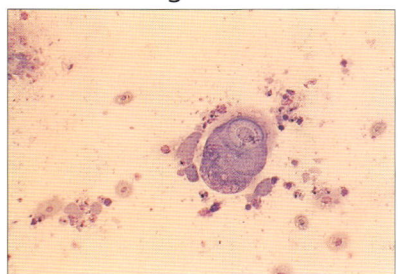

Krankheitsbild: Bläulich weiße Hauttrübung, geschädigte Kiemen oft sind die Tiere geschwächt. Häufiges Scheuern an Gegenständen.
Ursache: Schädigung der Körperschleimhaut, sodass Befall mit Parasiten wie *Chilodonella, Ichthyobodo* und *Cyclochaeta* möglich wird.
Behandlung: Die Parasiten sind sehr anpassungsfähig, sodass eine Behandlung schwierig ist. Wird die Krankheit erkannt, bevor die Kiemen befallen werden, kann das Becken mit einem geeigneten Mittel entseucht werden.

Geschädigte Schwimmblase

Krankheitsbild: Gleichgewichtsstörungen; Fische schwimmen schräg oder mit dem Kopf nach unten.
Ursache: Geschädigte Schwimmblase, z. B. durch unachtsame Handhabung oder Rivalenkämpfe; sekundäre bakterielle Infektion; schlechte Wasserbedingungen; angeborene Fehlfunktion.
Behandlung: Bei einer bakteriellen Infektion kann man Antibiotika einsetzen. Vermutet man äußere Ursachen, wird der Fisch in ein Spitalbecken mit wenig Wasser überführt. Tritt dort nach etwa sieben Tagen keine Besserung ein, muss man den Fisch töten.

Samtkrankheit

Krankheitsbild: Goldgelber, samtiger Belag auf Körper und Flossen (oder Kiemen bei Meeresfischen); heftige Kiemenbewegungen; manchmal auch häufiges Scheuern an Gegenständen.
Ursache: In die Haut eingedrungene Parasiten.
Behandlung: Es gibt Mittel, von denen Wirbellose allerdings geschädigt werden, sodass man diese am besten herausnimmt. Außerdem sollte man die Aktivkohle aus dem Filter entfernen und das Becken abdunkeln, da es sich um fotosynthetisch aktive Organismen handelt.

Weißpünktchenkrankheit *(Ichthyophthiraisis)*

Krankheitsbild: Kleine, weiße Knötchen am Körper; bei starkem Befall heftige Kiemenbewegungen.
Ursache: Parasitenbefall der Haut durch *Ichthyophthirius* (bei Meerwasserfischen *Cryptocaryon*). Ausgewachsene Tiere verlassen den Wirt und fallen zu Boden, wo sie sich mit einer Zyste umgeben, aus der später zahlreiche neue Erreger frei werden.
Behandlung: Es gibt geeignete Mittel (Anwendung vor Zystenbildung oder nachdem neue Parasiten frei geworden sind). Wirbellose müssen aus dem Becken und Aktivkohle aus dem Filter entfernt werden.

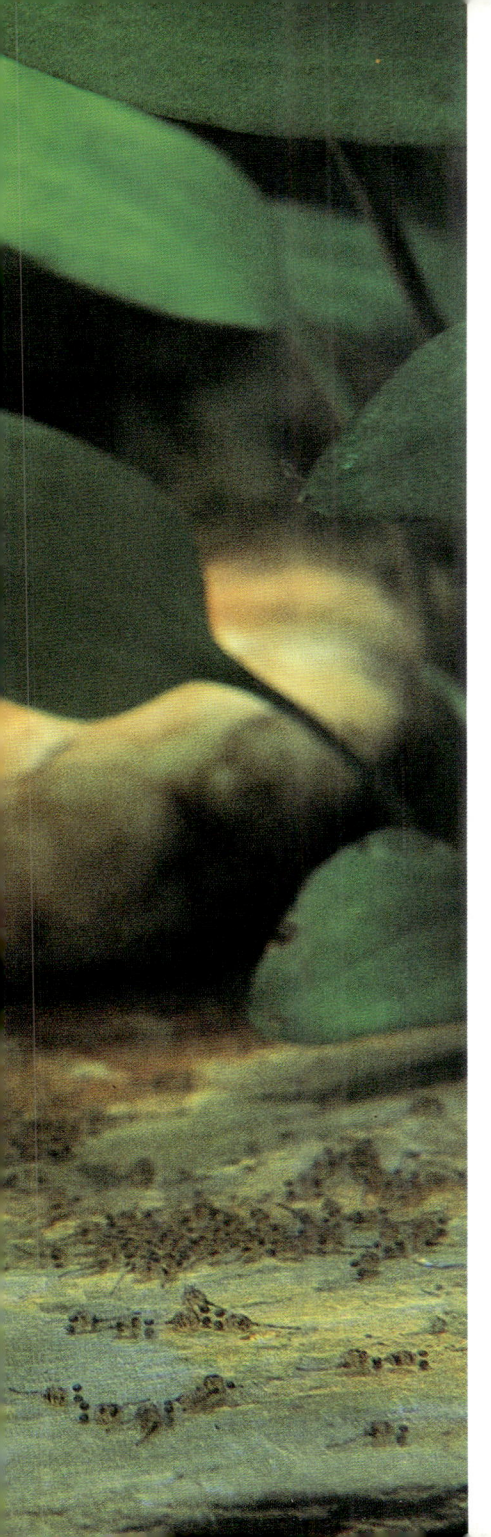

Die Zucht von Zierfischen

Zwar kann man Zierfische heute überall kaufen, aber es ist dennoch überaus reizvoll, die Tiere selbst zu vermehren. Die Voraussetzungen schafft man durch geeignete äußere Bedingungen sowie eine spezielle Ernährung; und natürlich muss ein entsprechendes Paar zur Verfügung stehen. Allerdings kann es vorkommen, dass Fische, die eigentlich kräftig und gesund erscheinen, nicht ablaichen, weil ein wichtiger Punkt übersehen wurde. Häufig sind es die Wasserbedingungen, die den Tieren nicht zusagen, oder das Futter war nicht optimal; manchmal ist aber auch einfach nicht genug Platz für ein eigenes Revier vorhanden, oder es sind zu wenige Tiere für ein Ablaichen im Schwarm vorhanden. Vielen Süßwasserarten kann man eines der weiter unten beschriebenen Zuchtbecken zur Verfügung stellen, um ihnen die Eiablage und Jungenaufzucht zu erleichtern, während man Meerwasserfische sich selbst überlassen muss.

Zwergbuntbarsch mit zwei Tage alten Jungen.

Die Vermehrung von Fischen

Anfänger sammeln ihre ersten Erfahrungen auf diesem Gebiet oft mit Lebendgebärenden Zahnkarpfen, da sie nicht selten sogar in einem Gesellschaftsbecken Junge bekommen, die allerdings zumeist eine willkommene Beute für andere Fische werden. Entdeckt man die Jungfische rechtzeitig, kann man sie in ein Ersatzaquarium umsetzen – sofern das nicht gerade als Spital- oder Quarantänebecken in Benutzung ist. Aber es treten oft auch noch andere Probleme auf. So müssen Sie vielleicht ein Gerät einsetzen, das eigentlich für Notfälle reserviert bleiben sollte, oder es werden, etwa bei Arten, die Brutpflege betreiben, zu viele Jungfische groß, und dadurch wird das Aquarium schnell zu klein.

Solche Schwierigkeiten lassen sich vermeiden, wenn man die Zucht sorgfältig plant. Überlegen Sie also genau, welche Fische Sie vermehren wollen, wo Zuchtpaare und Jungfische untergebracht werden sollen und ob Sie die Brut auch mit dem benötigten Futter versorgen können. Die Zucht von Zierfischen ist eine ungeheuer spannende Herausforderung, aber sie erfordert auch Zeit und Idealismus.

Auswahl der Zuchtfische

Wenn Sie unsicher sind, ob eine Art Paare bildet oder im Schwarm ablaicht, sollten Sie vorsichtshalber mehrere Exemplare erwerben.

Bevor Sie eine bestimmte Art züchten, sollten Sie sich überlegen, wie viele Jungfische Sie tatsächlich unterbringen können, da einige Arten Hunderte von Eiern legen. In jedem Fall ist es viel besser, 30 gesunde Jungfische aufzuziehen als 100 kümmerliche Exemplare.

Für die Zucht wählt man gesunde, nicht zu alte, schön gefärbte Tiere ohne Missbildungen aus. Viele Aquarianer kaufen für die Zucht auch ganz speziell ausgesuchte Jungtiere, die sie dann unter optimalen Bedingungen bis zur Geschlechtsreife heranziehen. Wenn Sie sehen, dass sich im Becken eines Händlers schon ein Paar gefunden hat, sollten Sie beide Tiere kaufen. Man kann aber auch mehrere Jungfische erwerben, unter denen sich dann die Paare finden können.

Vor dem Ablaichen

Wenn Sie die Fische zur Zucht ausgewählt haben, besteht Ihre nächste Aufgabe darin, sie auf das Ablaichen vorzubereiten, wobei es sinnvoll sein kann, Männchen und Weibchen getrennt zu halten. Wichtig ist gutes Futter, damit genug Eier oder Sperma produziert werden. Einige Arten müssen ganz gezielt ernährt werden, etwa mit proteinreichen Mückenlarven, weil die Weibchen ausreichend Aminosäuren für die Produktion der Eier brauchen. Aber auch die Wasserqualität ist wichtig, da schlechte Bedingungen viele Fische vom Laichen abhalten.

Bereiten Sie ein spezielles Laichbecken vor, wo die Eier sich entwickeln und ausschlüpfen können. Auch die Vorbereitung der Elterntiere kann in diesem Aquarium erfolgen. Dann muss man allerdings genau auf die Bedingungen achten, damit die Eier vor Bakterien- oder Pilzinfektionen geschützt sind.

Balz und Rivalenkämpfe

Bei Zierfischarten, deren Eiablage eine Balz vorangeht oder bei denen es zu Rivalenkämpfen kommt, sind die Männchen normalerweise auffälliger gefärbt, und wenn solche Fische sich in Brutstimmung befinden, nimmt die Farbenpracht sogar noch zu, da die Tiere dann häufig ein Revier verteidigen und versuchen, die Weibchen hineinzulocken.

Bei manchen Arten präsentieren die Männchen der Partnerin während der Balz ihre verlängerten Flossen, bei anderen äußert sich die Brautwerbung darin, dass sich die Männchen neben die Weibchen legen oder sie an der Kloake berühren, und bestimmte Welse benutzen spezielle Borsten, um ein Weibchen zur Paarung anzuregen.

Die Säuberung des Platzes für die Eiablage (es kann sich dabei um ein Blatt, einen flachen Stein oder auch die Aquarienscheibe handeln), ist bei vielen Fischen, etwa Buntbarschen, ein festgelegtes Ritual. Um die Brut zu schützen, wird dieser Platz anschließend verteidigt.

Bei Rivalenkämpfen werden unterlegene Tiere zumeist verschont. Ist das nicht der Fall, sollte man sie aus dem Becken nehmen.

Brutfürsorge

Wenn man Revier bildende Fische paarweise oder zu dritt in ein Zuchtbecken bringen möchte, muss man die Weibchen vor den Männchen einsetzen, da es sonst sehr leicht zu größeren Schwierigkeiten oder gar einer Katastrophe kommen kann – von einem Scheitern der Paarung ganz abgesehen.

Beobachten Sie die Fische einige Zeit, da sehr aufdringliche Männchen ein Weibchen manchmal erbarmungslos jagen oder sogar töten können. Entfernen Sie ein zu aggressives Männchen, und versuchen Sie es einige Tage später erneut, oder stellen Sie dem Weibchen ein Dickicht aus Javamoos bzw. eine künstliche Laichhilfe zur Verfügung, damit es sich gegebenenfalls verstecken kann.

Bei im Schwarm ablaichenden Arten können Weibchen und Männchen gleichzeitig ins Zuchtbecken gesetzt werden, wo die Eiablage innerhalb von 24–48 Stunden erfolgen sollte. Geschieht das nicht, können Sie versuchen, die Wasserbedingungen oder die Temperatur zu optimieren. Führt auch das zu keinem Ergebnis, bereiten Sie die Tiere am besten noch einmal neu auf das Ablaichen vor.

Diese Schmetterlingsbuntbarsche haben gerade abgelaicht und werden nun das Gelege bewachen.

Auslöser für das Ablaichen

Eine Erhöhung oder Absenkung der Wassertemperatur um einige Grad kann die Laichbereitschaft erhöhen. Bei einer Senkung der Temperatur macht man am besten einen Wasserwechsel mit kaltem Wasser, um Regenfälle zu simulieren.

Sorgen Sie dafür, dass das Laichbecken Morgensonne bekommt, durch die viele Fische zum Ablaichen angeregt werden.

Will man schwierige Arten vermehren, kann man versuchen, unkomplizierte Freilaicher (etwa Salmler) dazuzusetzen, da die Freisetzung ihrer Hormone im Wasser manchmal als Auslöser für das Ablaichen anderer Fische wirkt.

Nach dem Ablaichen

Nach dem Ablaichen sind alle Fische entkräftet, sodass sie anschließend mit kräftigem Futter versorgt werden sollten. Bei Arten, die Brutpflege betreiben, kann das im Becken mit den Nachkommen geschehen; allerdings kommt es nicht selten vor, dass gerade junge Paare ihre Brut fressen. Sollte sich das auch bei späteren Versuchen wiederholen, müssen Sie die Jungfische getrennt aufziehen.

Bei Fischen ohne Brutfürsorge ist das Fressen der eigenen Eier noch häufiger zu beobachten, sodass Sie die Elterntiere aus dem Laichbecken entfernen sollten. Es gibt aber auch Arten, die sich um die Eier, aber nicht um die Jungfische kümmern. Hier sollte man die Elterntiere in ein anderes Becken setzen, nachdem die Jungen geschlüpft sind. Bei Fischen, die ein Schaumnest bauen, ist es wichtig, das Männchen im Becken zu lassen, da es das Nest verteidigt und erneuert. Das Weibchen sollte dagegen nach dem Ablaichen entfernt werden, damit es nicht unnötig gejagt wird. Bei anderen Arten, etwa Antennenwelsen, kann das Paar im normalen Aquarium verbleiben, sofern es genug Verstecke gibt, in die das Weibchen sich zurückziehen kann, während das Männchen Eier und Brut bewacht. In bestimmten Fällen dürfen Eltern und Nachkommen nicht getrennt werden, beispielsweise bei Diskusfischen, da die Jungen sich von einem Körpersekret der Elterntiere ernähren.

Maulbrüter kann man völlig sich selbst überlassen, auch wenn viele Aquarianer den entsprechenden Elternteil und die Jungfische kurz vor dem Ausschwimmen in ein separates Becken umsetzen, damit die Jungen nicht von anderen Fischen gefressen werden.

Die Weibchen Lebendgebärender Zahnkarpfen setzt man am besten kurz vor dem Ablaichen in ein Zuchtbecken. Allerdings muss man dabei sehr umsichtig vorgehen, damit die Tiere nicht zu sehr unter Stress geraten. Nach der Geburt der Jungen kommt das Weibchen dann zurück ins Hauptbecken.

Bei Killifischen, die ihre Eier im Boden ablegen, sollten die Eltern nach dem Ablaichen nicht nur aus dem Zuchtbecken entfernt, sondern auch getrennt werden, da die Weibchen deutlich länger brauchen, um sich zu erholen.

Bei Diskusfischen müssen Sie die Eltern unbedingt bei ihren Nachkommen im Becken lassen, denn die Jungtiere ernähren sich anfangs von einem Hautsekret, das die Elterntiere absondern.

Schmetterlingsbuntbarsche bewachen nicht nur ihre Eier, sondern sie kümmern sich auch hingebungsvoll um die Jungfische, bis diese selbst für sich sorgen können.

Das Schlüpfen der Eier

Um möglichst viele Jungfische aufziehen zu können, ist es oft auch bei Brut pflegenden Fischen von Vorteil, wenn die Eier in ein separates Becken überführt werden. Wurden sie auf Pflanzen oder einem künstlichen Laichmopp abgelegt, lassen sie sich leicht mit der Unterlage herausnehmen. Haben die Fische die Eier an die Aquarienwand geheftet, muss man sie sehr vorsichtig mit einer Rasierklinge ablösen. Dazu hält man ein feinmaschiges Sieb (wie es im Fachhandel für die Aufbewahrung von Lebendfutter erhältlich ist) unter die Eier und trennt sie dann vorsichtig ab, sodass

Viele Fische können zur Aufzucht ihrer Jungen im Becken verbleiben; werden die Elterntiere herausgenommen, müssen Sie die verpilzten oder unfruchtbaren (weißen) Eier entfernen.

sie in das Sieb fallen. Dieses wird dann im Aufzuchtbecken in die Nähe des einströmenden Wassers aus dem Patronenfilter gehängt, denn Eier, die auf ein Substrat geheftet wurden, benötigen ständig frisches, sauerstoffreiches Wasser, das normalerweise von den Elterntieren mit den Brustflossen zugefächelt wird.

Halten Sie das Aufzuchtbecken penibel sauber, überprüfen Sie die Eier regelmäßig, und entfernen Sie unbefruchtete (sich zumeist weiß verfärbende) oder verpilzte Eier (mit einem filzigen Belag) aus dem Gelege, damit die übrigen nicht ebenfalls geschädigt werden. Manche Aquarianer geben Fungizide oder antibakterielle Mittel ins Becken, um Infektionen vorzubeugen; als biologische Abwehrmaßnahme kann man aber auch Wasserasseln (*Asellus* ssp.) einsetzen. Diese kleinen Krebse kommen in vielen Bächen und Teichen vor, wo sie sich von Mikroorganismen und Pflanzenresten ernähren. Setzt man ein oder zwei Tiere auf ein Gelege, dann kriechen sie dort umher und fressen die unfruchtbaren oder infizierten Eier, während sie die gesunden unberührt lassen. Sobald die Eier ausschlüpfen, kann die Assel auf ein anderes Gelege gesetzt werden, oder man bringt sie an ihren Ursprungsort zurück.

Die Aufzucht der Jungen

Die wohl wichtigste Voraussetzung für die erfolgreiche Aufzucht von Fischbrut ist ausreichend geeignetes Futter. Ganz kleine Jungfische müssen zunächst mit Infusorien ernährt werden und dann mit frisch geschlüpften Salinenkrebschen. Größere Jungfische kann man dagegen zumeist mit kleinen Daphnien und Flockenfutter füttern. Pflanzenfresser brauchen eine ständige Versorgung mit Algen. Stehen die nicht zur Verfügung, kann man es mit Erbsen, Kopfsalat oder Spinat versuchen.

Jungfische müssen zwei-, drei- oder sogar viermal am Tag gefüttert werden. Damit es nicht zu bakteriellen Infektionen kommt, saugt man alle Futterreste vor jeder neuen Fütterung ab.

In der ersten Freude, dass sehr viele Jungfische geschlüpft sind, vergisst man leicht, wie viel Platz sie später benötigen werden. Mit zunehmendem Wachstum müssen die Jungen in ein größeres Aquarium gesetzt oder auf mehrere Becken verteilt werden, da ihre Entwicklung sonst behindert wird. Bei bestimmten Raubfischen sind

die Jungen Kannibalen, sodass man sie einzeln halten muss, um Verluste zu vermeiden.

In diesem Stadium kann man nicht genug auf Sauberkeit achten. Ein wenig mehr Sorgfalt macht oft den Unterschied zwischen vielen gesunden Jungfischen oder wenigen kümmerlichen Exemplaren.

Jungfische müssen häufig gefüttert werden. Daher sollten Sie sich schon vor der Zucht informieren, ob die Jungen später auch mit dem richtigen Futter versorgt werden können.

Zuchtbecken für Freilaicher

Freilaicher produzieren entweder haftende oder nicht haftende Eier. Arten aus der erstgenannten Gruppe, etwa Salmler, brauchen zum Ablaichen Javamoos oder andere feinblättrige Pflanzen (bzw. künstliche Laichhilfen). Bei allen Freilaichern sollten die Zuchtbecken bepflanzt sein, damit sich die Weibchen nach der Eiablage verstecken können. Bei Arten mit nicht haftenden Eiern, etwa Bärblingen, legt man den Boden des Beckens mit einer Schicht Murmeln aus. Das hat den Vorteil, dass die Eier nach dem Ablaichen in die Zwischenräume fallen und dort für die Laich räubernden Eltern unerreichbar sind; man kann statt dessen aber auch ein Netz im Becken aufspannen, das Eier und Elterntiere trennt. Die Bedingungen im Aquarium (Temperatur usw.) hängen von der jeweiligen Art ab, die vermehrt werden soll; Gleiches gilt für die Zahl der Individuen, die zum Ablaichen eingesetzt werden. So reicht bei einigen Arten ein Paar, während andere Fische ihre Eier nur in einer Gruppe von vier oder mehr Tieren ablegen. Nach dem Ablaichen sollte man die Elterntiere entfernen, damit sie ihre Brut nicht fressen.

Becken mit Murmeln

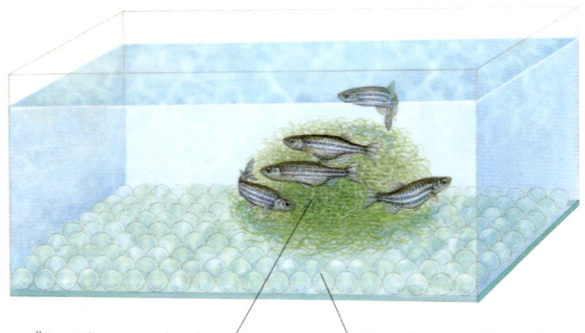

Über Pflanzen oder den Murmeln ablaichende Zebrabärblinge.

Zwischen den Murmeln sind die Eier gut vor Laich räubernden Eltern geschützt.

Bedecken Sie den Boden eines sauberen Beckens mit einer Schicht Murmeln. Füllen Sie anschließend Wasser ein, und bringen Sie den Reglerheizer und den druckluftbetriebenen Filter an; zusätzlich kann ein Büschel Javamoos hineingelegt werden. Setzen Sie die Elterntiere hinein, und decken Sie das Becken mit einer Glasscheibe ab. Ist die Eiablage erfolgt, entfernt man die Elterntiere aus dem Aquarium, und danach können auch die Murmeln entfernt werden, da das Becken so leichter sauber zu halten ist.

Zuchtbecken mit Netz

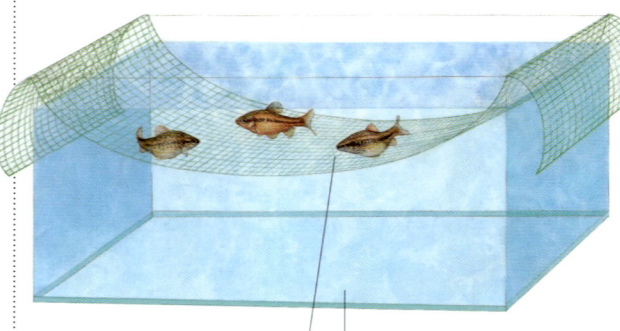

Zur Zucht von Bitterlingsbarben setzt man am besten ein Männchen mit zwei Weibchen zusammen.

Damit die Eier gesund bleiben, muss das Becken stets sauber sein.

Füllen Sie das Becken mit Wasser, und bringen Sie den Heizer an. Anschließend wird das Netz mit Wäscheklammern oder Klebeband so befestigt, dass die Elterntiere nicht in den unteren Bereich gelangen können. Überprüfen Sie die Temperatur, setzen Sie die Elterntiere ein, und decken Sie das Aquarium mit einer Glasscheibe ab. Nach dem Ablaichen werden die Eltern und das Netz entfernt, und man bringt zur Sauberhaltung des Beckens einen schwachen, druckluftbetriebenen Filter an.

Zuchtbecken für Haftlaicher

Viele Fische legen ihre Eier auf Pflanzen, auf dem Kies oder auf bestimmten Gegenständen ab, deren Oberfläche zuvor sorgfältig gereinigt wird. Ein beliebtes Laichsubstrat ist Javamoos, aber für Fische, die über mehrere Tage ablaichen (etwa Regenbogenfische) sind synthetische Laichmopps besser geeignet, da sie leichter herausgenommen werden können, um die Jungen separat schlüpfen zu lassen. Es empfiehlt sich, mehrere solcher Laichmopps vorrätig zu halten; und wenn man eine Art bisher noch nicht vermehrt hat, sollte man den Fischen sowohl Laichmopps mit langen Fäden als auch kurzfädige zur Verfügung stellen, damit sowohl Tiere, die gern nahe der Wasseroberfläche, als auch solche, die vorzugsweise in Bodennähe laichen, das richtige Substrat vorfinden. Buntbarsche legen ihre Eier gern auf Steinen, Blättern oder an Höhlendächern ab. Sind solche Gegenstände nicht vorhanden, nehmen sie ersatzweise oft die Beckenwände oder Teile der Ausrüstung. Wichtig ist außerdem, sich Informationen darüber zu besorgen, ob es notwendig ist, eines oder beide Elternteile nach dem Ablaichen aus dem Becken zu entfernen.

Zuchtbecken mit Laichmopp

Füllen Sie das gereinigte Zuchtbecken mit Wasser, und bringen Sie den Reglerheizer sowie den Patronenfilter an. Legen Sie die Laichmopps oder zwei Büschel Javamoos hinein, und setzen Sie die ausgewählten Zuchtfische ein. Fangen Sie die Eltern nach dem Ablaichen heraus, und versorgen Sie Eier und Jungfische den Bedürfnissen der jeweiligen Art entsprechend.

Herstellung eines Laichmopps

Laichmopps lässt man entweder an der Oberfläche schwimmen oder legt sie auf den Beckenboden. Zur Herstellung nimmt man synthetische Strickwolle (in einer hellen Farbe, die nicht abfärbt), ein Stück Pappe, einen Korken oder Styropor (oder eine große Murmel, wenn der Mopp auf dem Boden liegen soll). Wickeln Sie die Wolle um die Pappe, und verknüpfen Sie sie an einer Seite. Danach wird die Pappe herausgezogen, der Korken oder die Murmel am verknoteten Ende befestigt und die andere Seite aufgeschnitten.

Zuchtbecken mit Steinen und einer Höhle

In einem sauberen Becken mit Sandboden werden Heizer und Filter installiert und einige großblättrige Pflanzen als Versteck und Ablaichplatz sowie einige flache Steine und ein Blumentopf als Höhle eingebracht. Anschließend setzt man die Fische ein und bringt eine Abdeckscheibe an. Außerdem informiert man sich, ob die Elterntiere Brutpflege betreiben oder ob sie Laichräuber sind, weshalb man sie nach dem Ablaichen aus dem Becken entfernen muss.

Zwischen Pflanzen kann das Weibchen in den Laichpausen Schutz suchen und sich ausruhen.

Javamoos sorgt für zusätzlichen Schutz an einem Höhleneingang.

Zuchtbecken für Bodenlaicher

Die bekanntesten Bodenlaicher sind sicher die Killifische (Eierlegende Zahnkarpfen). Diese zumeist kleinen, prachtvoll gefärbten Fische sind allerdings nicht ganz einfach zu halten und zu vermehren, sodass man das Ablaichen sorgfältig vorbereiten muss. Eine sehr wichtige Voraussetzung ist, dass die Tiere vor der Paarung ausreichend mit Lebendfutter versorgt werden; außerdem muss der Bodengrund besonders beschaffen sein. Bei einigen Arten ist eine etwa 2,5 cm dicke Torfschicht notwendig, denn das Weibchen wird vom Männchen zur Eiablage ins Substrat gedrückt, während andere Killifische regelrecht in den Bodengrund „hineintauchen", sodass – je nach der Größe des Fisches – eine 5–20 cm dicke Schicht Torf vorhanden sein muss. Stellen Sie außerdem einige Pflanzen oder einen Laichmopp als Versteck für die Weibchen zur Verfügung, da diese von den Männchen oft stark gejagt oder sogar getötet werden. Sehr wichtig ist die Sauberkeit im Becken, da der Torf mit den Eiern, je nach Art, oft mehrere Monate an einem warmen Ort aufbewahrt werden muss. Und in dieser Zeit würden beispielsweise Futterreste unweigerlich faulen.

Einrichtung des Beckens

Bedecken Sie den Boden eines sauberen Beckens mit einer Schicht Torf (Details siehe unten). Installieren Sie den Heizer, und füllen Sie das Wasser ein (ein Filter ist unnötig). Fügen Sie als Versteck für das Weibchen einen Laichmopp oder einige Büschel Javamoos hinzu, und setzen Sie dann die Fische ein (entweder ein Paar oder drei Tiere). Normalerweise erfolgt die Eiablage innerhalb weniger Stunden. Nach dem Ablaichen werden die Elterntiere herausgefangen und die Eier, wie unten beschrieben, aufbewahrt.

Ein 25 × 20 × 20 cm großes Zuchtbecken ist für Killifische ideal.

Manchmal lässt sich der Laichvorgang durch eine Temperaturerhöhung anregen.

Das Schlüpfen der Killifische

Als Laichsubstrat lässt sich Aquarien- oder auch Gartentorf verwenden (sofern dieser keine Zusätze enthält), der je nach zu züchtender Art in unterschiedlicher Dicke auf dem Boden ausgebreitet wird. Nach dem Ablaichen fängt man die Fische heraus und lässt das Wasser ab. Anschließend holt man den Torf mit einem großen, engmaschigen Netz heraus und drückt ihn vorsichtig aus, um möglichst viel Feuchtigkeit zu entfernen. Anschließend wird der Torf, der jetzt eine krümelige Beschaffenheit haben und die kleinen Eier erkennen lassen sollte, in einen mit Laichdatum versehenen Plastikbeutel gefüllt und an einem warmen, dunklen Ort aufbewahrt.

Wenn der Zeitpunkt des Schlüpfens gekommen ist, befüllt man ein kleines, sauberes Becken mit etwa 10 cm Wasser, das eine Temperatur zwischen 22 und 24 °C haben sollte, und gibt den Torf mit den Eiern hinein. Schon innerhalb einer Stunde sollten die ersten winzigen Jungfische zu sehen sein, die dann sehr vorsichtig in ein separates Becken überführt werden. Lagern Sie den Torf anschließend, wie oben beschrieben, wieder ein, und wiederholen Sie die Prozedur später noch ein- bis zweimal. Die noch nicht geschlüpften Eier dieser Fische können mehrfaches Austrocknen überstehen, sodass ein einzelner Laichvorgang zu mehreren Bruten führen kann.

Zuchtbecken für Maulbrüter

Zwar sind die bekanntesten Maulbrüter unter den Buntbarschen zu finden, aber es gibt diese Form der Brutpflege auch bei einigen Kletterfischen und bei bestimmten Welsen. Zur Zucht von Maulbrütern, die wegen ihrer ausgezeichneten Brutpflege nur relativ wenige Nachkommen hervorbringen, ist kein spezielles Becken nötig, sondern die Tiere brauchen nichts weiter als ein geeignetes Substrat, auf dem die Eier abgelegt werden können. Von dort nimmt sie dann ein Elternteil (je nach Art entweder das Weibchen oder das Männchen) ins Maul, wo sie bis zum Schlüpfen verbleiben. Man kann die Elterntiere auch nach dem Schlüpfen der Jungtiere im normalen Aquarium lassen, aber die Jungfische haben größere Chancen, wenn der entsprechende Elternfisch in ein separates, ruhiges Becken umgesetzt wird. Ein solches Aquarium muss keinen Bodengrund besitzen, man sollte aber einige Topfpflanzen oder Steine einbringen, hinter denen die Fische Schutz suchen können. Wenn die Jungfische das Maul des Elternfisches endgültig verlassen haben, können sie allein im Zuchtbecken verbleiben.

Das Ausbrüten der Eier

Da Maulbrüter häufig in einem normalen Aquarium ablaichen, ist es wichtig zu erkennen, wann ein solches Tier begonnen hat, Eier auszubrüten. Deutliche Anzeichen sind eine aufgeblähte Maul- und Kehlregion, außerdem frisst der Fisch nicht mehr und sucht zumeist Zuflucht in einem ruhigen Bereich des Beckens. Seien Sie nicht besorgt, wenn der Fisch die Eier zu kauen scheint. Sie werden lediglich umgelagert, damit sie von frischem Wasser, das ständig eingesaugt wird, umspült werden.

Das Freisetzen der Jungfische

Die Jungtiere schlüpfen im Maul des Elterntieres und bleiben zunächst auch noch dort, wobei sie sich von ihrem Dottersack ernähren. Wenn sie groß genug sind, um selbst Futter zu suchen, verlassen sie das Maul des Elterntieres, bleiben aber zunächst noch ständig in der Nähe, um bei Gefahr schnell ins elterliche Maul zurückzukehren. Die Dauer der Brutfürsorge ist bei einzelnen Arten unterschiedlich und kann sich über einen Zeitraum von einigen Tagen bis zu einer Woche oder sogar noch länger erstrecken.

Zuchtbecken für Nestbauer

Das Wichtigste bei dieser Art von Zuchtbecken ist ausreichend Material zum Nestbau. Ein solches Nest kann eine kunstvolle Konstruktion aus Pflanzenmaterial sein (etwa beim Stichling), aber auch nur ein Gebilde aus Luftblasen (Schaumnest). Letztere müssen an der Wasseroberfläche verankert werden, etwa an einem großen Blatt oder einem Stück schwimmendem Styropor (wird von vielen Fadenfischen gern genommen); bei zahlreichen Buntbarschen ist eine bestimmte Art von Bodengrund erforderlich, in den Mulden gegraben werden können. Das hier gezeigte Becken wurde für Fische eingerichtet, die Schaumnester bauen. Die Maße hängen von der Größe der Elterntiere ab, für kleinere Arten reicht ein Aquarium von 50 × 25 × 25 cm. Überprüfen Sie vor dem Einsetzen die Wassertemperatur, die sich je nach Art etwas unterscheiden kann. Bei den meisten Schaumnester bauenden Arten bewacht das Männchen Eier und Jungfische. Die Weibchen sollten sofort nach dem Ablaichen herausgenommen werden, damit besonders wachsame Männchen sie nicht angreifen.

Einrichtung des Beckens

Bei der Eiablage umschlingen sich die Tiere unter dem Schaumnest.

Pflanzen bieten den Weibchen nach der Eiablage Schutz.

Statten Sie ein gut gereinigtes Becken mit Bodengrund und zwei hohen Pflanzendickichten aus, die als Verstecke für das Weibchen dienen, aber auch zum Verankern des schwimmenden Schaumnestes. Befüllen Sie das Becken zumindest teilweise mit Wasser aus dem Hauptaquarium, und bringen Sie einen Heizer an (ein Filter ist nicht erforderlich und auch nicht ratsam, denn zu viel Strömung zerstört das Nest). Setzen Sie zuerst das Weibchen und 6–12 Stunden später das Männchen ein, und decken Sie das Becken mit einer Glasscheibe ab.

Bewachung des Schaumnestes

Bei Schaumnestern befinden sich die Eier in unmittelbarer Nähe einer fremden Umgebung (der Luft), sodass die Tiere etwas mehr Hilfe brauchen als jene, die ihre Nester am Boden errichten. Das Schaumnest wird vom Männchen bewacht und ständig repariert. Wichtig ist eine gute Abdeckung, damit oberhalb der Wasseroberfläche eine hohe Luftfeuchtigkeit herrscht und die Brut keinen Zug bekommt. Die geschlüpften Jungfische werden so lange vom Männchen bewacht, bis sie frei schwimmen.

Zuchtbecken für Lebendgebärende Zahnkarpfen

Im Gegensatz zu den meisten anderen Fischen legen Lebendgebärende Zahnkarpfen keine Eier, sondern bringen bereits voll entwickelte Junge zur Welt. Damit die Weibchen ihre Jungen nicht fressen, sollte das Zuchtbecken zahlreiche feinblättrige Schwimmpflanzen und mehrere Dickichte aus Javamoos enthalten, zwischen denen die Jungfische sich verstecken können. Außerdem gibt es im Handel Ablaichkästen, die den Jungfischen recht guten Schutz bieten, aber nur für kleinere Arten geeignet sind. Für größere Fische kann man ein Netz spannen (wie für Freilaicher, siehe Seite 240), durch das die Jungfische schwimmen können, um dann für die Eltern unerreichbar zu sein. Die besten Ergebnisse erzielt man aber mit speziellen V-förmigen Einsätzen, die ausreichend Schwimmraum sowohl für die Eltern als auch für die Jungfische bieten. Nach der Geburt des Nachwuchses kann der Einsatz leicht entfernt werden, und man hat dann ein normales Aufzuchtbecken für die Jungen. Für die meisten Arten reicht ein 50 × 25 × 25 cm großes Becken aus; die Wassertemperatur sollte der des Hauptaquariums entsprechen.

Becken mit V-förmigem Einsatz

Becken mit Ablaichkasten

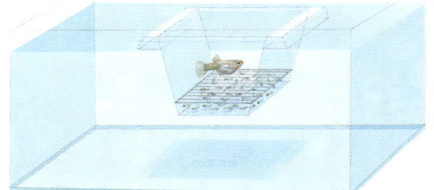

Für ernsthafte Zuchtversuche lohnt sich ein spezielles Aquarium, in dem zwei Glasscheiben so angebracht sind, dass sie ein „V" bilden. Am unteren Ende des V-förmigen Einsatzes bleibt eine schmale Lücke, durch welche die Jungfische in die äußeren Bereiche des Aquariums schwimmen können, während dem Weibchen dieser Weg versperrt bleibt.

Zur Zucht kleinerer Arten kann man Ablaichkästen verwenden, bei denen die Jungfische durch ein Gitter fallen, hinter dem sie sicher sind. Der Kasten wird in ein Becken gesetzt, das teilweise mit Wasser aus dem Hauptaquarium befüllt wurde. Nach der Geburt wird das Weibchen entfernt, während die Jungfische im Zuchtbecken verbleiben.

Die Geburt bei Lebendgebärenden Zahnkarpfen

Lässt man ein trächtiges Weibchen im Hauptaquarium, versteckt es sich kurz vor der Geburt zwischen Pflanzen. Die meisten Jungfische werden dann allerdings Opfer größerer Beckenbewohner, besonders wenn nicht genug Pflanzenverstecke vorhanden sind. Die Zahl der Nachkommen ist bei einzelnen Arten sehr unterschiedlich. So bringen einige Lebendgebärende Zahnkarpfen nur wenige Nachkommen hervor, während andere eine Vielzahl winziger Jungfische werfen.

Zucht für den Handel

Die zunehmende Beliebtheit der Aquaristik hat die Zucht und den Handel mit Zierfischen zu einem florierenden Industriezweig werden lassen. Inzwischen ist die Zierfischzucht aber nicht nur ein wichtiger wirtschaftlicher Faktor für viele Entwicklungsländer, sondern sie spielt auch eine große Rolle für die Erhaltung der Natur in den Herkunftsländern der Fische, denn einige Arten, besonders solche, deren Nachzucht schwierig oder gar unmöglich ist, beispielsweise der Rote Neon, werden immer noch aus der Natur geholt (zum Schutz der Bestände wird der Fang heute allerdings stark reglementiert). Bei bestimmten seltenen Meerwasserarten kann man dagegen aufgrund erfolgreicher Zuchtprogramme fast völlig auf Wildfänge verzichten. Insgesamt lässt sich feststellen, dass durch ständige Verbesserungen beim Fang, bei der Eingewöhnung und Haltung heute eine ständig wachsende Zahl hochwertiger, gut angepasster gezüchteter Zierfische erhältlich ist.

Im großen Maßstab gezüchtete Fische

Heute werden bereits sehr viele Süßwasserfische für den Handel gezüchtet, und auch die Zahl der Meerwasserarten nimmt ständig weiter zu. Sowohl Aquarien- als auch Teichfische werden rund um den Erdball vermehrt, besonders aber in Singapur, Hongkong, Malaysia, Südafrika, Sri Lanka, Israel und den USA (Florida). In vielen Ländern der Dritten Welt ist der Export von tropischen Zierfischen eine wichtige Einnahmequelle geworden, und zahlreiche Händler haben, um diese lukrative Einnahmequelle zu erhalten, eigene Zuchtbetriebe eingerichtet, aus denen man die Kunden beliefert. In wärmeren Regionen kann man die Fische in Teichen oder auch in für diesen Zweck errichteten, unbeheizten Fischhäusern vermehren, aber die Nachfrage ist so groß, dass sich die Nachzucht selbst in Ländern mit relativ kühlem Klima, etwa Polen oder der Tschechei und Slowakei, lohnt, auch wenn höhere Energiekosten anfallen. Kaltwasserfische, besonders Goldfische und die deutlich größeren Kois, die normalerweise nur in Teichen und nicht in Aquarien gehalten werden, züchtet man auf der ganzen Welt ebenfalls in großer Zahl.

Einzelne Fischfarmen haben sich auf bestimmte Gruppen spezialisiert, etwa auf Kletterfische oder Lebendgebärende Zahnkarpfen. Einige vermehren nur eine bestimmte Art, etwa Guppys, von denen stets neue Varianten mit anderer Färbung und anderen Körper- oder Flossenformen in den Handel kommen. Andere haben sich dagegen auf Saisonfische spezialisiert, also Tiere, die man in der Natur nur zu bestimmten Jahreszeiten fangen kann, während die Züchter in der Lage sind, sie das ganze Jahr über zu liefern.

Zierfische werden heute sowohl in großen, modernen Betrieben als auch in kleineren Anlagen gezüchtet. Von der Zuchtstation kommen die Tiere zumeist zu zentralen Sammelstellen, um dort verpackt und für den Transport vorbereitet zu werden.

Zuchtvarianten

Züchter bringen ständig neue Zuchtformen hervor, um die Nachfrage der Kunden zu befriedigen. Besonders Goldfische, die schon seit vielen Generationen gezüchtet werden, weisen heute eine besonders große Vielfalt auf. Aber auch zahlreiche tropische Arten sind noch farbenprächtiger geworden; außerdem hat man einigen verlängerte Flossen angezüchtet. Darüber, ob diese zweifellos profitable Entwicklung wirklich wünschenswert ist, gibt es unterschiedliche Ansichten. Viele Menschen finden es grausam, einen Fisch zu züchten, der nicht mehr richtig schwimmen kann, weil er von unnatürlich langen Flossen behindert wird, während andere für solche ungewöhnlichen

Zuchtformen geradezu schwärmen. Fest steht, dass überzüchtete Fische empfindlicher sind als die Wildform, sodass man häufiger mit Krankheiten rechnen muss.

Eine andere umstrittene Entwicklung ist die Einführung von Fischen, denen man Farbe injiziert hat. Am bekanntesten sind diesbezüglich die Glasbarsche *(Chanda* ssp.*)*, deren normalerweise durchsichtiger Körper durch fluoreszierende Farbstoffe plötzlich in Neonfarben strahlt. Und auch wenn mancher solche Fische attraktiv finden mag, so sollte man doch von einem Kauf absehen, denn bisher ist nichts über die Auswirkungen des Verfahrens auf die Gesundheit der Fische bekannt.

Aussehen ist Geschmackssache. Das gilt auch für das Blasenauge, eine Zuchtvariante des Goldfisches. Solche Tiere brauchen ganz besondere Bedingungen, weil sonst die äußerst zarten, großen Augensäcke beschädigt werden.

Artenschutz

In den vergangenen Jahren wurde der Import zahlreicher Zierfischarten aufgrund des Washingtoner Artenschutzabkommens offiziell verboten. Trotzdem kann man einige dieser Fische inzwischen wieder kaufen, denn es ist mittlerweile gelungen, sie in menschlicher Obhut zu vermehren. Solche Exemplare sind elektronisch gekennzeichnet und werden mit einer Bescheinigung geliefert, die sie als gezüchtete Tiere ausweist.

Heute unterhalten viele Zoos und öffentliche Aquarien Zuchtprogramme für bestimmte Fischarten, und nicht selten werden sie dabei von Hobby-Aquarianern unterstützt. Daher kann man inzwischen auch einige Arten, deren Lebensräume zerstört wurden, in menschlicher Obhut vermehren und in manchen Fällen kann man gezüchtete Tiere sogar wieder aussetzen. Zur Erholung vieler Bestände haben zudem Initiativen beigetragen, die es sich zum Ziel gesetzt haben, rücksichtslose Fangmethoden wie das Ausbringen von Zyanid in Riffen verbieten zu lassen. Außer-

dem fördert der Zierfischhandel Forschungsvorhaben zur Erhaltung bestimmter Arten in der Natur sowie Projekte, die neue Zuchtmethoden ausprobieren (nicht nur bei Fischen, sondern auch bei Wasserpflanzen) und ihre Erkenntnisse an andere Züchter weitergeben.

Öffentliche Aquarien wie dieses in Monterey (Kalifornien) unterstützen den Naturschutz nicht nur mit Zuchtprogrammen, sondern unterhalten auch riesige Becken, in denen man Forschung betreiben kann.

Register

Danksagung

Die Autorin möchte sich bedanken bei Keith Banister und Brian Walsh, die mir ihr großes Wissen zur Verfügung stellten und zu oft endlosen Diskussionen bereit waren, sowie meiner Familie – Mike, Jenny, Elaine und Rowan –, die in der Zeit, in der ich mit anderen Dingen beschäftigt war, allein zurechtkommen mussten. Nicht vergessen möchte ich aber auch Tigger, Wiffle und die unzähligen anderen (von denen einige inzwischen leider nicht mehr unter uns sind), die über viele Jahre das Interesse an Zierfischen mit mir geteilt haben, und Vlad, der mir oft bis in die frühen Morgenstunden Gesellschaft leistete.

Dorling Kindersley bedankt sich bei Frank Greenaway vom Natural History Museum für die außerordentliche Kreativität und unendliche Geduld, die nötig war, um die auf den Seiten 151o, 156r, 184–185, 186–187, 188–189, 190–191, 194–195, 196–197, 198–199 abgebildeten Becken einzurichten und zu fotografieren. Unser Dank gilt aber auch Jason Rainbow und James McKeown vom Syon Park Aquatic Centre, die uns Fische und Ausrüstung zur Verfügung stellten; Robin James vom Weymouth Sealife Centre für seine Ratschläge und Hilfe sowie Margaret McCormack, die das Register zusammengestellt hat.

Außerdem bedankt sich der Verlag bei folgenden Personen und Agenturen für die Genehmigung, die unten aufgeführten Fotos abdrucken zu dürfen. Abkürzungen: l = links; m = Mitte; o = oben; r = rechts; u = unten.
Ardea London Ltd: 11o, P. Morris 93u, 148u; Biofotos: 231mu; Biophoto Associates: 105r, 157ul, 157ol; Bruce Coleman Ltd: Franco Banfi 115u, 127u, Jane Burton 221u, Kevin Cullimore 12–13, Andrew J. Purcell 16br, 146, 147u, 148o, 149, Hans Reinhard 89o, Kim Taylor 101u; Nick Dakin: 163; R. K. Doyle: 60r, 61or; Fisheries Western Australia: 231u, 233o; JPH Foto: Michael Jensen 208, 220, 232mu; Frank Lane Picture Agency: Gerard Lacz 50u, F. W. Lane 18mr, 42u, Linda Lewis 118o, 218–219, 237o, 238o; B. James 104l; Natural Science Photos: Hal Beral 134, David B. Fleetham 139u; N. H. P. A.: A. N. T. 84, 85o, G. J. Cambridge 154, Nigel J. Dennis 246, Gerard Lacz 108ol, 228, Trevor McDonald 204, B. Jones & M. Shimlock 153o, Norbert Wu 211; Oxford Scientific Films: Kathie Atkinson 151u, George I. Bernard 232mo, Max Gibbs 1, 4, 9, 11u, 13o, 17ur, 21mr, 39o, 40u, 41o, 49l, 52–53, 54, 55u, 57o, 61ol, 70u, 72–73, 75u, 77u, 79u, 80u, 81u, 82o, 86–87, 91mr, 94, 96o, 97, 100o, 101o, 114, 125o, 128–129, 130, 131o, 135o, 137u, 138, 140u, 141u, 142o, 143u, 144–145, 158–159, 176–177, 202–203, 207, 209, 212, 226–227, 230, 231o, 231mo, 232o, 233mo, 233u, 234–235, 237u, 238u, 239o, 243u, 244u, 245u, 247o, Howard Hall 153u, Richard Herrman 247u, Paul Kay 150, 155, Breck P. Kent 221o, Rudie H. Kuiter 152o, Zig Leszcynski 123u, 156l, Hans Reinhard 89u, K. G. Vock 58u; Photomax: 2, 6–7, 8, 14, 30–31, 32–33, 91ol, 91ur, 110–111, 112–113, 157ur, 157or, 160–161, 170–171, 200–201, 206; Photos Horticultural: Michael and Lois Warren 105l; Planet Earth Pictures: Vaughan Bean 125u, Gary Bell 126o, 141o, Georgette Douma 135u, Chris Huxley 243o, Ken Lucas 61ul, Paulo Oliveira 232u, 236, 239u, Linda Pitkin 152u, Carl Roessler 127o; Mike Sandford: 10, 16ol, 16ml, 16or, 16mr, 17mr, 18ol, 18ul, 20ml, 20mr, 21ol, 21ml, 21or, 25, 35u, 36o, 36ur, 37ur, 37o, 39u, 40o, 42o, 43ul, 43o, 44–45, 46l, 47ol, 47ul, 47mr, 47ur, 48, 51o, 56o, 57u, 59, 60l, 61ur, 62, 64, 66u, 67o, 68u, 69o, 71u, 74, 77o, 79o, 81o, 83u, 83or, 85u, 88, 91ml, 92o, 93o, 95, 96u, 99, 100u, 102–103, 104r, 121, 122u, 132–133, 136, 137o, 139o, 140o; Tetra: Dr. Pool 233mu; Jerry Young: 3, 16ul, 17or, 19u, 20ul, 21ul, 22, 28ul, 28ur, 29, 34, 37ul, 41u, 43ur, 50o, 51u, 55o, 58o, 65o, 76, 80o, 83ol, 91ul, 91or, 92u, 115o, 116, 117o, 118u, 119, 120, 122o, 123o, 124, 126o, 131u, 142u, 147o, 168m, 169.

Zeichnungen: Kuo Kang Chen 15, 23, 24, 27, 164–165, 166–167, 168u, 224; Carl Ellis 205, 240–241, 242, 244o, 245o.